Annette Lies

Frau Kita
UND
Herr Vermieter

Annette Lies

Frau Kita und Herr Vermieter

Von der Kunst, Scheidung, Wohnungsmangel und Kitaplatzsuche zu meistern

mvgverlag

Bibliografische Information der Deutschen Nationalbibliothek
Die Deutsche Nationalbibliothek verzeichnet diese Publikation in der Deutschen Nationalbibliografie.
Detaillierte bibliografische Daten sind im Internet über http://d-nb.de abrufbar.

Für Fragen und Anregungen:
info@mvg-verlag.de

Originalausgabe
1. Auflage 2020
© 2020 by mvg Verlag, ein Imprint der Münchner Verlagsgruppe GmbH
Nymphenburger Straße 86
D-80636 München
Tel.: 089 651285-0
Fax: 089 652096

Alle Rechte, insbesondere das Recht der Vervielfältigung und Verbreitung sowie der Übersetzung, vorbehalten. Kein Teil des Werkes darf in irgendeiner Form (durch Fotokopie, Mikrofilm oder ein anderes Verfahren) ohne schriftliche Genehmigung des Verlages reproduziert oder unter Verwendung elektronischer Systeme gespeichert, verarbeitet, vervielfältigt oder verbreitet werden.

Die Handlung und alle handelnden Personen sind frei erfunden. Jegliche Ähnlichkeit mit lebenden oder realen Personen sind rein zufällig.

Redaktion: Sybille Beck
Umschlaggestaltung: Isabella Dorsch
Umschlagabbildung: Shutterstock.com/Eisfrei, Artnis, NotionPic, Yeti studio
Satz: Digital Design, Eka Rost
Druck: CPI books GmbH, Leck
Printed in Germany

ISBN Print 978-3-7474-0120-0
ISBN E-Book (PDF) 978-3-96121-473-0
ISBN E-Book (EPUB, Mobi) 978-3-96121-474-7

Weitere Informationen zum Verlag finden Sie unter

www.mvg-verlag.de

Beachten Sie auch unsere weiteren Verlage unter www.m-vg.de.

Meinen spirituellen Lehrern gewidmet –

*Vermietern, Kitas und Partnern, die mich ablehnten,
damit ich noch mehr Zeit mit meiner Tochter verbringen,
Selbstliebe entdecken und ein Zuhause in
meinem Innern finden konnte.*

Für das Engelskind. Wir schaffen das schon!

*Ganz besonders für alle mit Abgrenzungsschwierigkeiten.
(Mädels, ihr könnt das, ich glaube an uns!)*

INHALT

1. Im Zweifel für den Angeklickten 9
2. Ehe, wem Ehe gebührt 25
3. Premiumglück 39
4. Zwei Wahrheiten 57
5. Frauen, die Frauen blockieren 77
6. Wer ist eigentlich man? 95
7. Perry Rhododendron 105
8. Auf Kollusionskurs 117
9. Da steht ein Hund auf'm Flur 127
10. Nur Umzug, kein Karneval 141
11. Wer nimmt dich denn noch mit Kind?! 155
12. Hilfe zur Selbstliebe 163
13. Und täglich grüßt das Kitatier 197
14. Eat, pray, child 221
15. #Miettoo 237
16. House of Kita 253
17. Mutterwohl 261

18. Die aus dem Reihenhaus tanzt................. 277
19. Der Therminator........................... 291
20. Independence Day......................... 315

1. IM ZWEIFEL FÜR DEN ANGEKLICKTEN

Es begann alles ganz harmlos.

Nichts an diesem Tag oder seinem Online-Profil deutete auf die Katastrophe hin. Wie auch? Immerhin waren wir beide aufgeschlossene Elite-Starter. (*Drum prüfe, wer sich ewig tindert* wäre auch ein schöner Titel.) Das bedeutet, wir waren wirtschaftlich wie emotional ebenbürtige, erwachsene Menschen mit biologisch tickender Uhr, die einander gezielt aussuchten. Freiwillig. Zwecks Kennenlernens und hoffentlich Liebe, im besten Fall Familiengründung. Nach den neuesten Kriterien unserer Generation. Liebevoll? Empathisch? Verantwortungsbewusst? Ja? Gut! Falls nicht, dann *Danke für den netten Kontakt*.

So viel rein gefühlsmäßiger Spielraum war für meine Begriffe eine ziemlich gelungene Ausgangssituation für immerwährendes Glück. Der Luxus meiner Generation: Alles kann, nichts muss. Von den traumatischen Kriegsbegegnungen unserer Großeltern über die impulsiven Petticoat-Paarungen zu verruchten Rock 'n' Roll-Elvis-Klängen unserer Eltern hatten wir uns weiterentwickeln können, hin zur Seele und ihren kristallklaren Bedürfnissen. Was sollte da schon groß schiefgehen?

Maximal würde er, wenn die Kinder im Teenager-Alter waren, mit einer Jüngeren liebäugeln oder gar Schlimmeres anstellen.

Ich empfand mich da als unglaublich aufgeklärte Realistin – wissend, dass man in so einer Ehe sicherlich mal eine Affäre würde gemeinsam meistern müssen. Seine, versteht sich. Autowaschanlagen-Langeweile, das Verglühen Oxytocin-geladener Funken in der feindlichen Atmosphäre des Alltags, Differenzen über das farblich korrekte Sortieren der Wäsche, Diskussionen darum, wer an kalten Novembertagen mit dem Hund geht, und ob unsere zwei bis vier Kinder vor dem Abendessen noch ein Eis haben dürften oder nicht – das alles war der maximale Horizont von Problemen, den ich mir in einer Ehe hatte vorstellen können. Bevor das Ganze passierte.

An einem schönen Frühlingstag dieses Schicksalsjahres, meinem einunddreißigsten Lebensjahr, an dem ich noch vogelfrei zu Hause in Flip-Flops vorm Laptop saß, handelten wir beide, die dem Gericht später als *Hätte gegen Dr. Hätte* bekannt werden würden, nicht aus irgendeiner Not heraus. Er brauchte keine Frau zum Angeben, ich keinen Gönner. Nur die reine romantische Sehnsucht machte uns miteinander bekannt. Und der Wille, sich endlich und wirklich, nach den legeren Beziehungserfahrungen in unseren Zwanzigerjahren, festzulegen. Aus vollem Herzen konnte ich es kaum erwarten, mich bewusst und final für jemanden zu entscheiden und mein Leben in unseres zu verwandeln. Der Lebensabschnitt Ü30 war da, der Gefährte dazu noch nicht, aber das waren Details, dank Datingportal leicht zu beheben.

Besonders stolz war ich darauf, auch als Frau über dreißig keineswegs bloß ein Kind zu wollen. Denn Kinderkriegen ist, im Grunde genommen, etwas zutiefst Egoistisches – finden Sie nicht? Man will sich selbst in der Rolle der Mutter oder des Vaters erleben. Daher wollte ich dieses Abenteuer, gerade dem Kind oder den Kindern zuliebe, nur wagen, falls die Rahmenbedingungen stimmten. Ansonsten hätte ich mich auch mit einem anderen Lebensentwurf arrangieren können. Aber noch war ja alles offen!

Für dieses Unterfangen gab es durchaus auch in freier Wildbahn Männer in meinem Leben. Ganz analog und ohne Gebühr. Aber ich wollte gerne mal jemanden außerhalb meiner eigenen Berufsgruppe (Luftfahrt) kennenlernen, sozusagen über den Tablettrand daten.

Meine Augen flogen über seine online gestellten Lieblingszitate und -bücher, seine Vorliebe für schnelle Autos und langsame Walzer, und sein Lebensmotto: *Carpe diem*. Fand ich auch. Deshalb saß ich ja hier – und suchte tatkräftig nach meiner, nein, unserer Zukunft. Klick, klick, Glück.

Elite hieß in unserem Fall, dass er wirtschaftlich gut gestellt war (selbstständig) und ich vor allem emotionales Kapital gebildet hatte (Angestellte mit Lebenserfahrung, nebenbei Studentin).

Gespannt klickte ich *Auswertung* an – ein Tool, das aneinander interessierten Partnern ihr kollektives Potenzial in Form eines hübschen Kuchendiagramms ausspuckt. Achtsamkeits-Dating nannte sich das. Unsere Matching-Rate lag bei moderaten 89% und auch das reichte mir – denn wer will sich schon in Form von 99% Ähnlichkeits-Score selbst kennenlernen?

Im nächsten Schritt enthüllte ich ihm mein Foto (ein äußerst kritischer Moment), in dem nicht selten alle bis dato ausgetauschten inneren Werte in Vergessenheit gerieten und die gnadenlose Löschung durch das digitale Gegenüber erfolgt. (Heute übrigens bin ich um jede Erfahrung froh, die mir aufgrund meines Aussehens erspart blieb. Wer weiß, was mir noch alles hätte passieren können, wäre ich blonder, größer und schlanker gewesen?!)

Zuweilen aber, das gebe ich zu, erschlug mich der Schmerz der Ablehnung förmlich, und so war dieser folgenschwere Frühlingstag, kurz vor Ablauf meiner Mitgliedschaft um null Uhr, zur Geisterstunde, zugleich mein letzter Versuch, im virtuellen

Dschungel meine bessere Hälfte zu finden. Sollte es diesmal nicht klappen, würde ich wieder dem Zufall das Zepter überlassen, oder mich langfristig der Anschaffung eines Stubentigers öffnen. Sechs Dates in sechs Monaten – genau das hatte ich mir vorgenommen, nicht weniger und nicht mehr. Und er war die Nummer Sechs.

Auch diesmal wartete ich gespannt darauf, welche Optik sich hinter dem verpixelten Profil-Fleck verbarg, immerhin gibt es keine zweite Chance für einen ersten Eindruck. Die visuelle Enttarnung zeigte blondes welliges Haar und Dreitage-Bart über strahlend weißen Zähnen vor farbenfrohem Hintergrund. Er gefiel mir sofort, sein Lachen noch mehr, da hatte sich jemand Mühe gegeben!

Insgesamt gab alles, was er von sich preisgab, ein authentisches und wunderbar durchschnittliches Bild ab. Und das fand ich beruhigend. Denn nach einschlägigen Foto-Erfahrungen war ich schon happy, wenn Seite an Seite nicht auch noch Mutter, Maserati oder Mops ins Auge sprangen. Mein vielleicht Zukünftiger schien weder Narzisst noch Womanizer, Angeber, Influencer, Muttersöhnchen oder Serienkiller zu sein, sondern schlicht einer jener seltenen Normalos, die nach Jahren der Konzentration auf Studium oder Beruf nun das Private für sich entdeckten. Vielmehr selbstbestimmt angehen wollten. Ein Mann der Tat – das gefiel mir!

Er sollte es also sein, das kann ich nicht mal heute mehr anders sagen. Ich habe ihn angeklickt, nicht er mich, ja, so war das. Und so tröste ich mich oft mit dieser noch immer präsenten Empfindung von damals. Dass ich alles, was kam, aktiv herbeigeführt habe. Sonst keiner. Mit dem emotionalen Maßstab, den ich zu diesem Zeitpunkt meines Lebens hatte. Und ich wollte nicht warten. Heute denke ich, einen Partner kann man nicht suchen – und sollte es nicht. Der richtige Mensch kommt zu einem, wenn man bereit dafür ist, alleine zu sein.

Nur hatte ich dieses Vertrauen ins Leben, die Ruhe, Reife und das Selbstbewusstsein damals, vor neun Jahren, noch nicht. Ich war auf einen bestimmten Lebensentwurf fixiert und doch kam alles ganz anders. Und so werden manche Menschen, denen wir begegnen, nicht Lebens- sondern Lernpartner. Hierzu sagt ein Sprichwort: *Bist du nicht mein Freund, bist du mein Coach.* (Leider kenne ich den Urheber dieses klugen Satzes nicht – von mir jedenfalls stammt er nicht, aber ich möchte Ihnen die Message gerne weitergeben.)

An diesem unbeschwerten Frühlingstag also schrieb ich *Ihm, 31,* (erwiesenermaßen) *attraktiv.* Einige kurze Sätze waren es bloß, denn einander Romane zu schreiben, um dann festzustellen, dass er bloß im falschen Forum nach der richtigen Urlaubsbetreuung für seinen Ficus sucht, wollte ich nicht noch einmal riskieren.

Abschicken, fertig, warten!

Ich spürte, wie meine Mundwinkel sich zu einem Lächeln verzogen. Eine innere Wärme breitete sich in mir so zaghaft aus wie nach einem Prosecco. Keine ominöse Kälte war zu spüren, die hätte erahnen lassen, dass ich in diesem Moment im Internet jemanden kennenlernte, von dem ich mich wenige Jahre später keineswegs wieder per Online-Scheidung würde trennen können, im Grunde genommen nie wieder, da wir durch ein gemeinsames Kind lebenslänglich verbunden sein würden.

Nur wusste ich auch das in diesem Moment, da ein blinkendes kleines Antwort-Briefchen auf meinem Laptop erschien, noch nicht und streifte enthusiastisch die Flip-Flops von mir.

Dieser Traummann war kein Fake-Profil, sondern es gab ihn! (Die nämlich gibt es auch, z.B. *Astrophysiker, sehr attraktiv, 38, Hobbys: Modeln, Investment-Banking, liebt Kinder und Tiere, antwortet nie*).

Schnell entbrannte ein unbeschwerter E-Mailwechsel zwischen uns. Auch er tippte viel und gerne – seinerzeit an einer Studie zu Kleintiertumoren, und noch am selben Tag stand die erste Verabredung im Chat-Raum.

Ich überlegte noch einmal kurz, ob ich wirklich hingehen sollte, denn so ein Blind Date kostete mich jedes Mal aufs Neue ziemliche Überwindung. Aber was soll's? Ich wollte mir wenigstens nicht auch noch selbst im Weg stehen. Meine Hand schnellte wieder zur Maus.

Bevor wir uns trafen, erfuhr ich noch ein wenig mehr über ihn: Kajetan war ledig, hatte weder Spielschulden, Ex-Frauen noch Kinder oder Scheidungshunde, ein gutes Verhältnis zu seinen Eltern und seine letzte Beziehung war zwei Jahre her und hatte vier Jahre gehalten. (Ding, ding, ding, bindungsfähig!)

Kinder konnte er sich gut vorstellen und das Beste war, wir wohnten im selben Stadtteil. Auch das hatte ich mir selbst zu verdanken.

Mit der Zeit war ich faul geworden bei der Partnersuche, oder nein, *zielorientiert* – und hatte nur noch meine unmittelbare Umgebung im Suchradius der Seite eingegeben. Denn immerhin, so viel hatte ich schon gelernt im Leben: Licht und Schatten gibt es überall, da bedarf es nicht erst einer Fernbeziehung nach Amrum. In meinem Viertel und meiner Komfortzone war ich glücklich, nun wollte ich dieses Lebensgefühl *nur noch* mit jemandem teilen. Dass meine sorgsam aufgebaute Lebens-Torte allerdings weg sein würde, sobald ich die Kirsche drauflegte, ahnte ich nicht.

Nach unserem vielversprechenden E-Mail-Auftakt ging es ans Eingemachte, denn selbst als verträumtes Wasser-Tierkreiszeichen war ich ein Freund der Realität geworden. Nicht wie noch mit Physiker Paul seinerzeit, Date Nummer zwei, mit dem ich nach langem literarischem Austausch ein romantisches Candle-Light-Dinner bei ihm zu Hause genießen durfte – bis seine

Frau aus dem Nebenzimmer erschien. Und fragte, wann er ins Bett komme.

Ja, ich dachte wirklich, ich wäre mit allen Rasierwassern gewaschen – und dennoch wurde ich mein eigener *Human Error*. Weil ich meiner Wahrnehmung nicht vertraut habe und meinem *Gut Feeling*. Und ich möchte, dass Ihnen das nicht passiert!

Beruflich habe ich mal einem sehr aufschlussreichen Seminar über Flugzeug-Katastrophen beigewohnt. Genauer: Der Analyse von Fehlerketten, die dazu führten (achten Sie mal darauf in *Titanic!*).

Demnach gehen, statistisch gesehen, jeder Katastrophe nämlich zehn kleinere Unfälle voraus. Und jeder dieser menschlichen oder technischen Marker hätte die Möglichkeit geboten, die Fehlerkette zu unterbrechen. Übertragen auf unser Kennenlernen heißt das: Als ich mich an diesem Tag zum letzten Mal ausloggte und dem Portal wissend *Lebewohl* sagte, um dem Raketenstart meines Liebeslebens zu frönen, befand ich mich bereits mitten im Sturzflug. Doch inmitten der dichten Wolkendecke begegneten wir uns freudestrahlend nur einen Tag später, bei Fön und Cappuccino, ganz genau so, wie wir waren. Er im T-Shirt, ich in Turnschuhen. *Take it or leave it!* Aus dem Kaffee wurden zwei, aus dem Nachmittag ein Abendessen. Als wir uns zum ersten Mal küssten, lief im Hintergrund der Soundtrack aus *Fatal Attraction* (*Eine verhängnisvolle Affäre*) und nach moderaten vier Wochen sagte er die drei magischen Worte. Na ja, fast.

»Ich glaube, dass ich dich liebe«, aber bei dem *glaube* war ich nicht kleinlich. Zumal er der Sache durch seinen Wohnungsschlüssel Nachdruck verlieh, den er mir feierlich auf seinem lauschigen Balkon über dem Rote-Bete-Salat überreichte.

Was machte es da also schon, dass er beim ersten Date doch an einem zentralen Punkt in der Nachbarschaft erschienen war, um mich abzuholen, obwohl ich explizit gesagt hatte, ich fände das mir bis dahin unbekannte Café zwei Straßen weiter auch alleine? Und ich ihn erst hatte anrufen müssen, was ich noch nie bei jemandem getan hatte, statt nach zwanzig Minuten des vergeblichen Wartens einfach zu gehen? Scheinbar nichts. Und doch alles. Hätte mir dieses Verhalten doch noch die Chance gegeben, mein Leben in andere Bahnen zu lenken und bereits präzise zeigen können, was auf mich zukam. Jemand, der meine Autonomie nicht gerade schätzte, zum Beispiel. Auch das Muster, immer etwas anderes zu tun, als verabredet war, sollte sich bis zur letzten Paartherapie-Sitzung durchziehen – und ich kann Ihnen sagen, es kann einen wahnsinnig machen. Doch ich hörte meinem Leben nicht zu.

Daher sage ich es Ihnen ganz deutlich: Alles liegt im Anfang. Ja, das gibt es – das Gesetz des Anfangs*. Überlegen Sie mal, wo es bei Ihnen in Kraft trat. Gibt es auch Dinge in Ihrem Leben (Freundschaft, Beziehung, Arbeitsverhältnis, Wohnung oder Hauskauf?), bei denen Sie charmanten Kleinigkeiten anfangs keine Bedeutung beimaßen, die sich später zu handfesten Problemen auswuchsen? Wir Menschen haben ein Bauchgefühl, hören Sie darauf! Egal, wie unsinnig es Ihnen auch vorkommt. Es dient zu unserem Schutz und wir sollten wieder mehr lernen, unserem inneren Orientierungssinn zu vertrauen statt dem Navi.

Weil ich das jedoch nicht tat, folgten diverse Pärchen-Reisen in tropische Länder, Floh-, Baumarkt- und Familienbesuche sowie Feiertage, an denen es zwischen uns ausschließlich und penetrant harmonisch verlief. Und genau das machte mich skeptisch.

»Kind, wollt ihr nicht mal langsam heiraten? Oder meint er es nicht ernst?«, forcierte auch meine Mutter unsere Zukunft.

---

* Dahlke, Rüdiger: *Die Schicksalsgesetze. Spielregeln fürs Leben. Resonanz, Polarität, Bewusstsein*, Arkana Verlag, München, 2009.

»Ich ziehe erst mit ihm zusammen, wenn wir einen richtigen Streit hatten«, erklärte ich ihr meine Bedenken.
»Wieso das denn?«
»Weil man Menschen erst in Konflikten richtig kennenlernt.«
»Das habe ich ja noch nie gehört!«
»Aber Mama, das ist doch komisch, dass wir immer einer Meinung sind, oder?«
»Kind, jetzt mach nicht wieder so ein künstliches Drama! Wenn du keine Probleme hast, machst du dir welche.«

Folglich unterdrückte ich meine Intuition, ließ die Angst davor, wieder alleine zu sein, wo doch *alle anderen* gerade heirateten und Kinder bekamen, die Oberhand gewinnen, und machte einfach so weiter. Weiter mit dem Zusammensein, weiter damit, mir zu sagen, dass ich es, alleine gemessen an meinen bisherigen Beziehungserfahrungen, nie besser treffen würde. Ignorierte sogar später mehrere Abgänge meines Körpers – die vermutlich letzten verzweifelten Versuche meines Unterbewusstseins, der Lotsen im Tower, mich zu erreichen. Und dachte, was so viele Frauen denken: *Es liegt an mir.*

Aber haben Sie mal überlegt, dass Fehlgeburten auch ein Zeichen gerade Ihres intakten Immunsystems sein können? Zum Beispiel, weil die Chromosomen nicht passen und Ihr Körper, im Sinne der Evolution, eine gesunde Abwehrreaktion zeigt? Oder etwas weiß, das Sie selbst noch nicht wissen? Um beim Flugzeugvergleich zu bleiben, könnte man sagen: Statt eine Notlandung einzuleiten, perfektionierte ich mich darin, die vielen bunten Warnleuchten in meinem inneren Cockpit nicht länger irritierend, sondern bunt und gemütlich zu finden, ja, mich sogar daran zu erfreuen. Alles Einstellungssache.

Ein Jahr nach dem Fön-Cappuccino-Treffen schließlich gab ich meine supergünstige Single-Wohnung auf, in der ich fünfeinhalb Jahre unbehelligt für ein Drittel meines Gehalts gelebt hatte, und wir bezogen unseren ersten gemeinsamen Altbau in Hübschviertel.

Dort zahlte er neunhundert Euro Miete, ich statt fünfhundert nun siebenhundert, eine Ungeheuerlichkeit gemessen an unseren Gehältern, wie ich erst wesentlich später verstehen sollte, als ich im Rahmen der Scheidung erstmals eine gemeinsame Steuererklärung sah. Doch damals war mir nicht wichtig, was ich von ihm dachte, sondern nur, dass er mich nicht für jemanden hielt, der an sein Geld wollte. Ein völlig unnötiger und typisch weiblicher Licht-unter-dem-Scheffel-Gedanke – denn zu diesem Zeitpunkt hatte er sich gerade mit einer Tierarztpraxis selbstständig gemacht und naturgemäß Schulden, ich aber war schon dreizehn Jahre lang im Berufsleben, viele davon bei Superairline, und ausnahmslos in den schwarzen Zahlen. Aber es war mir wichtig, Emanzipation zu leben, auch um die Weichen für eine möglichst ausgewogene finanzielle Partnerschaft zu stellen. Bei jedem Einkauf, der GEZ-Gebühr, der Heizkostenabrechnung, neu angeschafften Möbeln und der Provision unserer ersten gemeinsamen Wohnung, die man damals (vor dem Besteller-Prinzip) noch pauschal an den Makler zahlen musste als Mieter, beglich ich die Hälfte. So lange, bis mein gesamtes Geld weg war und ich schwanger. Ohne, dass er groß Notiz davon nahm.

Wenige Wochen nach dem Zusammenzug kniete Kajetan auf einer pazifischen Inselgruppe vor mir nieder und als er mir einen Ring ansteckte und das Timing nachmittags zwischen den dröhnenden Musik-Bässen und militärischen Kommandos des Aqua-Trainers am Pool neben uns nicht weniger intim hätte sein können, fühlte ich vor allem, dass ich mir das Gefühl ganz anders vorgestellt hatte.

So standen wir neun Monate später vorm Standesamt. Mit dreiunddreißig Jahren.

Auch hier gaben die Leuchtdioden im Cockpit noch einmal ihr Bestes: Kajetan, der sich bald als *Herr Machtkontrolle* entpuppen sollte, würdigte mich, die Braut immerhin, den ganzen Tag lang keines Blickes, es war unmöglich, Augenkontakt zu ihm herzustellen. Und selbst ich, obwohl allgemein sehr melodramatisch veranlagt, wagte es einfach nicht, die Zeremonie zu unterbrechen, schon alleine, weil im Standesamt von Teuerstadt im Zehn-Minuten-Takt getraut wurde. Die Nächsten standen schon draußen – und mussten auch nicht lange warten.

Da die Standesbeamtin einen Teil der Zeremonie vergaß, stürmte Herr Machtkontrolle schon nach sechs Minuten fluchtartig aus dem Saal, gefolgt von den geladenen Gästen. Dickbäuchig musste ich alle einkreisen und in den Raum zurückdrängen, während ich rief: »Aber wir müssen doch noch die Ringe tauschen!«

Erneut hatte ich das ungute Gefühl, mich im falschen Film zu befinden, was wiederum unterging, als meine Mutter sich beleidigt bei mir beklagte, dass meine Schwiegermutter sie weder grüße noch erkenne und sich, aus unerfindlichen Gründen, sogar gezielt von ihr abgewandt habe.

Wenigstens wurde das Ganze nicht dokumentiert, denn die Fotografin, vorher aufwendig ausgesucht, tauchte erst gar nicht auf. Urplötzlich stand sie am Spätnachmittag in Tränen aufgelöst neben den Resten der Hochzeitstorte, die nicht pünktlich hatte geliefert werden können, da die Bäckerin eine Reifenpanne gehabt hatte, da bei ihr eingebrochen worden war.

Und als mir abends mein Trauzeuge zuraunte, eine demente Großcousine des Bräutigams habe während der Trauung in den letzten Reihen verstörende Reichsparteitags-Kommentare gemacht, habe ich mich gefragt, wo der DeLorean geparkt ist, um mich zurück in die Zukunft zu bringen. Kurz, es gab Vorboten. Jede Menge, bis zur letzten Minute.

Dass es ganztags in Strömen goss, obwohl es an den anderen dreißig Tagen des Monats hochsommerlich war, muss ich nicht erwähnen, oder?

Vier Wochen nach der Hochzeit immerhin ereignete sich etwas, von dem ich bis heute glaube: Am Ende sollte alles so sein – denn das Engelskind kam zur Welt. Für die Esoteriker unter Ihnen bin ich sogar bereit zu erwägen, dass wir, seine Eltern, uns womöglich begegnen *mussten*, damit das Indigo-Kind für seinen Seelenplan inkarnieren konnte.

Doch die Wucht des Glücks trübte sich schnell.

Trotz unserer Verabredung, dass Herr Machtkontrolle mich in den ersten zwei Wochen nach der Geburt zu Hause unterstützen wollte, ergriff er noch während der letzten Presswehe sein Handy und informierte seine Praxis, dass er gleich Montag wieder da sei. Kombiniert mit der erniedrigenden Erfahrung, dass mir an diesem Tag verschiedene Menschen zwischen die Beine sahen, Herr Machtkontrolle mich ungefragt filmte, während ich noch wie ein Wal mit Blasenkatheter herumlag und eine Schwester unsanft an meinen Brüsten herumdrückte, um den Milchfluss zu testen, ist sicher, dass ich kommenden Nachwuchs nur noch alleine ambulant in einer Mondnacht im Meer gebären würde.

Als ich die ernüchternde Planänderung des Kindsvaters für die ersten Tage als Familie zur Sprache brachte, merkte dieser nur stark unterkühlt an, ich hätte das Engelskind nun mal zu spät geboren – vier Tage über Termin. Das könne er sich nicht einrichten.

Hormonell im Ausnahmezustand und mit Schlafentzug gefoltert hatte ich zunächst andere Sorgen und wir zogen, nach einem zermürbenden ersten Kinderwagen-Jahr im kinderfeindlichen öffentlichen Nahverkehr von Teuerstadt, in ein freistehendes Einfamilienhaus im Umland. Und es war eine Ironie des Schicksals, dass wir nach einem Jahr und drei Monaten Wartefrist just an dem Tag, an dem wir den Mietvertrag für das Haus unterschrieben hatten, endlich einen Krippenplatz in der Einrichtung gleich gegenüber unserer alten Altbau-Wohnung im Hübschviertel bekamen. Ab jetzt hieß es täglich zweistündig pendeln und das im schönsten Berufsverkehr.

Die gewonnene Zeit zwischen Bringen und Holen konnte ich kaum nutzen – denn mit der Fremdbetreuung hielten die abenteuerlichsten Viren, Bakterien und Parasiten bei uns Einzug. Alle paar Tage war ich mit der Mund-Hand-Fuß-Krankheit, einem Magen-Darm-Infekt, der Schweinegrippe oder Läusen geschlagen, die das Engelskind zumeist bloß übertrug. Herr Machtkontrolle bekam nie was.

Verzweifelt über mich und meine Unfähigkeit, in all dem kein Glück zu verspüren, rannte ich ratlos zu einer in Lebenskrisen geschulten Fachfrau (bei der ich aus einer diffusen Ahnung heraus seit Eintritt der Schwangerschaft auf der Warteliste stand), hielt ihr vorwurfsvoll meinen Ehering unter die Nase und bat sie inständig, meine pathologische Undankbarkeit zu kurieren. Schließlich hatte ich doch alles, was sich andere sehnlichst wünschen?!

Noch heute sehe ich Frau Verhaltenstherapie vor mir, wie sie mich ansieht, als ich ausführe, dass ich einen Haufen Probleme hätte, mein Mann hierzu aber nicht gehöre. Der sei perfekt. Meine Hoffnungen auf eine vorrübergehende postnatale Depression zerschmetterte sie gleich ganz und bald hatte ich nichts mehr, weswegen ich mir die Schuld an allem hätte geben können. Außer ein bisschen mangelnder Selbstliebe, anerzogener Prägungen, die für mein heutiges Leben ziemlich unbrauchbar waren und der Erkenntnis, dass ich offenbar nicht mit meinen wahren Bedürfnissen in Kontakt war.

Durch die Blume gab sie mir zu verstehen, dass ich mich in keiner emotionalen Beziehung, sondern lediglich einer häuslichen Gemeinschaft befinde. *Eine Walnuss, die von innen hohl ist*, so ihre Metapher. Was erklärte, warum ich trotz aller materiellen Freuden im Außen im Innern so todunglücklich war, was wiederum eine Erfahrung war, die ich vorgeblich machte, weil ich mich in alten Erfahrungen bewegte und sie unterbewusst wiederholte. Eine Neu-Programmierung musste her.

Während diese im wöchentlichen *Soul-Engineering* bei Frau Verhaltenstherapie entstand, ereigneten sich in meiner heimischen Wohngemeinschaft rätselhafte Dinge.

Immer öfter verschwanden Lebensmittel und meine wenigen Lieblingsgegenstände, die ich dann zerstört unterm Bett oder in kuriosen Verstecken wiederfand. Rasierklingen waren so tückisch hinter meinem Shampoo positioniert, dass ich beim Duschen hineingriff, und als ich gerade mit dem Abspülen fertig war, entleerte Herr Machtkontrolle seine Nebenhöhlen knapp neben meinen Händen ins Becken. Wenn ich kochte, machte er einfach den Herd aus und wenn er es selbst tat, trug er sämtliche Pfannen kurz vorm Garpunkt abrupt durch den Garten in den Schuppen. Regelmäßig sammelte ich sie dort wieder ein und beorderte sie in den Geschirrspüler zurück. Natürlich konfrontierte ich ihn mit seinem Verhalten, doch er machte mich entweder glauben, dass ich mir dies nur einbildete, oder behauptete überzeugend, keine Erinnerung an diese Vorgänge zu haben.

Ersteres übrigens ist ein Phänomen, das Sie eindrucksvoll im Thriller *Gaslight* von 1944 besichtigen können. Darin spielt Ingrid Bergman Ehefrau Paula, die durch *Gaslighting* von ihrem Ehemann in den Wahnsinn getrieben wird.

Mit Gänsehaut erinnerte ich mich daran, dass Herr Machtkontrolle bereits in einer Schwangerschaftsnacht einmal voller Hass die Schlafzimmertür hinter mir zugeknallt hatte, als ich mich leise zur Toilette schlich. Ein Ereignis, das ich so wenig hatte einordnen können, dass ich es lieber dem Wind zuschrieb.

Ihr physisches Ende fand die Ehe, als er beim erstmaligen Körperkontakt nach der Geburt sein Portemonnaie neben mich auf das Kopfkissen legte und lachte: »Ich zahl gleich.«

Als ich mit meinen verstörenden Ausführungen fertig bin, sieht Frau Verhaltenstherapie mich unerschrocken an.

»Spaltung«, ist ihre simple Diagnose.

»Spaltung?«, wiederhole ich den mir völlig fremden Begriff.

»Bei schweren Traumatisierungen, zum Beispiel in den ersten zwei Lebensjahren, spaltet sich ein Teil der Psyche ab, um das Erlebte verkraften zu können. Ein Hilfsmechanismus der Seele. Vermutlich ist der andere Teil Ihres Mannes tief in seiner kindlichen Wut gegen die eigene Mutter verhaftet, die er in seiner Kindheit angesammelt hat.«

Wow, da hatte sich meine Mitgliedschaft bei Elite-Starter wirklich gelohnt.

Als mein Zweitmann Abende später unser Kind mit ins Obergeschoss nahm, von wo aus er mich wissen ließ, dass ich nachts keinen Zutritt mehr zu selbigem hätte, war mir klar, dass dies alles weit über partnerschaftliche Konflikte hinaus ging. Fünfundvierzig Kilo brachte ich gerade noch auf die Waage, bestand weitgehend aus Migräne und verbrachte die Nacht von Albträumen geplagt im Gästezimmer.

Da war sie nun, die Katastrophe – und mir blieben nur noch wenige Meter bis zum Aufprall. Ich befand mich in meiner eigenen Bayrisch-Mahmoody-Story und musste da raus! Nicht ohne meine Tochter, versteht sich. Geistesgegenwärtig zog ich den Flieger hoch – mein Unterbewusstsein und ich waren wieder eins. Nur, wie wurde man sein eigenes Leben wieder los? Unter Schock griff ich auf Altbewährtes zurück und suchte online nach Hilfe. Klick, klick, nichts. Mist!

Kurz vorm zweiten Geburtstag des Engelskindes schlug ich Herrn Machtkontrolle dann vor, dass wir uns doch scheiden lassen könnten. Seine Haltung hierzu:

»Gibt's nicht – ist zu teuer.«

Gut. Dann würde ich es eben alleine machen, denn, so viel immerhin spuckte das Internet aus: Die Zustimmung des anderen war nicht erforderlich hierfür. Alles, was ich brauchen würde, waren eine Wohnung, ein Kita-Platz und möglicherweise ein Anwalt. Das konnte ja nicht so schwer sein, oder?

2. EHE, WEM EHE GEBÜHRT

»Ich habe jemanden gefunden«, überrascht mich Herr Machtkontrolle mit Leidensmiene. »Er macht auch Paartherapie, wenn du willst, lade ich dich ein!« Gönnerhaft erhellt sich sein Gesicht und spontan erscheinen Bilder vor meinem inneren Auge, in denen der Chef eines Großhandels für Aquariumsbedarf im Hinterzimmer auch Paartherapie anbietet.

Bitte verstehen Sie mich: Der Bund der Ehe bedeutet mir viel und wie auch immer die schlechten Tage aussehen mögen – Unfall, Pleite, Alkoholsucht, sekundäre Persönlichkeit –, ich würde sie gerne gemeinsam meistern. Doch die Basis hierfür ist Liebe. Und der gemeinsame Wille beider Ehepartner zu einer funktionalen Beziehung und Familie. Fehlt diese aber und sind Sie Ihrem Partner egal oder will er Sie gar loswerden, wo wollen Sie da ansetzen?

Dennoch bin ich froh über den Fortschritt und werte es als Geschenk, dass ein Ehemann seiner Ehefrau großzügig die Paartherapie mitfinanziert.

»Was macht er denn sonst noch?«, erkundige ich mich skeptisch.

»Männer und Paare«. Spontan empfange ich ungute Schwingungen für mich, aber wann immer sich mir die Gelegenheit bietet, meinen Horizont zu erweitern, greife ich zu. »Er hat in drei

Monaten einen Termin«, schiebt Herr Machtkontrolle das Kleingedruckte hinterher.

»Aber bis dahin sind wir ja fast geschieden?«, überschlage ich grob.

»Die Leute müssen lernen, Gefühle auch mal auszuhalten«, verteidigt Herr Machtkontrolle die Terminvergabe des Therapeuten. »Das ist der erste Schritt seiner Behandlung.«

Das erklärt das Prinzip Warteliste, zweifelsfrei entstehen dadurch Reifeprozesse.

Ich denke an *Mr. & Mrs. Smith* und hoffe, dass wir nicht am Ende in Gummistiefeln das Haus abfackeln. Und an den Film *Wie beim ersten Mal* mit Steve Carrell als Paartherapeut, der Meryl Streep und Tommy Lee Jones körperliche Hausaufgaben verordnet. Nein, danke!

Wir schweigen noch einen Moment und obwohl ich wirklich kein gutes Gefühl habe bei der Sache, nehme ich das Angebot an.

Zwölf Wochen später sitzen wir in eleganten Räumlichkeiten, unter einer harmonisierenden Stuckdecke, auf einer viel zu kurzen Couch nebeneinander. Ich am rechten äußeren Rand, Herr Machtkontrolle am linken äußeren Rand. Herr Paartherapeut – ein Typ wie Kojak – in einem stilvollen Ohrensessel mit Schottenmuster uns gegenüber. Meine Arme sind verschränkt, meine Beine in Richtung Wand geschlagen. Herr Machtkontrolle streift entschlossen die Bergschuhe von sich, räkelt sich über der Armlehne wie eine Katze und macht es sich gemütlich. Seinen Wollschal wirft er aufreizend zurück. Ich reagiere meinerseits durch eine aufgeräumte Haltung: Breitbeinig, die Hände in Art der Kanzlerin zwischen meinen Knien positioniert, sitze ich da – bereit zum Rededuell. Aus irgendeinem Grund habe ich mich heute für eine weiße Bluse und Hosenträger entschieden. Herr Paartherapeut sieht uns herausfordernd an.

»Was kann ich für Sie tun?«

»Nichts«, platzt es aus mir heraus. Denn komme, was wolle – die Dinge, die ich in den letzten Monaten erlebt habe, machen mir eine Mann-Frau-Beziehung so unmöglich wie Bio-Anbau in Chernobyl.

»Alles«, gibt Herr Machtkontrolle von sich. Und *Reparieren Sie meine Frau!* steht ihm deutlich ins Gesicht geschrieben.

Ich nehme einen Schluck Wasser, das ich mitgebracht habe. Eine Übersprunghandlung, die mir so laut erscheint, als wäre die Plastikflasche an einen Verstärker angeschlossen. Dann setze ich das Getränk auf dem kleinen runden Edelholztisch vor der Couch ab, wo es unschöne Wasserringe hinterlässt. Ich vermute, dass sich dadurch augenblicklich die Rechnung für Herrn Machtkontrolle erhöht, und schäme mich leise. Geräuschvoll lässt Herr Paartherapeut den Kugelschreiber zurückspringen und senkt abwartend das Klemmbrett. Sein Blick wandert vom rechten ans linke Sofa-Ende und wieder zurück.

»Wo sind Ihre Emotionen?« Was meint er? Ich atme flach, Herr Machtkontrolle seufzt wohlig. »Das letzte Paar, das hier saß, hat sich gezofft.« Mit einem spielerischen *Boff* untermalt Herr Paartherapeut seine Aussage und schlägt die Fäuste gegeneinander. Das gesamte Sofa erschrickt, beide Enden zucken synchron. Herr Machtkontrolle und ich, wir sind nun mal keine lauten Menschen und überhaupt finde ich, dass nicht jeder Streit sich in Dezibel ausdrückt. Aber das sage ich nicht, ich will ja schließlich was lernen. Von mir aus auch Lautsein. *Keep an open mind.*

»Meine Frau hatte eine Affäre«, holt Herr Machtkontrolle die Keule hervor. Ich möchte im Boden versinken. Um ehrlich zu sein, hatte ich nämlich gar keine Affäre, habe dies aber behauptet, um – zugegeben – eine emotionale Reaktion von Herrn Machtkontrolle zu erhalten. Seit unserem Einzug ins Haus hatte ich ihn nur noch von hinten beim exzessiven Spülen von neunzehn bis neunzehn Uhr dreißig in der Küche zu sehen bekommen, bevor er zeitgleich mit dem Kind ins Bett floh. Und versucht, so ein Gespräch in Gang zu bringen. Leider ohne Erfolg, denn vielmehr legte seine unterdrückte Begeisterung den Verdacht nah, dass er heilfroh gewesen war, dass jemand anderer sich endlich meiner annahm.

Aus Stolz beschließe ich, es bei dieser Version zu belassen und sehe schuldbewusst aus dem Fenster auf einen Abschleppwagen. Zu meinem Erstaunen lächelt Herr Paartherapeut.

»Ich bin immer froh, wenn so etwas geschieht, daraus lässt sich für beide viel lesen!« Nun bin ich gespannt, komme aber ins Schwitzen, für den Fall, dass ich Details zu meiner Lüge erfinden muss. Krampfhaft überlege ich, mit wem ich zwischen Nachsorgeuntersuchung, Wohnung und Supermarktkasse etwas angefangen haben könnte, denn nicht einmal nach der Identität des Gegners hatte sich Herr Machtkontrolle erkundigt. Unser Kinderarzt, der kurz vor seiner Pensionierung steht, ist der Einzige, der mir einfällt.

Herr Paartherapeut atmet gelassen, was unangenehm viel Raum für nachträgliche Emotionen und Erklärungsbedarf gibt.

»Was ist mit Ihnen?«, wendet er sich zu meiner Erleichterung nun gezielt an Herrn Machtkontrolle. Offenbar habe ich meinen Teil beigetragen. Der schüttelt energisch den Kopf.

»Ach, kommen Sie!« Kojak scheint amüsiert. »Sie wollen mir doch jetzt nicht erzählen, dass Sie dreißig Jahre lang treu sind?«

Durch sein Business scheint der Mann etwas an Romantik eingebüßt zu haben. Vielleicht ist es doch nicht so schlecht, dass er auf Männer spezialisiert ist? Sein Therapieansatz wirkt auf mich erfreulich freudianisch liberal. Und plötzlich fließen bei mir die Tränen. Wahrscheinlich ist es die Erkenntnis, dass Herr Paartherapeut der einzige Mann ist, der sich für mich interessiert – allerdings auch nur gegen Bezahlung. Sogar meine eigene Mutter hatte Körperkontakt mit mir weitgehend abgelehnt, was sie nicht müde wird zu betonen.

»Du hast mir ewig am Frack gehangen« ist noch heute einer ihrer Lieblingssätze. Erst seit ich selber Mutter bin, weiß ich, dass physische Nähe ein elementares Grundbedürfnis eines jeden Kindes ist und überlebenswichtig. Also mit mir alles stimmte. Allerdings habe ich ihr längst vergeben, denn ich fürchte, als Nachkriegskind hat sie selbst nicht allzu viel davon bekommen.

Was mich noch trauriger macht.

Ausgerechnet Herr Machtkontrolle nimmt nun die Edelstahlbox vom Edelholztisch und reicht mir empathisch ein Kleenex. Ich bedanke mich artig, nehme es aber nur widerwillig. Wenn ich schon weine, dann wenigstens ungehindert! Herr Paartherapeut beobachtet den Vorgang fasziniert.

»Was Sie da tun, ist eine weibliche Handlung«, bringt er den Kuli auf Anschlag. Und unsere Situation auf den Punkt: »Sie sind in den falschen Rollen!«. Seine erste Notiz reibt sich ins Papier. »Das Problem ist nicht selten«, beruhigt Herr Paartherapeut mit wissender Stimme. »Eine Zeit lang wollten Söhne die Versäumnisse ihrer abwesenden Kriegsväter aufholen. Sie gaben ihren Kindern, was ihnen selbst so sehr gefehlt hatte als Junge, doch inzwischen ist diese Entwicklung, die ursprünglich nach Balance zwischen den Generationen strebte, gekippt.« Der Mann hat Recht, denn prompt fallen mir Beispiele ein.

Während Herr Machtkontrolle sich stets ans Baby klammerte, ächzte ich heroisch unter Umzugskartons, Wickeltaschen, Reisekoffern und Einkäufen, Treppen hinauf und hinunter. Und obgleich ich eine feminine Durchschnittsfrau mit gängigen weiblichen Bedürfnissen bin (Blümchenkleider, Topmodel-Sendungen und Klatschzeitschriften), war es stets Herr Machtkontrolle, der sich die Kuscheldecke auf der Couch unter den Nagel riss, beklagte, dass man die Heizung höher drehen müsse, meine Einhorn-Wärmflasche öfter füllte als andere Männer ihre Sport-Trinkflaschen, und gelegentlich nach einem wärmenden Brennnesseltee verlangte. Hätten wir je das Ehebett miteinander geteilt, so hätte er vermutlich allabendlich seine Füße zwischen meine Waden gesteckt, um sie aufzuwärmen. Also blieb mir nur, den Klodeckel oben zu lassen.

»Frauen wiederum schießen derzeit über die Emanzipation hinaus und beide Geschlechter geraten in Konflikt mit ihren biologischen Funktionen«, rundet Herr Paartherapeut die Zusammenhänge ab.

Ich denke nach. Sicherlich haben wir Frauen unseren Anteil an dieser Entwicklung, so wie ich selbst es anfangs noch ganz süß fand, dass Herr Machtkontrolle es kängurumäßig mit Tragesystemen wie Manduca, Diddy-Sling und Babybjörn aufnahm, und sich mit den Apothekerinnen anlegte, um eine Milchpumpe zu organisieren. Ich erinnere mich an unser zweites Date, als ein solcher Tragetuch-Vater auf der Straße mit Nachwuchs an uns vorbeimarschierte, und Herr Machtkontrolle verträumt sagte: *So stelle ich mir das auch vor.* Welche Frau in den Dreißigern und auf Partnersuche hätte da Böses geahnt? Unwissend, dass er nicht allgemein *Familie* meinte, sondern wörtlich nur sich und das Kind sah.

»Sie müssen immer grob bei Ihren Rollen bleiben«, liefert Herr Paartherapeut auch die Lösung, aber ich finde den Vorwurf der Über-Emanzipation irgendwie ungerecht, denn während Herr Machtkontrolle die Mutterrolle aktiv an sich riss, war ich schlicht die Zweitbesetzung derselben Rolle.

Ich hatte gar nicht erst versucht, kurz nach der Geburt mit durchtrainiertem After-Baby-Body wieder im Büro zu erscheinen (ich hatte ja schon vorher keinen), oder, wie meine selbstständige

Freundin Ida, bis zuletzt meine Schwangerschaft vor den Kunden ihrer Werbeagentur geheim zu halten, aus Angst vor Auftragseinbrüchen.

Das Buch *Lean in* von Sheryl Sandberg, Top-Managerin, Facebook-Führung und Mutter von zwei Kleinkindern, findet bei mir bislang leider nur als Tür-Stopper Verwendung und auch die stolzen Berichte meiner ausgewanderten Freundin Thea, die unweit von Paris kurzerhand vier Kinder bekam, weil diese nach drei Monaten in die staatliche Crèche *müssen,* ließen mich kalt.

Im ersten Jahr war ich bewusst zu Hause geblieben und hatte mit der klassischen Rollenverteilung vorübergehend kein Problem. Bis sich herausstellte, dass Herr Machtkontrolle mir, vom so leichtfüßig und uneingeschränkt weiter verdienten Geld jedoch keineswegs etwas abgeben wollte, geschweige denn teilen. Erst dann war ich in Panik geraten und hatte, in nur drei Wochen, meine Diplomarbeit geschrieben, um mein Studium an der Filmhochschule abzuschließen – und ein zweites Standbein als Autorin zu haben. Neben meiner Festanstellung als Flugbegleiterin, in der ich drei Jahre in Elternzeit war, was ich zeitraumtechnisch vor der Geburt hatte entscheiden müssen und rein auf Basis der Aussage einer Kollegin getan hatte: »Ich war nach einem Jahr wieder fliegen, mach das bloß nicht! Außer dem Kind hat das keiner in meiner Familie verkraftet.«

Mein High-Speed-Uni-Abschluss war überdies ein Vorgang gewesen, für den sich Herr Machtkontrolle geweigert hatte Urlaub zu nehmen, um im Zuge ausgleichender Gerechtigkeit und/oder gemeinsamer Ziele im Leben das Engelskind zu betreuen. Er hatte lieber Tausende von Euro in eine private Nanny gesteckt, die ein echtes Desaster gewesen war. Stellt man jemanden übrigens privat an, landet man schnell mal bei viertausend Euro Brutto-Gehalt, mit Versicherungen, Krankenkasse usw. Eine Rechnung, die sogar ich als chronische Mathe-Fünf unwirtschaftlich fand, denn sein Verdienstausfall für vier Wochen Jahresurlaub hätte wohl kaum den Betrag überstiegen, für den er Frau Nanny anstellte.

Bei der Erinnerung steigt ein riesiger Wut-Schub in mir auf. Vor allem deshalb, weil der Vater sein Kind durch mich stets hervorragend betreut wusste, während er Karriere machte, ich aber zweifelhafte Fremdbetreuung in Kauf nehmen musste, um wenigstens meinen lang ersehnten Bildungsabschluss zu erzielen. Und als Zusatzbelastung Nanny Unselbstständig erhielt, die mich an guten Tagen auch noch vom Schreibtisch hochscheuchte und anherrschte, ihr beim Aufräumen zu helfen, *da gleich Herr Machtkontrolle nach Hause komme.* Sie nahm selbstverständlich an, dass sie seinetwegen anwesend und ich nur Beiwerk wäre. Was Herr Machtkontrolle in der kurzen Zeit auch noch mit Urlaubs- und Weihnachtsgeld unterstrich. Dass ihr Arbeitsplatz einzig und allein meiner Diplomarbeit geschuldet war, traute ich mich nicht, ihr zu sagen. Es wäre mir herablassend und arrogant vorgekommen, aber unternehmerisch korrekt gewesen.

Als ich stolz mein Diplomzeugnis aus der Post fischte, übermittelte mir Herr Machtkontrolle sogar die Glückwünsche eines befreundeten Pferdeorthopäden: »Und, schreibt sie jetzt für Frauentausch?«

Doch ich frage mich, wie ich es anders hätte machen können? Denn trotz dieses Verlaufs war ich nicht blauäugig gewesen. Ich hatte viele Dinge vorausschauend zur Sprache gebracht, dann aber leider blind auf die Antwort vertraut, als Herr Machtkontrolle noch im Hübschviertel-Altbau-Winter zuvor, unter Decke und Tee, hervor nuschelte: »Das regeln wir dann alles, wenn es soweit ist.« Was mir ein Gefühl von übertriebenem Aktionismus und mangelndem Ur-Vertrauen vermittelt hatte.

Frustriert wende ich mich an Herrn Paartherapeut und bringe einen wesentlichen Punkt zur Sprache.

»Mein Mann macht immer etwas anderes, als er sagt.«

Herr Machtkontrolle wirft mir einen interessierten Seitenblick zu, offenbar ahnt er, dass hier eine Wahrheit im Raum steht. Dann wandern seine Augen ebenfalls fragend zum Ohrensessel.

»Das nennt man Inkongruenz«, gibt Herr Paartherapeut eine fachlich codierte Antwort, und ich denke an Geometrie in der Mittelstufe.

»Wir alle haben ein Selbstkonzept«, übersetzt er verständlich. »Der Amerikaner Carl Rogers glaubte, dass der Mensch immer wieder mit neuen Selbsterfahrungen konfrontiert wird, die bisweilen stark vom Selbstkonzept abweichen können und er stets versucht, diese Diskrepanz möglichst klein zu halten. Dabei ist die Qualität des Selbstkonzepts, entweder positiv oder negativ, dafür verantwortlich, wie mit diesen Selbsterfahrungen umgegangen wird, das heißt, ob sie angenommen oder ignoriert werden. Eine Person ist dann kongruent, wenn ihr aktuelles Verhalten und Erleben mit dem bestehenden Selbstkonzept weitgehend übereinstimmen. Ist dies nicht der Fall, so spricht man von Inkongruenz.«[*]

Ich merke mal wieder, dass mir mein Schulwissen nichts nutzt und kommuniziere dies stumm durch ein Fragezeichen in meinem Gesicht. Herr Paartherapeut macht es verständlich. Eine Mutter ist beispielsweise verärgert über ihren Sohn. Zeigt sie ihre Gefühle in angemessener Weise, so stimmt ihr Verhalten mit ihrem aktuellen Selbstkonzept *Meine Gefühle sind mir wichtig* überein. Sie verhält sich kongruent. Hat sie dagegen das Selbstkonzept *Eine gute Mutter darf keine negativen Gefühle haben*, dann passen Ärger und Wut natürlich nicht in ihr Selbstbild. Sie unterdrückt diese Gefühle oder nimmt sie viel-

---

[*] Stangl, W. (2019). Stichwort: ›Inkongruenz‹. Online Lexikon für Psychologie und Pädagogik. www: https://lexikon.stangl.eu/1839/inkongruenz/ (2019-03-14)

leicht gar nicht wahr. Ihr Erleben ist dann inkongruent. Oft bleiben innerhalb des Gesprochenen daher wichtige Informationen unausgesprochen, oder es gibt einen Widerspruch zwischen dem Gesagten und dem Gemeinten, was Verwirrung und Missverständnisse in der Kommunikation stiften kann.[*]

Verstehe. Herr Machtkontrolle sagt also das, was in sein Selbstkonzept passt, tut aber, was er eigentlich fühlt. Das erklärt auch harmlose Situationen. Zum Beispiel, als Herr Machtkontrolle vorgab, das Leergut wegzubringen, ich dann aber per Zufall durchs Küchenfenster sah, wie er alles in einen öffentlichen Mülleimer warf.

Voller Bewunderung denke ich an Mia aus dem Aerial-Yoga, die – im Gegensatz zu mir – ihrem Freund klipp und klar gesagt hatte, dass er *erst* alle Voraussetzungen (weniger arbeiten, Grundriss mit Kinderzimmer) erschaffen müsse und sie *dann* mit ihm eine Familie gründen würde. Allerdings sind sie nicht mehr zusammen und Mia, inzwischen 43, bezahlt ihre Gradlinigkeit mit Ehe- und Kinderlosigkeit. Und ich frage mich: Was ist besser? Zu vertrauen und dann dazusitzen? Oder die Sachen precoital so wasserdicht zu verhandeln, so dass es dadurch gar nicht mehr zu einer gemeinsamen Zukunft kommt?

Nach ein paar Minuten des Grübelns entscheide ich mich dafür, weiterhin zu vertrauen, nicht aber mehr dem Mann, sondern meiner Intuition. Und für das, was Jacques, der angetraute Franzose meiner Freundin Thea, zu meiner Gesamtsituation sagte: »Parfois, tu n'as pas de chance«. *Manchmal hast du einfach Pech.*

»Meine Frau macht, was sie will«, holt Herr Machtkontrolle nun unvermittelt aus. Empört möchte ich darauf hinweisen, dass

---

[*] Ebd.

bei mir Gesagtes und Getanes dabei immerhin kongruent sind, doch Herr Paartherapeut fällt mir ins Wort.

»Ja, aber unbedingt! Und bitte nur das.«

Der Mann wird mir immer sympathischer. Ich beschließe, mich der Sache zu öffnen. »Ich finde Paartherapie ja auch für gescheiterte Ehen ganz gut«, gebe ich von mir. Und stelle damit zugleich klar, dass eine Fortsetzung derselben für mich undenkbar ist.

»Ja«, stimmt Herr Paartherapeut zu. »Sie kann helfen, schmerzhafte und hasserfüllte Trennungen zu vermeiden.« Bei diesen Begriffen fühlen wir uns nun beide angesprochen.

»Meine Frau hat immer ...«

»Bitte nenn mich nicht so, du hast mich keine Sekunde lang so behandelt.«

»Weil ich dich nie heiraten wollte, mein Vater hat mir gesagt, ich müsse das machen.«

»Was?! Aber du bist doch erwachsen?«

»Das hättest du merken müssen.«

»Wie denn, wenn du mir einen Antrag machst?! Sehen Sie, mein Mann macht immer etwas anderes, als er ...«

Herr Paartherapeut schlägt unerwartet mit der Faust auf den Tisch. Das Edelholz vibriert, die Wasserflasche rollt über den Teppich und die Kleenexbox rutscht gefährlich nahe zum Rand und schwebt über dem Parkett.

»Versuchen Sie nicht, mit mir übereinander zu reden!«, donnert er durch den Raum.

Wann ist die Stunde endlich um? In besagten Filmen haben die Patienten fortwährend Redebedarf, während der Therapeut an der spannendsten Stelle aufspringt und auf die Uhr zeigt. Ich erinnere vage, dass Herr Machtkontrolle was von *Doppelstunde* gesagt hat (die mir schon in der Schule verhasst war) und schiele auf einen Fünfzigerjahre-Retrowecker, habe aber keine Ahnung mehr, wann wir angefangen haben.

»Enttäuschungen speisen sich lediglich aus Erwartungen an andere.« Die Sätze von Herrn Paartherapeut sind wirklich klug, über jeden Einzelnen lohnt es sich nachzudenken.

Aufgewühlt sehe ich ans andere Ende der Couch, schließlich sollen wir nicht übereinander, sondern miteinander reden.

»Weißt du noch, als ich dir sagte, dass ich gar nicht wisse, wer du bist? Weil du keine Haltung hättest, außer meiner?« Teilnahmslosigkeit schlägt mir aus einem Meter Luftlinie entgegen. Fehlt nur noch, dass Herr Machtkontrolle sich die Nägel feilt. Als hätte ich mich selbst befruchtet! Plötzlich habe ich mehr denn je das Gefühl, kein bisschen über den Menschen am anderen Ende der Couch zu wissen – und bloß eine eigene Phantasie geehelicht zu haben.

Herr Paartherapeut sieht mich an.

»Und, was sagt Ihnen das über sich?«

Der Mann ist gnadenlos, das muss man ihm lassen, und ich komme nicht umhin zu erkennen: Ich hatte es in der Hand. Und habe es nicht genutzt.

Merde!, würde Jacques zusammenfassen.

Außerdem schwant mir, dass auch der Rat meiner Mutter in Sachen künstliches Drama womöglich nur ihre Erwartung ans eigene Leben gewesen war – doch bitte zufrieden zu sein und den Arzt zu heiraten, den sie sich, den Werten der damaligen Zeit entsprechend, selbst gewünscht hatte. Und dass der Vater von Herrn Machtkontrolle, selbst uneheliches Kind, solche Angst vor öffentlicher Ächtung hat, dass er mit Hochdruck für eine Hochzeit plädierte, als er von meiner Schwangerschaft erfahren hatte. Und so wie ich auf meine Mutter, hatte Herr Machtkontrolle offenbar auf seinen Vater gehört.

Ob das mit uns was zu tun hatte? Fraglich. Und das hatten wir nun davon. Wir lebten ein Leben, das moralisch zulässig war und gesellschaftlichen Aufstieg versprach. 1955. Das Leben unserer Eltern! Leider waren wir aber wir und befanden uns weit nach dem Millennium.

Herr Paartherapeut blättert vergnügt in seinem Terminkalender.

»Ich kann Sie in acht Wochen wiedersehen, davor überführe ich meine Yacht nach Mallorca.«

3. PREMIUMGLÜCK

Mit Aufbruchsstimmung mache ich mich auf die Wohnungssuche. So traurig ich über den Verlust unseres verwunschenen Mietshaus-Gartens mit Puppenwagen-Rennstrecke, Planschbecken und Sandkasten bin, so sehr beflügelt mich der Gedanke, wieder in Ruhe leben zu können. Mit einer abschließbaren Tür zwischen Herrn Machtkontrolle und mir, geregeltem Umgang für Töpfe, Pfannen und Kleidung und ohne zermürbende Diskussionen, bei denen ich mich immer verzweifelter echauffiere: *Warum machst du das?!*, während er diese kühl mit liebreizenden Zitaten beendet: *Du strahlst halt Opfer aus, ich kann dich nicht anders behandeln.*

Teilt man die Warmmiete des Hauses durch zwei, stehen Herrn Machtkontrolle und mir jeweils ein Budget von tausendfünfhundert Euro zur Verfügung. Das sollte doch dicke reichen? Wobei man natürlich auch rechnen kann, dass ich und das Engelskind, das meiner Ansicht nach selbstverständlich bei mir leben soll, den Mehrbedarf haben – in Form dreier Zimmer. Damit das Engelskind ein eigenes Reich hat und ich zum Beispiel abends noch im Wohnzimmer arbeiten kann. So zumindest stelle ich mir das vor.

Außerdem möchte ich natürlich nur einmal umziehen und gleich alles richtig machen, damit unser zukünftiges Heim jener verlässliche und nostalgische Ort wird, an dem das Engelskind die zentralen Meilensteine seiner frühen Kindheit durchlebt – die randvolle Schultüte, die unzertrennlichen Freundschaften, die erste Klassenfahrt, den ersten Liebeskummer, die Hausaufgaben und das selbstgemalte und kunstvoll mit Blitzen und Totenköpfen verzierte Schild an der Tür, das besagt: *Mamas müssen draußen bleiben.*

Wobei sich die Wohnsituation solch eines Scheidungskindes ja im Idealfall durch doppelte und identische Haushaltsführung auszeichnet, was bedeutet, das Kriterium *Kinderzimmer* gilt eigentlich auch für Herrn Machtkontrolle. Vielleicht sogar gerade für ihn, denn ich weiß nicht so recht, wie viele Jahre er das Konzept *Schlummern mit Kind im Doppelbett* noch durchführen möchte. Auch im Hinblick auf eine neue Partnerin, würde ich meinen, die ich mir inzwischen sehnlichst für ihn wünsche – damit das Engelskind und ich aus der Schusslinie sind.

Schnell merke ich, dass sich der Mietmarkt von Teuerstadt in den Jahren, seit ich berufsbedingt im südlichsten Bundesland ankam und schnell und unkompliziert die einzig besichtigte, schnuckelige kleine Wohnung in der City bezogen hatte, in der ich viele unspektakuläre Jahre lang für fünfhundertzwanzig Euro Miete wohnte, bevor ich Herrn Machtkontrolle kennenlernte, drastisch verändert hat.

Die Preise sind astronomisch und die Frage *Bekomme ich sie?* habe ich mir damals nicht gestellt, sondern lediglich *Will ich die haben?*

Die Wohnungen meines Lebens, von Nottuln bis Hamburg, hatte ich bislang immer ohne viel Aufhebens über *Immobilienschau* gefunden und das Portal als eine Art *Freie Auswahl* an Wohnkonzepten begriffen. Genau das scheint sich nun ins Gegenteil verkehrt zu haben – heute sind es die Wohnungen, die sich die Mieter aussuchen.

Jede Anzeige ist so gestaltet, dass Wohnungsgeber ihrerseits allerlei Daten anfordern, nur um überhaupt einen Kreis Antwortberechtigter abzustecken, sich aber umgekehrt nur anonym *Frau Wohnung, Herr Vermieter, Fam.* HV, *Herr Eigentum* oder, für Freunde des Adels, *von privat* nennen. Ich begrenze meine Suche auf Vorort – denn das scheint mir naheliegend.

Das Engelskind müsste seine Betreuungsstätte *Villa Vorort* nicht wechseln, in die es erst vor einiger Zeit, nach einem dreiviertel Jahr des Pendelns, pünktlich zum zweiten Geburtstag aus der Hübschviertel-Krippe hatte wechseln können, was uns endlich vom Fahren erlöste. Und in unserer Situation – Herr Machtkontrolle und ich sind trotz allem auf uns alleine gestellt – wirkt es auf mich einfach zwingend, dass Mama und Papa quasi rechts und links dieses seines Lebensmittelpunktes wohnen. Später der Schule. Dann, vielleicht so ab vierzehn, würden sich durchdachte Umgangsregelungen damit erledigen und es selbst entscheiden können, wann und wie lange es zu diesem oder jenem Elternteil möchte, sprich sich frei zwischen uns bewegen können, aber dennoch ein einziges festes Umfeld aus Schule, Sport und Freunden haben. Auch das stelle ich mir zumindest so vor.

Allerdings sieht das für mich selbst eher schlecht aus, vor allem, sobald ich wieder arbeiten werde. Ich besitze kein Auto und kann mir auch keines leisten (abgesehen davon, dass ich einfach kein Auto-Mensch bin, kurze Wege und mein Fahrrad schätze und Verkehrsmittel, die jemand steuert, der eigens dafür ausgebildet wurde, während ich für die Dauer der Fortbewegung ein Buch lese.)

So habe ich keinen blassen Schimmer, wie ich, morgens um vier Uhr aus Vorort zum Flughafen kommen soll, was aus der City heraus dank Nachtbussen, Tram-, U- und S-Bahnen jahrelang kein Problem war. Von hier aus aber müsste ich nächtens, mit Koffer und High Heels, erst einen Halbmarathon zum Bahnhof zurücklegen, an dem vor sechs Uhr dann nichts fährt – aber Superairline längst fliegt.

Wehmütig denke ich daran, dass auch unser jetziger Stand- und Vorort rein meinen eigenen Handlungen entsprungen war. Da die Praxis von Herrn Machtkontrolle außerhalb von Teuerstadt liegt, und ich ihm die täglich zweistündigen Autobahnfahrten ins städtische Hübschviertel hinein und hinaus als Familienvater ersparen wollte, waren wir näher an die großen Stallungen und Weiden seiner Patienten, nämlich nach Vorort gezogen. Hierzu hatte ich Herrn Machtkontrolle erklärt, dass es doch recht schön wäre, wenn er morgens länger daheimbleiben und abends früher nach Hause kommen könnte – um mehr Zeit mit seiner Familie zu verbringen. Und da er wie immer keiner bis meiner Meinung war, hatte ich schließlich unser jetziges Haus gefunden, mit Bildern vom vor Blüten explodierenden Rhododendron und der humorvollen Headline WOHNFÜHLOASE. Die Erstvermietung von Frau Prof. Neurose, die die letzten zwanzig Jahre selbst darin gewohnt und wohl auch gelitten hatte – bis Kinder und Ehemann endlich aus dem Haus waren. Dass diese Koordinaten nun, beim Wiedereintritt in die Arbeitsatmosphäre, für meinen eigenen Arbeitsweg ziemlich beschwerlich waren, hatte ich dummerweise nicht berücksichtigt. Und auch sonst gibt es leider nichts, was mich persönlich in Vorort hält, denn selbst nach fast einem Jahr als engagierte und dorfoffene Zuzugsmutter – zwischen spätgebärenden Frauen-von-Stepford-Klonen, in deren Einlieger-Wohnungen schon die Eltern residieren und die bei Gartenfesten stolz ihren neuen Carport, den Nudel-Aufsatz für die *KitchenAid* und den Travertin in der Küche präsentieren – war nicht eine einzige Freundschaft entstanden. Nicht mal ein Dialog war je zustande gekommen, wenn die Genannten morgens vor der *Villa Vorort* ihren Nachwuchs mit abweisendem Tunnelblick aus SUV oder Kleinbus hievten und ich grüßte, lächelte, schlicht ignoriert und einmal fast überfahren wurde. Und da im Umkreis kein öffentlicher Spielplatz existiert, trug sich die soziale

Szenerie ausschließlich in Tracht tragenden Familien hinter kameraüberwachten Mauern und Gärten zu, in die man tunlichst geladen werden musste. Im Supermarkt lauschte ich daher bloß aus der Ferne der Angebots-Gurken jenen fremd gebliebenen Müttern vor den Bio-Tomaten, die davon schwärmten, wie sich die älteren Geschwisterkinder, von denen zumeist noch zwei bis drei existierten, auf den umliegenden Privatschulen machten. So bedeutet Vorort für mich nach wie vor vor allem eines: Isolation.

Dieses lichtdurchflutete und doch so dunkle und einsame Einfamilienhaus-Leben, ohne Familie, führte schlussendlich bei mir zu einer mittelgradigen Depression, wie Frau Verhaltenstherapie aufmunternd diagnostizierte.

»Machen Sie sich keine Sorgen, Depression bedeutet nur *Unterdrückung Ihres wahren Wesens.*«

Aha. Ich machte mir aber Sorgen, denn zuletzt ging es mir an den endlosen Tagen, in denen der Mann in der Praxis und das Kind in der Kita waren, aber mein Radius ohne Auto, Ansprache und mit Zeitfenster trotzdem recht beschränkt war, so schlecht, dass ich nicht einmal mehr an Einkäufen und Nahrungsaufnahme interessiert war, wohl aber an einem schmackhaften Antidepressivum. Doch auch hier wusste meine kluge Frau Verhaltenstherapie Rat.

»Medikamente helfen Ihnen lediglich, eine Lebenssituation auszuhalten, die Ihnen nicht entspricht.«

Also vertraute ich ihr, nahm tapfer keine und merke nun schon beim bloßen Anblick der Wohnungsanzeigen, dass mein Serotoninspiegel tatsächlich auch ganz ohne chemische Unterstützung wieder steigt.

Nur leider ist der Markt wie leergefegt.

Im Umkreis von zehn Kilometern gibt es schlichtweg keine Wohnungen, sondern nur Häuser, meistens zum Kauf, ab zwei Millionen aufwärts.

Nach ein paar Tagen tauchen zwei Objekte unter unserer Postleitzahl auf, eine davon ist eine hallenartige Galerie-Wohnung, was in mir umgehend Horrorszenarien des hinabstürzenden Engelskindes in Gang setzt, die andere ein möbliertes Gartenhaus, einem luxuriösen Geräteschuppen nicht unähnlich, das für tausend Euro im Monat vermietet wird, und dem ich nicht recht zutraue, dass Menschen den Winter darin überleben.

Kurzzeitige Euphorie ruft ein Inserat in mir hervor, das für neunhundert Euro einen offenen Grundriss anpreist – bevor ich realisiere, dass es sich hier um die Quartalsmiete für ein Kellerabteil handelt. Auch Kapitalanlagen – genauer Tiefgaragen für rund dreißigtausend Euro – rutschen immer wieder in mein Blickfeld. Nach drei weiteren Tagen wird eine besonders für Schattengewächse geeignete Wohnung im Souterrain angeboten, bei der es erforderlich ist, zwecks Zugangs (bitte immer ohne Schuhe!) das Wohnzimmer der darüber wohnenden Eigentümer zu durchqueren. Eine umgebaute Doppel-Garage, bei der man den Besitzern durch gelegentliche Hausmeistertätigkeiten unter die Arme greifen muss, um in die engere Auswahl zu kommen, sehe ich mir immerhin von außen an.

Als ich nach zwei Monaten der Durchforstung von Internet und Regionalzeitungen endlich eine Zwei-Zimmer-Wohnung im vierten Stock eines Mehrparteienhauses nahe dem Bahnhof entdecke, die mit einigen Abstrichen (keine Küche, kein Aufzug, keine Badewanne) okay scheint und diese freundlich anschreibe, erhalte ich als Antwort, dass diese *für meine Zwecke* gänzlich ungeeignet sei. Was heißt denn hier für meine Zwecke? Ich beabsichtige ja nicht, dort ein Bordell hochzuziehen!

Entmutigt bestelle ich beim Bäcker ein Puddingteilchen, und siehe da – als ich aufmerksam kauend die Rubrik *Vermischtes* neben den Kaisersemmeln sondiere, sticht mir ein Aushang der Gemeinde ins Auge. Das *Einheimischen-Modell*!

Hoffnungsfroh lese ich einige vielversprechende Zeilen zum *Wohnprojekt Junge Familie*, das nahe dem Ortskern entsteht und rund zehn Einheiten für den berechtigten Personenkreis *Familien, Ehepaare, Lebenspartner, Alleinerziehende, eheähnliche Gemeinschaften und Einzelpersonen* bietet, allerdings erst nächstes Jahr fertiggestellt werden wird. Zum Bezugszeitpunkt darf das Höchstalter der Bewerber das vollendete vierunddreißigste Lebensjahr allerdings nicht überschreiten. Na, super. Ich habe mit schon fünfunddreißig offiziell das Wohn-Höchstalter erreicht!

Darunter aber befinden sich die Beschreibungen anderer, schon existenter Zwei- bis Vierzimmerwohnungen in ansehnlicher Adresse. *Am Bächlein 3, Im Hirtenweg 1a* und *Unter den Kastanien 22-25* stehen exklusiv den Vorortinger Bürgern zur Verfügung.

Gut gelaunt reiße ich einen kleinen Zettel mit der Internetadresse für nähere Informationen an mich und eile nach Hause, um mir eine solche unter den Nagel zu reißen. Auf der Website angekommen, muss ich leider verstehen, dass zwischen den Begriffen *Einwohner* und *Einheimischer* ein grundlegender Unterschied besteht. Der *Kriterienkatalog* macht es deutlich. Berechtigt, sich für die genannten Wohnungen zu bewerben ist, wer a) seit mindestens zehn Jahren ununterbrochen seinen Hauptwohnsitz in Vorort hat oder b) in der zurückliegenden Zeit mindestens zehn Jahre ununterbrochen seinen Hauptwohnsitz in Vorort hatte und zum Zeitpunkt des Wohnungsangebotes mindestens fünf Jahre ununterbrochen im Landkreis Teuerstadt wohnt oder c) seit fünfzehn Jahren ununterbrochen seinen Arbeitsplatz in Vorort hat. Bei Rückkehrern aus anderen Städten, Landkreisen und dem Ausland wird eine Einzelfallentscheidung getroffen, sofern der Wegzug aus Vorort nicht länger als zwei Jahre zurückliegt.

Das war's, ich gebe auf.

So gerne ich dem Engelskind weitere Wechsel in Sachen Betreuung und Umgebung ersparen möchte – noch ist es jung, nicht Mitglied im Gemeinderat, einer Bridge-Runde oder dem örtlichen Ruderverein, sondern hat das dritte Lebensjahr noch nicht vollendet. Wir können woanders Fuß fassen, von vorne beginnen und Wurzeln schlagen!
Wir werden in die Stadt zurückziehen.

Als ich Herrn Machtkontrolle die Widrigkeiten der Wohnungssuche in Vorort darlege, guckt er erstaunt. Kein Wunder, hat er selbst ja noch nicht mit der Suche begonnen. Mein Fazit, gemeinsam den Rückzug nach Teuerstadt anzutreten, nickt er ab, denn auch er findet *Vorort ist ja eher was für Familien*. Allerdings, gibt er zu bedenken, komme nur ein ganz bestimmtes Viertel für ihn infrage, von dem aus er eine annehmliche Autobahnanbindung an die Praxis hätte. Abgesehen vom Hübschviertel, in das wir beide nicht mehr zurückwollen. Es ist das Superviertel, ausgerechnet.

Das Superviertel ist mir gut bekannt – von vor fünfzehn Jahren, als ich dort noch in einer Werbeagentur saß. Besondere Attraktivität hat es auf mich nie ausgeübt, aber damals hatte ich auch noch kein Kind. Vom Hörensagen weiß ich, dass sich dort angeblich *der* Szene-Spielplatz befindet, Kinder-Cafés und Buggy-freundliche Straßen, und vor allem an jeder Ecke eine Bushaltestelle. Warum also nicht?

Ich lege bei Immobilienschau ein neues Suchprofil an und werde prompt von zahlreichen Angeboten erschlagen – aber auch von den Preisen. Unter tausend Euro Kaltmiete finde ich nichts und unter tausenddreihundert Euro will ich gar nichts – denn erst in dieser Preislage beginnen gerade mal dreißig Quadratmeter zur Zwischenmiete.

Überhaupt scheint niemand mehr auszuziehen und sein hart erkämpftes Domizil aufzugeben, sondern, selbst bei einjährigen

Auslandsaufenthalten in Krisengebieten mit ungewissem Ausgang, nur noch unterzuvermieten. Wofür die Vermieter eine Gebühr aufschlagen, die der Mieter seinerseits an den Untermieter weitergibt, wie in mancher Beschreibung zu lesen ist. Sogar tageweise werden Studios und Apartments angeboten – zu Zeiten des weltberühmten Volksfestes in Teucrstadt locker für dreihundert Euro pro Nacht, wobei der Quadratmeterpreis exponentiell steigt, sobald im Hintergrund eine Backsteinwand im Industrie-Chic und ein daran befestigtes Rennrad zu sehen sind. Vielleicht wäre es günstiger, das Engelskind und ich reservierten uns eine Suite im *Vier Jahreszeiten*? Dort wäre wenigstens das Frühstück mit inbegriffen.

Fast alle Angebote, die ich erspähe, sind befristet oder möbliert, bringen aber immerhin mein Business–Englisch wieder in Form, indem sie sich direkt an die international-touristische Klientel richten. *Top Floor, new paint, walk-in-closet, air-condition, deposit!*

Wie ich im Forum *Teuerstadt-Wohnungs-Junkies* erfahre, ist Möblierung die aktuelle Methode, um die neu eingeführte Mietpreisbremse zu umgehen. Kaum steht Opas alter Schirmständer im Flur, kann der antiquarische Wert desselben nach Belieben auf die Nebenkosten umgelegt werden. Klassische Dreizimmerwohnungen sind allgemein Mangelware, egal, wie hoch das Budget ist.

Trotzdem stürze ich mich zuversichtlich in die Schlacht und schreibe so ziemlich alles an, was irgendwie vielleicht doch auch vorübergehend ginge. Meinen ursprünglichen Anspruch in Sachen Raumaufteilung, Einbauküche und Fahrradparkplatz lasse ich dabei so schnell los wie einst unseren Hund, nachdem er sich in den Flokati der Nachbarn verbissen hatte, der zum Lüften im Vorgarten hing.

Nach wenigen Tagen ziehe ich Bilanz. Anschreiben: fünfunddreißig, Antworten: null. Keine! Nicht einmal eine standardisierte

Absage. Fast sehne ich mich nach dem Immobilienmarkt in Vorort zurück. Ungläubig überprüfe ich ein paarmal, ob meine Kontaktdaten stimmen – alles bestens. Stetig blinkt stattdessen ein Banner oben rechts im Browserfenster und lädt mich ein, doch gern gesehenes Premium-Mitglied zu werden, um so meine Chancen bei der Wohnungssuche in Nullkommanichts zu erhöhen. Die Cookies begreifen dies wahrscheinlich als algorithmische Konsequenz – wer bei Elite-Partner einsteigt, kann nur als Premium-Mitglied wieder aussteigen. Frustriert klicke ich das Pop-up-Fenster weg, denn ich werde keinesfalls Geld dafür zahlen, dass ich anschließend Kaution und einen Haufen Miete zahlen darf.

Zwei Tage und fünfundzwanzig Anschreiben ohne jegliche Resonanz später schließe ich eine Premium-Mitgliedschaft mit sechs Monaten Laufzeit ab. Die ein- oder dreimonatige Mitgliedschaft ist vergleichsweise so teuer, dass ich bewusst die Kundenfalle wähle. Außerdem, so rede ich mir ein, habe ich dadurch genug Zeit, Abschied von dem Gefühl zu nehmen, morgens mit der Kaffeetasse barfuß über den Rasen zu laufen, und auch das Engelskind besser auf unseren Auszug vorzubereiten. Was auch deshalb ziemlich hart werden wird, da dies gleichzeitig das *Farewell* für seinen ansehnlichen Fuhrpark bedeutet, für den ich in jedweder Stadtwohnung wenig Kapazität vermute.

Für den monatlichen Spottpreis von dreißig Euro habe ich dafür nun die Möglichkeit, ein stylisches Bewerberprofil mit apartem Lichtbild zu erstellen. Da ich keines habe, rüsche ich mich auf und lasse eines machen. Im Bankberaterin-Look, welcher mir am vielversprechendsten in der Sache erscheint.

Die Investition garantiert mir, dass ich ab jetzt beim Inserenten unter die ersten zwanzig E-Mail-Bewerber komme, Vorzugsimmobilien erhalte, die dem Fußvolk gar nicht erst angezeigt werden und eine formschöne digitale Bewerbermappe, wie sie meine Freundin Elena, preisgekrönte Art Direktorin, nicht hochwertiger hätte gestalten können. Kompakt kann ich darin meine Unterlagen hochladen, ach, was sag ich, wenn ich will, zieht sich das Programm alle aussagekräftigen Buchungen, die mich als solventen Menschen kennzeichnen, wie z.b. Lohn- und Kindergeldzahlungen, mühelos selbst von meinem Bankkonto in eine pastellfarbene Übersicht.

Immerhin bekomme ich kurz nach der Anmeldung nun tatsächlich Antwort auf meine Anfragen.

Liebe Interessenten, leider ist das Objekt vergeben. Wir bitten um Verständnis. Oder: *Sehr geehrte(r) Frau/Herr Machtkontrolle, wir bedanken uns für Ihr Interesse. Leider unterstützt der Eigentümer keine Wohngemeinschaften.* Was heißt denn hier WG?! Ich bin eine Mutter mit Kind!

Unter den zahlreichen Anzeigen fällt mir immer wieder ein extravagantes Logo auf. Roter Grund, schwarz-geschwungene Schrift. *EK. Ella König Immo. Seit 1958.*

Die Frau scheint über etliche Gebäudekomplexe in Teuerstadt zu herrschen. Vielleicht sollte ich Sie einmal ganz allgemein kontaktieren – von Frau zu Frau? Immerhin habe ich derzeit noch den Vorteil, dass wir hinsichtlich des Bezugsdatums flexibel sind. Da die Dame in ihren Anzeigen ausdrücklich nur Telefonkontakt wünscht, greife ich zum Hörer. Sofort geht sie ran und bereits die Art, in der sie sich meldet, ist demotivierend.

»König?«, blafft sie in den Hörer, als hätte ich sie bei einem multiplen Orgasmus gestört.

Freundlich stelle ich mich mit Vor- und Zunamen vor, als sie mich harsch unterbricht.

»Wer zieht ein?«, kommt es spitz durch den Äther.

»Meine Tochter und ...« Weiter komme ich nicht.

»Die Eigentümer, mit denen *ich* zusammenarbeite, wünschen sich keine Kinder.«

Zu gerne möchte ich kontern, dass sie ja auch keine bekommen sollen, ich aber eins habe und dieses wiederum Wohnbedarf hat. Leider presse ich stattdessen etwas anderes hervor.

»Aber ich ...«

»Ich muss Sie bitten aufzulegen.«

Sprachlos schlucke ich und für Sekunden herrscht vernichtendes Rauschen in der Leitung.

Als ich zittrig den roten Knopf auf meinem Handy-Display zu fassen kriege, steigen mir Tränen in die Augen. Noch nie im Leben habe ich so viel Kälte, Ablehnung und Herabwürdigung erfahren wie auf dem Wohnungsmarkt in und um Teuerstadt. Als hätte ich keine Schulbildung, keinen Beruf, kein Bankkonto, keine Daseinsberechtigung. Dass jemand mich und uns so pauschal für schätzungsweise fünfzig Prozent aller Mietobjekte in Teuerstadt ausschließt, erstickt jegliche Hoffnung in mir. Und das kleine bisschen Abenteuerlust, das sich gelegentlich ob meines neuen Lebensabschnitts als Single-Mom in mir regte, verwandelt sich in schiere Panik. Was, wenn wir nichts kriegen?

Es braucht ein paar Tage, bis meine Selbstachtung soweit wieder intakt ist, dass ich mit der Suche weitermachen kann. Ich spreche mir selber Mut zu und verstehe vielleicht in diesem Moment zum ersten Mal, was für ein Geschenk es war, in meiner eigenen Kindheit in einer Kleinstadt mit abbezahltem Eigentum, Garten, Bollerwagen und freilaufenden Hasen der Rasse *Deutscher Riesenschecke* aufzuwachsen – die Großeltern im Haus gegenüber, die Freunde in derselben Straße und Eltern, die nie auf Wohnungssuche, sondern in den Kegelclub gingen. Was ich selbst bisher im Leben erreicht habe, erscheint mir mit einem Mal wertlos, dient es jetzt nicht einmal dazu, uns ein Dach über die Köpfe zu zaubern. *Alles hat zu nichts geführt*, denke ich. Meine Ausbildung, meine Partnerwahl – jede dieser Säulen erscheint mir rückblickend als Einbahnstraße mit Blick auf gemietete Rosenstöcke. Und den Gärtner von Frau Prof. Neurose, der halbjährlich, nämlich heute, zugegen ist und für fünfhundert Euro, die wir ihm für den Tag zahlen müssen, im Garten wütet.

Dann erhalte ich unverhofft einen Rückruf – es ist Alfons Huber, Bauträger und Bartträger aus Vorort, den ich offenbar auch angemailt hatte. Er entschuldigt sich vielmals, dass er erst jetzt dazu käme, seine Post zu lesen, tatsächlich habe er aufgrund einer Kündigung zum ersten Mal seit sechs Monaten eine Wohnung in seinem Bestand. Ob ich sie mir ansehen wolle? Noch heute?

Schnurstracks mache ich mich zur Besichtigung auf. Sollte es Vorort etwa doch noch gut mit uns meinen, jetzt, da wir dabei sind, seine vornehmen Gassen zu verlassen?

Leider ist mir nach wenigen Sekunden klar, dass ich diese Erfahrung unter dem Motto *Wie gewonnen, so zerronnen* abhaken muss. Obwohl die Anlage, in welche die Wohnung eingebettet ist, genau das ist, was ich mir einst mit Herrn Machtkontrolle für das Engelskind vorgestellt hatte – ein verkehrsberuhigter Wendehammer mit lauter Kindern im selben Alter, die ausgelassen dort spielen. Innen jedoch finden sich im Wesentlichen Glas und Sichtbeton, sodass ich mir nicht vorstellen kann, irgendwo auch nur einen Nachttisch zu positionieren. Die achtzig Quadratmeter für tausendsechshundert Euro bieten einen Rundum-Balkon, der die Wohnfläche nahezu übersteigt, zwei Badezimmer, aber nur ein einziges separates Zimmer, abgesehen von der offenen Wohnküche. Klimatisch gestaltet sich das Ganze in Art eines Gewächshauses und ein, selbst für Tierfreunde wie mich schwer zu verarbeitender, Geruch nach Katzenkot steigt aus dem Fußboden auf.

Die anwesenden Vormieter möchten für die einzeilige Küche eines schwedischen Möbelherstellers in beglückendem Mausgrau zudem eine nicht verhandelbare Ablöse in Höhe von sechstausend Euro. Auf meine interessierte Frage hin, warum die vierköpfige Familie auszieht, schaut die zierliche Frau nur unsicher ihren

Mann an. In gebrochenem Deutsch gibt er mir zu verstehen, dass er beruflich bedingt viel unterwegs ist, seine Frau sich hier nicht recht wohlfühlt und alle zusammen nach hinten zur Zubringerstraße raus schlafen müssen.

Als ich gehe, sage ich Herrn Huber direkt, dass es für mich bedauernswerter Weise nicht infrage kommt, bedanke mich aber herzlich dafür, dass er an mich gedacht hat. Er versteht und wünscht mir unter seinem Pinselhut alles Gute. *Und unter uns*, raunt er mir schelmisch zu, *die Reihenhäuser sind innerlich doch alle geschieden.*

Resigniert nehme ich tags darauf meine Bewerbermappe in Angriff und scheitere schon an der ersten Hürde – den letzten drei Gehaltsbescheinigungen. Als Mutter in Elternzeit kann ich damit nicht dienen.

Alternativ organisiere ich eine allgemeine Arbeitgeberbescheinigung von Superairline über mein unbefristetes Angestelltenverhältnis. Dann bitte ich Herrn Machtkontrolle darum, mir ein Schriftstück mit Doktortitel und Praxisstempel auszustellen, das besagt, dass er finanziell im Hintergrund agiert. Es müsse ja keine richtige Bürgschaft sein, eher ein vertrauenswürdig wirkendes Schreiben, um uns zu unterstützen. Seine Reaktion: *Vermutlich würde er bald wieder heiraten, bauen und Vater werden, weswegen er sich seine Finanzen gerne für sich selber offenhalten würde.* Anders ausgedrückt: *Nein.*

Der Abend endet damit, dass ich immer wieder versuche, klarzumachen, dass es hier nicht darum geht, seiner zukünftigen Exfrau eine Kreuzfahrt durch die Karibik zu finanzieren, sondern um ein Zuhause für unser Kind. Ohne Erfolg.

In dieser Nacht im Gästezimmer trauere ich um das Ich, das ich war, bis wir uns trafen. Das nachts um drei Uhr Schluss machte, wenn es nicht mehr passte und die Nummer des Betroffenen einfach löschte – und Job, Wohnung, Partner und Stadt ohne Rechenschaft von heute auf morgen wechseln konnte, wenn die Dinge nicht liefen. Was bleibt, ist die Hoffnung, dass ich eines Tages zu einem Ich werden werde, das taffer, mutiger, reicher und selbstbestimmter ist als alle meine Ichs je zuvor, *weil* wir uns trafen.

Leider scheint das noch zu dauern.

Am nächsten Tag schreibe ich ein renommiertes Teuerstadt-Makler-Team an, das sich laut Suchmaschine auf das Superviertel spezialisiert hat. Wenn es nicht anders geht, würde ich eben Geld, das ich noch nicht besitze, in die Hand nehmen, um mir schlichtweg Zugang zum avisierten Kiez zu erkaufen. Und für die Vermittlungsgebühr wenigstens meine Kriterien nennen und mir weitere Absagen ersparen können.

Der Team-Assistent antwortet schnell. Es täte ihm leid, aber *Büro von Kontakte* nehme für die nächsten zwei Jahre keinerlei Gesuche für die Gegend mehr an. Ich bin baff. Nicht einmal, wofür man sein Geld ausgibt, kann man in Teuerstadt selbst entscheiden.

Ich denke an meinen Lieblingsfilm *Die Waffen der Frauen* und mir schwant, dass dies hier kein Fairplay ist. Wenn ich gewinnen will, werde ich mich der Sache anpassen müssen. Nachdenklich starre ich auf meine leere Bewerbermappe, die vorwurfsvoll blinkt – noch immer fehlen die Vorvermieterbescheinigung, die Mietschuldenfreiheitsbescheinigung, die Bonitätsprüfung, die Kopie von Pass oder Personalausweis, die elenden letzten drei Gehaltsabrechnungen und die Schufa-Auskunft. Zum Preis weiterer neunundzwanzig Euro fünfundneunzig übrigens könne mir diese sofort online zur Verfügung gestellt werden.

Dann habe ich eine Idee.

Um sie in die Tat umzusetzen, stehe ich am nächsten Morgen um sechs Uhr auf, wenn die neuesten Anzeigen eingestellt werden – und siehe da. Binnen Minuten strahlt mir ein entzückender Straßenzug entgegen, eine gepflegte, helle Wohnung mit amerikanisch dunklem Holzboden und cremefarbenen Wänden. Möbliert, leider – aber auch mit Küche und Badewanne.

Um neun Uhr Früh stehe ich real vor derselben Kulisse – mit zwei Arabern, die der anwesenden Privatvermieterin, einer Schweizer Investmentbankerin, anbieten, die Miete drei Jahre im Voraus bar zu bezahlen und einem chinesischen Pärchen, das aufwendig Bett, Couch und Klospülung ausprobiert. Ich halte mich diskret im Hintergrund.

Denn ab sofort bin ich keine verzweifelte Mutter mit Kind mehr, die eine neue Bleibe sucht, sondern eine erfolgreiche Schriftstellerin, die zum Vergnügen nebenbei fliegt, glücklich verheiratet ist und ein Schreib-Atelier sucht, um auf dem Heimweg in ihr Haus ausreichend abschalten zu können. Und wenn ein Kindergarten in der Nähe sei, sei das super, denn so könne ich meine Arbeitszeit optimieren und das Kind gleich neben meinem Schreibtisch abgeben – falls ich es auch hier melden dürfe?

Die Vermieterin verspricht, sich bis zum Nachmittag – so oder so – zu melden. Ob sie mich und meinen Mann googeln dürfe? Aber natürlich!

»Ich habe eine Wohnung!«, hauche ich gewichtig in den Hörer und hoffe, dass Herr Machtkontrolle jetzt keine fiesen Matenten macht. »Sie kostet tausendvierhundert Euro warm für vierundvierzig Quadratmeter« flüstere ich mit größerem Unwohlsein.

»Nimm sie«, brummt er gnädig.

Als ich bei strahlendem Sonnenschein nach der Wohnungsübergabe mit dem Schlüssel in der Hosentasche auf die Kita genau gegenüber schaue, spüre ich, dass dies wieder mein Leben ist – *unser* Leben. Das des Engelskindes und meines, denn auch, wenn Herr Machtkontrolle zweifelsfrei der Vater ist, bleibt und sein wird – dieses Wunderwesen war neun Monate lang in meinem

Bauch und noch immer kommt es mir gelegentlich vor, als wäre es ein Körperteil von mir, der leichtfüßig draußen herumläuft.

Unser Neuanfang ist klein, teuer, bietet nicht einmal Platz für einen Esstisch und hat keine Verbindungstüren, aber schon die Adresse lässt auf bessere Zeiten hoffen: *Friedensstraße*.

4. ZWEI WAHRHEITEN

Wenige Wochen nach Einzug finden wir uns in einer Kanzlei im Zentrum von Teuerstadt ein. Über die Treppe einer edlen Einkaufspassage steigen wir hinauf in den Olymp der Scheidungswilligen.

Ich hatte die Sozietät unseres Vertrauens umfangreich im Internet recherchiert und Herr Machtkontrolle und ich hatten, ausnahmsweise gemeinsam, auf das Bild eines Schaukelpferdes auf der Homepage angesprochen. Offenbar fanden hier Kinder besondere Berücksichtigung und das war uns beiden wichtig. Ein guter Anfang fürs Ende!

Wenige Tage darauf hatte Herr Machtkontrolle dann, auf mein wiederholtes Drängen hin, telefonisch einen Termin vereinbart. Zur unverbindlichen Erstberatung. Etwas, das ich selbst längst getan hätte – allerdings war ich von seinem Terminkalender abhängig. Als Schriftstellerin ohne *richtige* Arbeit, also mit unsichtbarer Arbeit, kann man ja vermeintlich jederzeit alles stehen und liegen lassen und was anderes machen, aber mit *richtiger* Arbeit, also sichtbarem Gebäude und Geräten, muss man sich mit Patienten-Besitzern, anderen Ärzten und Helferinnen abstimmen, so dass hier ein komplexes terminliches Geflecht zu berücksichtigen gewesen war. Zumindest, um bei *Schaukelpferd & Partner* gemeinsam vorstellig zu werden.

Bereits beim ersten Wortwechsel am Telefon teilte das *Schaukelpferd & Partner*-Sekretariat Herrn Machtkontrolle mit, dass die Kanzlei, durch seinen Anruf, von hier an per Gesetz nur ihn vertreten dürfe – und nicht mich. Als er mir dies unaufgeregt mitteilt, frage ich mich einmal mehr, was das Universum mir sagen möchte. *Sei schneller? Telefoniere mehr, schreibe weniger? Just do it?* Stundenlang suche ich einen guten Anwalt für Familienrecht in zehn Kilometern Umkreis raus und dann das – Herr Machtkontrolle kriegt ihn. Genauer sie. Ohne einen Finger in der Sache gekrümmt zu haben, außer zum Wählen der Nummer.

Nur zwei Wochen später ist es soweit – wir werden zur gemeinsamen Erstberatung vorstellig.

Frau Gegenpartei, eine energische kleine Frau mit Brille und Trachtenjacke, ruft uns auf. Artig folgen wir ihr vom Wartezimmer aus ins Büro, Herr Machtkontrolle voran, und die beiden Promovierten begrüßen einander vertraut-erfreut mit akademischem Titel und Namen. Für mich fallen ein flüchtiger Handschlag, ein sachliches Nicken und die Bemerkung ab, dass ich eigentlich gar nicht hier sein dürfte. Scharf betont Frau Gegenpartei noch einmal persönlich, dass sie durch den fatalen Erstkontakt *nur und ausschließlich* Herrn Machtkontrolle vertreten dürfe und nicht mich, denn mich – ach, du meine Güte – *mich müsse sie ja ganz anders beraten!*

Ohne zu wissen, wie ich diese Information kurzfristig umsetzen soll, außer zu gehen, möchte ich nun wenigstens hören, wie sie ihren neuen Mandanten berät. Mit einem Rest Hoffnung stammele ich was von »*gemeinsamer Anwalt*«, doch Frau Gegenpartei setzt ein Gesicht auf wie früher mein Vater, wenn ich ihn voller Inbrunst darüber in Kenntnis setzte, dass ich gedenke, Eiskunstläuferin zu werden und Alpakas im Münsterland zu halten – die Mimik wohlwollend gefasst, die Augen zutiefst belustigt.

»*Das* ist ein Mythos«, trällert sie, während sie um ihren massiven Schreibtisch herumgeht. »Bei Scheidung herrscht Anwaltszwang, was bedeutet, dass mindestens eine Partei eine juristische Vertretung vorweisen muss, der andere hat einfach keinen.«

»Aber bei meinen Eltern damals ...«, setze ich an.

»Nein, das war schon immer so. Fangen wir an!«

Resolut gebietet sie uns vor ihrem Schreibtisch Platz zu nehmen und lässt sich in einen gigantischen Lehnstuhl fallen. Ich bin froh, dass ich bleiben darf und ganz nebenbei auch noch späte Antworten auf die frühe Scheidung meiner Eltern bekomme. Die sich bis heute darin einig sind, ihr gesamtes Vermögen sei in Anwälte geflossen. Nie zuvor und nie danach habe ich meine Mutter und meinen Vater so einträchtig erlebt wie in der gemeinsamen Abneigung gegen die *Abzockeadvokaten*, weshalb die Geschichte bei mir so tief sitzt, dass mein Credo nun primär *Kostenvermeidung* lautet. Was Herrn Machtkontrolle zugutekommt und mir nicht.

Die Eltern von Herrn Machtkontrolle sind nicht getrennt oder geschieden, sondern bilden im Gegenteil eine innige Symbiose in der Art von Brillenpinguinen oder Gelbwangenamazonen, die es ihnen nicht gestattet, jemals länger als eine Stunde voneinander getrennt zu sein. Entsprechend sicher gebunden, sieht Herr Machtkontrolle der Sache auf dem Stuhl neben mir jetzt so neugierig und gelassen entgegen wie einer Thaimassage.

Kurz umreißt Frau Gegenpartei ihre Fachkompetenz, nämlich, dass sie selbst geschieden ist, in zweiter Ehe glücklich verheiratet und im Besitz dreier Kinder, ja, sogar Enkel. Es besteht also auch für uns noch Hoffnung auf eine friedliche und liebevolle Zukunft, interpretiere ich diese Information. Dann beglückwünscht sie uns dazu, dass sich, zumindest die eine Hälfte unserer Ehe, explizit für eine Frau als juristische Vertretung entschieden habe (na ja, das Sekretariat hat sie uns zugeteilt, schließlich ist die Kanzlei groß). Das alleine sage ja schon einiges aus (ach ja, was denn?) und sei positiv zu bewerten.

Während Herr Machtkontrolle devot an ihren mütterlichen Lippen und ihrer vollbusigen Bestimmtheit hängt, denke ich wehmütig an die zahlreichen Hollywoodfilme der Achtziger- und Neunzigerjahre zurück, in denen die Berufsgruppen *Anwälte, Zahnärzte und Filmproduzenten* stets mit roten Cabrios vorfuhren, viel Geld, Villen mit Glasbausteinen, Stühle im Bauhausstil und reichlich Biss hatten. Nach so jemandem an meiner Seite sehne ich mich nun – einem Beschützer, der es versteht, die Angelegenheit mit dem nötigen Fingerspitzengefühl, aber auch der gebotenen Aggression abzuwickeln. (Falls Sie noch nicht so alt sind wie ich und den adipösen Typen auf dem Heimtrainer aus *Ein unmoralisches Angebot* nicht kennen, zu dem dessen Mandant flieht, um dort auf der Couch seine Wunden zu lecken, dann denken Sie einfach an Harry aus *Sex & the City*, der Charlotte nicht nur das Park-Avenue-Appartement sichert, sondern auch ihr neuer Lebensgefährte wird. Und sich nicht zu schade ist, im Kampfmodus auch mal ein paar Tropfen auf die Verträge zu schwitzen. So einen, bitte!)

Freundlich sieht Frau Gegenpartei uns an und nimmt unsere Personalien auf. Herr Machtkontrolle und ich sind gleich alt, was ich bis vor kurzem fälschlicherweise mit identischer Reife gleichgesetzt hatte. Inzwischen befinden wir uns in der zweiten Hälfte unserer Dreißigerjahre, womit wir vermutlich zur jüngeren Mandantschaft von *Schaukelpferd & Partner* zählen. Frau Gegenpartei erfragt unsere Berufe und ich erwähne, dass ich Flugbegleiterin bin – SCHTUADESS, wie meine Mutter es ausspricht. Weiter komme ich nicht.

Mit Entsetzen hält Frau Gegenpartei inne und betrachtet mich vom Scheitel an abwärts. Dem doch auch traurigen Anlass angemessenen habe ich mich heute für einen schwarzen Jumpsuit und ein dezentes Armband entschieden. Dazu die leicht befleckte Stoff-Handtasche, die ich seit zehn Jahren besitze, und die ihre besten Tage hinter sich hat. Noch bevor ich mich dafür entschuldigen kann, dass in meiner aktuellen Lebenssituation meine derzeitige Mischung aus vergrößerten Poren, verkleinertem Selbstbewusstsein sowie ungeschminkter Wahrheit und flachen Schuhen nicht darauf schließen lässt, dass ich einst sogar auf der Bordkarte von Superairline abgedruckt war, flutet eine Kaskade von Fragen den Raum.

»Wie lange wollen Sie das machen?«, »Fliegen Sie immer gleich zurück?« und die Killerphrase: »Wie stellen Sie sich das denn vor, Flugbegleiterin und Mutter?!«

Plötzlich stehe ich am Pranger und schaufele mir mein eigenes Grab, in dem ich hektisch beginne, meinen Beruf zu rechtfertigen und meinen angestellten, freiberuflichen und akademischen Werdegang vom Tag der Abiturfeier an darzulegen. Mit Karacho rausche ich in die beliebte deutsche *Rabenmutterfalle*!

Nervös führe ich an, dass ich ebenfalls IHK-geprüfte Werbekauffrau bin, quietsche unsicher, dass ich recht erfolgreich jahrelang in Agenturen gearbeitet habe, mein Studium der Filmwissenschaften mit einskommanochwas und Diplom abgeschlossen habe, gebe zu Protokoll, dass von mir bereits ein paar Bücher veröffentlicht worden sind, zwei verfilmt und überhaupt. Ach, und dass ich nebenbei eine Ausbildung zur Sanitäterin gemacht habe (mein abgebrochenes Medizinstudium lasse ich lieber weg). Alles neben meiner Festanstellung bei Superairline, versteht sich, zu der ich weltweit nicht ein einziges Mal zu spät gekommen bin. Puh.

Frau Gegenpartei sieht mich abschätzig an. Während ich meiner eigenen atemlosen Bitte um Billigung meiner parallel stattfindenden beruflichen und biologischen Funktionen zuhöre, frage ich mich, was ihre Fragen eigentlich mit unserer Scheidung zu tun haben? Zumal ich ab Eintritt des Engelskindes in die Erdatmosphäre von alledem gar nichts mehr war. Nur Schwangere und Ehefrau und Mutter eben. Was meiner Ansicht nach weder mir noch dem Engelskind guttut – eine Frau, die alles ist und dann gar nichts mehr außer Mutter. Denn mit der ersten Wehe verschwindet ja nicht plötzlich die Persönlichkeit einer Frau. Oder ihr sonstiges Potenzial in Form ihrer Träume, Talente, Ausbildungen und Ziele. Und würden Sie als Kind nicht auch wissen wollen, wer Ihre Mutter ist, so als Mensch, abgesehen von ihrer Rolle?

Sobald ich mit der herausfordernden Zubereitung von Bio-Kürbisbrei fertig war und das Engelskind fütterte, suchte sich mein Geist flugs eine neue Beschäftigung, zum Beispiel das Heraushören von Moll-Akkorden im Radio. Oder stellte sich die Frage, was eigentlich eine Fantasie von einer Erinnerung unterscheidet? Solche Sachen. Mein Gehirn ist Impulse gewohnt und ich habe gelesen, dass jede Form von regelmäßig zugeführten Reizen, ganz gleich welcher Art, einen neurologisch zugehörigen biochemischen Stoff im Körper freisetzt, von dem wir dann abhängig werden. Sprich, was immer Sie regelmäßig tun – danach werden Sie süchtig. Auch jammern, zum Beispiel. Wir sind quasi unser eigenes Drogenlabor – weshalb uns Veränderungen aller Art auch so schwerfallen. Und wir das Kaufen lieben. Denn dabei passiert nichts anderes als die Ausschüttung von körpereigenem Rauschgift. Regelmäßig gefühlte Emotionen wie Einsamkeit, Trauer oder der Zwang, immer unter Leuten sein zu wollen, erfordern ebenso einen Entzug wie Zucker, Zigaretten oder Koffein. Ein Prozess, der im Negativen wie im Positiven wirkt, zum Beispiel bei Paaren, die streitsüchtig sind, solchen, die harmoniesüchtig sind, Sportlern, die adrenalinsüchtig sind oder eben dem leistungsorientiert erzogenen Individuum, also mir, dass mutmaßlich lernsüchtig ist. Gute Noten wurden belohnt, früher mit Liebe, heute mit Status oder Geld, und immer mit Endorphinen. Jede Emotion hat ihre eigene chemische Formel. Und mein Gehirn ist inzwischen ein

Junkie. Nach Jahren der Selbstbestimmung könnten meine Synapsen eher vier Kinder und ein eigenes *Bed & Breakfast* wuppen, als nur ein Kind und das Bad zu putzen. Und dann ist es erst halb neun. *Energy goes where energy flows.*

Seien Sie also Sie selbst – auch und gerade als Mutter! Wenn Sie gerne reisen, reisen Sie mit Kind. Wenn Sie gerne daheim sind und Coupons ausschneiden, bringen Sie Ihrem Kind die besten Spartricks im Supermarkt bei. Warum bitte darf man nicht mehr sein, wer man ist, wenn man Mutter wird? Und an die Esoteriker unter Ihnen: Wenn das Engelskind mich vorgeburtlich ausgesucht hat, ist es dann nicht Betrug, wenn ich plötzlich eine andere bin, sobald es dann da ist? Also ich als Säugling würde das reklamieren.

Noch weit entfernt von diesen Erkenntnissen jedoch, beobachte ich misstrauisch Frau Gegenpartei, die nun wortlos den Hörer eines schwarzen Telefons abhebt (kennen Sie noch das Batfon?). Dann drückt sie eine einzige Taste. Ich frage mich, ob nun doch – gemäß amerikanischen Filmen – die Security kommt und mich abholt. Wegen Störung der deutschen Mutterrolle?

»Ja, hallo, Moritz, ich habe hier einen Veterinär ...« Kurz strahlt sie Herrn Machtkontrolle an und ein souveränes Nicken huscht glühend über den Schreibtisch zu ihr zurück. »Und eine ...« Frau Gegenpartei macht eine merkwürdige Pause und schaut mit Sorgenfalten auf ihre Notizen. Vermutlich würde sie gerne sagen *Ich habe hier eine siebenköpfige Schlangenfrau aus dem Kabinett des Doktor Caligari.*

»Dramaturgin«, entscheidet sie sich für die akademische Bezeichnung meiner Person, mit der sie leben kann, und die der Person am anderen Ende ein annehmbares Bild vermittelt. Und ich muss zugeben, dass das aus ihrem Mund wunderbar aufgeräumt klingt. Muss ich mir merken.

»Wann hast du einen Termin zur Mediation frei?«

Ich bin etwas verdutzt, dass meine Vita der Schlichtung bedarf, aber vermute, dass es sich bei dieser Maßnahme um einen Standard von *Schaukelpferd & Partner* handelt, um Konfliktpotenzial und Arbeitsaufwand gering zu halten. Herrn Machtkontrolle macht das alles nichts aus, er macht einfach nichts. Offenkundig fühlt er sich hier so behaglich wie schon bei Herrn Paartherapeut, streckt entspannt die Beine von sich und betrachtet gelöst einen gerahmten Kunstdruck von Marc Chagall an der Wand: *Traum der Liebenden*. Das nenne ich eine Motto-Einrichtung.

In mir steigt wieder einmal Wut über seine emotionale Teilnahmslosigkeit auf. Mehr noch habe ich den Verdacht, dass er die Anwesenheit all dieser Personen in unserem Leben, die um so eine Scheidung herumtingeln wie Seetang um ein gesunkenes Wrack, auf absurde Weise genießt. *Warum* sich diese fremden Leute überhaupt um unser Privatleben kümmern, scheint ihm egal. Hauptsache, sie sind da – und würdigen ihn.

»In acht Wochen könnte mein geschätzter Kollege, Herr Hoffnung, Ihnen einen Termin anbieten«, finalisiert Frau Gegenpartei ihr Bemühen.

»Uns beiden?«, frage ich diesmal lieber nach. Die Anwältin von Herrn Machtkontrolle sieht mich an, als wolle sie ein psychiatrisches Gutachten für mich anfertigen lassen.

»Nun, alleine können Sie sich ja schlecht einigen, oder?« Dann fixiert sie den Termin in ihrem Computer. »Schön. Gibt es Vermögenswerte, Lebensversicherungen, Einkommen aus Agrarwirtschaft oder Immobilien?«

»Versicherungen und Kapital«, erklärt Herr Machtkontrolle nicht ohne Stolz. »Also bei mir.«

Ich schüttele mit dem Kopf. »Nein, es gibt nicht mal ein gemeinsames Konto.«

Schmerzlich erinnere ich mich an meine zahllosen Versuche, ein kollektives finanzielles Bewusstsein bei Herrn Machtkontrolle zu wecken. Ich wollte etwas beitragen, wissen, wo wir zusammen stehen, mit ihm gemeinsam etwas aufbauen. Sechs Monate lang hatte ich ihn mit den Themenbereichen *Haushaltsbuch, Gemeinschaftskasse, Ehevertrag, Organspende, Lebensversicherung, Patientenverfügung* und *Testament* behelligt. Immer mit demselben Ergebnis: Ignoranz. Und ich erkannte dabei, dass jemand, der Geld hat, keineswegs automatisch auch damit umzugehen weiß. *Money-Mindset* nennt sich unsere geistige Eistellung dazu – nicht selten verknüpft mit unserem unbewussten Selbstwert und kindlich verinnerlichten Glaubenssätzen. *Geld macht nicht glücklich. Das letzte Hemd hat keine Taschen.* Oder *Geld verdirbt den Charakter.* Wer dies in den Tiefen seiner Psyche abgespeichert hat, wird kaum welches haben. So kommt es auch, dass manche Menschen Schulden machen und andere nicht. Nicht selten hat dies auch mit Schuldgefühlen zu tun – und dient als Möglichkeit, im Außen diese innere Schuld abzuarbeiten, um sich mit jeder Ratenzahlung besser zu fühlen.

Bis heute ist das Engelskind aus Gründen mangelnden Austausches auch emotionaler Wertvorstellungen und Ansichten weder getauft noch hat es Paten, obgleich gerade Frau Schwiegermutter bei jeder Begegnung eindrucksvoll darlegt: *Das Heidenkind kommt in die Hölle!,* einen ganzen Nachmittag lang sogar in Dauerschleife, als sie sich im Hübschviertel-Altbau versehentlich im Bad eingeschlossen hatte und Herr Machtkontrolle meinte, er könne seiner Mutter keinesfalls vor einundzwanzig Uhr zu Hilfe kommen. Geschweige denn mir, die mit dem schlafenden Säugling vor der Brust über Stunden die Tür auf der anderen Seite des Klos nicht verlassen durfte. Dabei war es eine der seltenen Gelegenheiten gewesen, in denen das Engelskind, das als Baby grundsätzlich nur zweimal am Tag ein Power-Nap à zehn Minuten einlegte (präzise um elf und um sechzehn Uhr täglich), mir Zeit gegeben hätte, auch zu schlafen, zu duschen oder zu atmen – oder mir schnell eine Dose Fruchtcocktail zum Mittagessen zu öffnen.

Ein Dobermann hatte *Muffelchen* (so der zeitlose Kosename von Sohn Machtkontrolle) seinerzeit davon abgehalten, seine eigene Mutter aus dem Gäste-WC zu befreien. Wofür sie natürlich vollstes Verständnis gehabt hatte, immerhin war Muffelchen eine unverzichtbare veterinärmedizinische Größe im Teuerstadt-Umland. Ein Dobermann mit dem stattlichen Rufnamen *Nero vom Nockherberg* hatte im Feld ein Kaninchen gerissen und der Besitzer war nun besorgt gewesen, ob der Hund sich dabei womöglich ein Stück Zahn abgebrochen hätte. Wofür Frau Schwiegermutter kein Verständnis gehabt hatte, waren das Kaninchen und dass ich mich geweigert hatte, mit irgendwelchem Küchenwerkzeug die antike Tür des denkmalgeschützten Altbaus aufzubrechen. Nach der Aufzählung, was ich ihr im Zuge meines aktuell inaktiven Jobs als Schtuadess aus Paris zu importieren und welche Gegenstände ich (damals noch im Wochenbett) für sie bei eBay zu verkaufen hätte, hatte sie dann die Tür überraschend wieder geöffnet.

»Das Einzige, was finanziell vor Gericht zählt, ist der Kontostand am Tag der Eheschließung und am Tag der Zustellung des Scheidungsantrags an den anderen Ehegatten«, holt mich Frau Gegenpartei in die Gegenwart zurück.

»Ich finanziere meiner Frau ein Künstler-Atelier.«

Irritiert sehe ich Herrn Machtkontrolle von der Seite an, der seinen Blick kampfeslustig geradeaus auf Frau Gegenpartei richtet. Urplötzlich hat er den Ausdruck von Javier Bardem als Bond-Bösewicht angenommen.

»Moment, wir hatten beschlossen, das Haus zu kündigen und die Miete auf zwei Wohnungen aufzuteilen?«

»Ja, aber jetzt hast du das Haus und noch eine Wohnung dazu.«

»Aber doch nur, weil du das Haus nicht kündigen willst und dir keine Wohnung suchst?!«

»Ich weiß gar nicht, wie.«

»Immobilienschau.«

»Und welche Postleitzahl soll ich da eingeben?« Hasserfüllt starrt er mir in die Augen und ich ahne, dass dies mein anderer Mann ist.

»In der Wohnung, die ich gefunden habe, schreibe ich zwangsläufig auch von zu Hause. Ich muss wenigstens meinen Roman fertigbekommen, den Vertrag hatte ich lange vor der Schwangerschaft abgeschlossen. Wenn ich ihn auflöse, muss ich Vertragsstrafe zahlen, da ja der Verlag bereits Werbung für das Buch macht. Von dem Vorschuss habe ich die Kaution bezahlt, jetzt muss ich aber noch das Manuskript liefern. Oder alles zurückzahlen«, erkläre ich verzweifelt. »Außerdem ist es auch die Wohnung des Kindes, aber solange wir keinen Kita-Platz in der Stadt kriegen, muss ich morgens und nachmittags pendeln.« Panisch suche jetzt auch ich den Blick von Frau Gegenpartei.

Nachdenklich sieht sie uns an.

»Wissen Sie, als Sie beide reinkamen, dachte ich, meine Güte, das wird einfach! Aber je tiefer wir einsteigen, desto schwieriger sieht das für mich aus.«

»Meine Frau gibt in der Wohnung Künstlerpartys.«

Ich beginne zu zittern – was treibt Herr Machtkontrolle 2 da?

Kurz möchte ich mit dem schmutzigsten Wissen über ihn aufwarten. Dass er seine Doktorarbeit im Internet hat schreiben lassen und mit seinem Trauzeugen geschlafen hat (immerhin vor der Hochzeit, wie ich danach erfahren sollte). Aber so tief werde ich keinesfalls sinken. Und ich fürchte, Frau Gegenpartei wäre sowieso die Letzte, die mir Glauben schenken würde. Abgesehen von seiner unwahren Darstellung meiner Person, ist genau das ein wunder Punkt: Partys! Andere Künstler! Schon allein andere Menschen, schön wär's! Die letzten drei Jahre meines Lebens habe ich mutterseelenallein zugebracht (daher vermutlich der Begriff.) Seit dem Eisprung des Engelskindes war die Einsamkeit meine beste Freundin geworden ...

Mit Eintritt der Schwangerschaft durfte ich dank EU-Verordnung zum Schutz ungeborenen Lebens mit sofortiger Wirkung dem Flugzeug fernbleiben (Höhenstrahlung). Was einen als arbeitslose Schwangere ganz schön isoliert, zwischen der Normalbevölkerung mit Nine-to-five-Jobs. Nicht zu vergessen das ständige Essen und Schlafen. Acht von neun Monaten verbrachte ich vor dem Kühlschrank, im Supermarkt, am Herd, beim Frauenarzt, überm Klo oder im Bett. Denn so ein Baby zu bilden ist ein kräftezehrender Prozess, sage ich Ihnen. Für zierliche Menschen wie mich, die schon um ihr eigenes Körperfett kämpfen, erst recht. Herr Machtkontrolle derweil war von morgens früh bis nachts in der Praxis und interessierte sich rein gar nicht für meinen Zustand, bis zum Ergebnis. Kam er mal eher nach Hause, um achtzehn Uhr etwa, legte er sich umgehend auf die Couch und bekämpfte meine Gegenwart schlafend. Es gab kein Ausgehen und keine Abende bei oder mit Freunden, denn Herr Machtkontrolle selbst setzte sich nach dem regulären Heimkommen immer nur kurz mit einer Schüssel Cornflakes im Schlafanzug vor den Fernseher, bevor er sich wortlos Ohrstöpsel in die Gehörgänge schob und verschwand. Was auch dazu führte, dass er morgens seinen Wecker nicht hörte, oder minutenlang nicht daran dachte, ihn abzustellen, wodurch das Engelskind neben ihm und ich jeden Morgen unseres Lebens ebenfalls um sieben Uhr aufwachen mussten. Um dann prinzipiell gar nichts zu tun. Allerdings äußerte er hierfür kürzlich eine simple Erklärung: »Ich wollte dich zerstören und ich wusste, Schlaf ist deine Schwachstelle.«

Meine internationalen Freundschaften von Hamburg bis Hongkong, aus verschiedenen Lebensphasen, fanden ohne Fliegerei nur noch am Telefon statt, dann eher nicht mehr, was auch daran lag, dass sich meine Freunde ebenfalls vermehrten und mit drei kleinen Kindern eher keine Europatrips mehr auf sich nahmen. Meine Schwester ist als Schiffsärztin auf den Weltmeeren unterwegs, meine Eltern wohnhaft in Lüneburg und Buxtehude, und oft ließ ich mich in dieser Zeit schon auf völlig inadäquate Gespräche mit Verkäufern, Spendensammlern und Wachturmhaltern ein, schlicht, weil ich Ansprache brauchte. Dass ich unsere betagte Nachbarin zu lange angelächelt hatte, führte dazu, dass sie mir ihre, seit der Menopause nicht mehr benötigten, Damenhygieneartikel aus den Siebzigerjahren vermachte, wofür ich sie pflichtbewusst zum Kaffee einlud. Dazwischen verfolgte ich online das aufregende Leben meiner ehemaligen Kommilitonen von der Filmhochschule, die im Schnitt fünf bis zehn Jahre jünger und kinderlos waren, da ich mein Studium erst mit achtundzwanzig Jahren aufgenommen hatte. Sehnsuchtsvoll beobachtete ich in den sozialen Medien, wie sie Bambis, Goldene Kameras und sogar einen Oscar für den besten ausländischen Film entgegennahmen, und über rote südfranzösische Filmfestival-Teppichware schritten (von denen, die scheitern, hört man ja eher nichts). Manche hielten sich erst gar nicht mit ihrem Abschluss auf, sondern versanken gleich im Business.

Ich hingegen schrieb im elften Lebensmonat des Engelskindes brav mein Abschluss-Drehbuch und das Arbeitszeugnis von Frau Nanny. Nicht einmal meiner eigenen Diplomfeier, dem von mir über Jahre herbeigesehnten gesellschaftlichen Highlight mit Headhunter-Prominenz, konnte ich danach beiwohnen, und menschliche Nähe schnuppern, da ich nach einem Krippen-Besichtigungs-Marathon mit Ringelröteln und Pseudo-Krupp flach lag.

Jeden Mittwoch habe ich mich, wenn ich die Tonnen rausstellte, wie Bolle auf Ahmet und Egon gefreut, die Herren in Orange von der Stadtreinigung. Dankbar für ein paar freundliche Worte bekamen sie von mir zuverlässig ihren Espresso in der vorgewärmten Tasse serviert.

Das erste Weihnachten des Engelskindes wollte ich wildromantisch erstmals als kleine Familie verbringen, doch Herr Machtkontrolle zeigte sich weder interessiert an Baum noch Geschenken oder Essen, und – Sie ahnen es – ging wortlos nach der Tagesschau nebst Kleinkind ins Bett.

Von einer *Künstlerparty* bin ich so weit entfernt wie Donald Trump von einer Ehe mit Alice Schwarzer. Alle diese Gedanken scheinen sich gerade glaubhaft auf meinem Gesicht widerzuspiegeln, denn Frau Gegenpartei schenkt mir ein mildes Lächeln.

»Wissen Sie, es gibt immer zwei Wahrheiten. Nicht eine oder die Wahrheit, sondern jeder hat seine«, sinniert sie. »Die Zahlen muss ich erst prüfen, aber Zugewinn bekommen Sie vermutlich nicht, denn Sie, Herr Doktor, verdienen zwar jährlich im sechsstelligen Bereich, aber da Sie, wie Sie am Telefon schon erwähnten, insgesamt Schulden haben und Ihre Frau nicht, schuldet Ihre Frau Ihnen umgekehrt sogar die Hälfte, wenn sie zum Beispiel eintausend Euro verdient.«

Ich kann nicht glauben, was ich höre. Dabei würde es mir tatsächlich schon reichen, wenn ich wenigstens nichts verloren hätte.

Im Geiste ziehen in einer stillen Parade des Vorwurfs meine ehemaligen Kleidungsstücke an mir vorüber. Wieder und wieder hat Herr Machtkontrolle sie der Kochwäsche ausgesetzt – die Wäscheleine wurde zum Friedhof der Fasern. Vor allem mein XXL-Strickschal ist ein herber Verlust. Ich bin kein Freund materieller Freuden (mal wieder ein sehr männlicher Zug, würde Herr Paartherapeut sagen). Schuhe und Schmuck bedeuten mir gar nichts, obwohl mir ein Make-Over sicher gerade jetzt immens guttäte. Aber mein schwarzer Schal-Freund aus Madrid wie auch meine auf Puppengröße eingelaufene Strickjacke, mit der ich zum ersten Mal in der Wüste Nevadas unterm Sternenhimmel übernachtet hatte, hatten eine besondere Bedeutung für mich gehabt. Den Schal hatte ich mir von meinem ersten Honorar als verlegte Autorin gekauft, die Jacke bei meinem ersten Stopover in L.A. Beides war wollenes Sinnbild dessen gewesen, dass ein Traum, meine Träume, Realität werden können, nämlich Schtuadess und Schriftstellerin zu sein. Mahnmale, die mich daran erinnerten, dass ich immer an mich selbst glauben konnte. Und genau diese Kleidungsstücke hatte er natürlich erwischt, wissend, wie besonders sie für mich waren. Ohne ein Wort der Entschuldigung. Sogar mit der dreisten Behauptung, dieses Stirnband und die Babyjacke seien schon so gewesen.

Frau Gegenpartei sieht skeptisch zu Herrn Machtkontrolle hinüber.

»Das eine sage ich Ihnen zum Haushalt. Wenn Sie im Trennungsjahr sind, dann müssen Sie sich eine Putzfrau nehmen, das kann Ihre Frau dann nämlich nicht mehr für Sie tun!«

Nun sehen ausnahmsweise Herr Machtkontrolle und ich uns verwundert an, denn hier nun zeigt sich etwas namens *Projektion*. Und demonstriert, warum sich ein Psychologe, männlich wie weiblich versteht sich, qualitativ von anderen Zuhörern und Beratern, wie eben auch einer Anwältin, unterscheidet und was sie oder ihn so wertvoll macht: Sie oder er hält sich selbst raus.

Offenbar nämlich hat Frau Gegenpartei selbst diese Erfahrung in erster Ehe machen müssen, sonst käme sie nicht darauf. Und was immer man Herrn Machtkontrolle vorwerfen mag, wir gehören einer Generation an, in der Männer wissen, wie man eine Waschmaschine anstellt. Und wie gesagt, wünscht sich mein textiles Herz sogar sehnlichst, er hätte es unterlassen!

Ich entscheide, dass es von hier an besser ist zu schweigen. *Sie haben das Recht auf einen Anwalt. Wenn Sie sich keinen leisten können, oder der Ihres Mannes gegen Sie und/oder blöd ist, wird Ihnen einer gestellt.* Eine Frage allerdings habe ich noch, denn falls sich das mit dem Haus und dem Trennungsjahr hinzieht, das ich erst offiziell starten werde, wenn auch Herr Machtkontrolle eine eigene Wohnung hat, brauche ich Möglichkeiten zur Überbrückung. Denn sein jetziger Idealzustand (er und Kind im Haus, ich weg), ist selbstverständlich nicht akzeptabel.

»Kann ich mit meiner Tochter verreisen?«, erkundige ich mich daher.

Frau Gegenpartei sondiert mich alarmiert.

»Dazu brauchen Sie die schriftliche und am besten beglaubigte Genehmigung des Vaters. Alles andere ist Kindesentführung!«

Ihre Worte schwingen unwirklich durch den Raum und in mir zerbricht ein letzter Teil, der noch frei war. Von der internationalen Abenteurerin hin zu einer Frau, die dem Exmann Vordrucke vorlegen und um Genehmigung und Unterschrift betteln muss. Ist das jetzt mein Leben? Und wie viel Platz habe ich darin noch?

»Kann man das nicht so machen, dass die Mutter das Kind nur alle zwei Wochen am Wochenende sieht?«, platzt es neben mir vom Stuhl. Offenbar war das offizielle Machtzugeständnis Wasser auf die Mühlen von Herrn Machtkontrolle. Ich sehe ihn entgeistert an, doch er hält den Blick fest auf Frau Gegenpartei gerichtet.

»Nicht ohne Zustimmung der Mutter«, reagiert sie empörend gelassen. Stille. »Wissen Sie, Sie sind mir sympathisch. Beide! Und ich möchte Ihnen gerne helfen ...«

Den Rest höre ich nicht mehr.

Dass der Mann, den ich geheiratet habe, den ich in mein Leben und in mein Bett ließ, und leider auch in meinen Körper, der Vater unserer gemeinsamen Tochter, versucht, einem Kleinkind die Mutter zu nehmen, ist etwas, dass ich umgekehrt und trotz allem nicht einmal im Traum erwägen würde. Und vielleicht zum ersten Mal im Leben erfasse ich das Wort *Vertrauensbruch*.

Traumatisiert schreite ich hinter Herrn Machtkontrolle her, mit zehn Metern Abstand, aus der Hölle der Demütigung durch den Hausflur die Treppen hinunter, in die Niederungen der luxuriösen *Hades-Passage*. Tränen strömen sintflutartig über meine Wangen. Als ich an meinen Händen hinabsehe, merke ich, dass ich zittere wie Espenlaub. Herr Machtkontrolle bleibt völlig reglos. Für ihn ist dies offenbar eine Stunde der Genugtuung. Als wir in der Fußgängerzone ins Freie treten, dreht er sich kurz zu mir um und grinst.

»Anders kapierst du es ja nicht.«

Auf dem gemeinsamen Heimweg habe ich noch immer keine Ahnung, was ich verstehen soll, außer, dass dieser Mensch kein guter ist, und fühle mich wie betäubt.

Wir holen das Engelskind aus der *Villa Vorort* ab und ich sage für den Rest des Tages nichts mehr. Als ich abends ein paar Sekunden lang einen anderen Gedanken fassen kann als das Tagesgeschehen, und die Knete vom Engelskind farblich sortiert in ihre Dosen zurückpresse, steht er plötzlich vor mir.

»Ich habe den Termin missbraucht«, spuckt er in den Raum. Argwöhnisch sehe ich ihn an. »Muss ich ganz ehrlich sagen.« Ein Lächeln huscht über sein Gesicht, als wäre diese Selbsterkenntnis ein Gewinn.

»Warum?« Mehr kriege ich nicht raus.

»Um mich abzureagieren.«
»Wovon?«
Unbeteiligt zuckt er die Schultern. »Weiß ich nicht. Schlaf gut!«

In dieser Nacht starre ich hellwach an die Decke. Wieder und wieder geht mir der Termin durch den Kopf. Und die zerschlagene Hoffnung, an dieser Stelle Hilfe zu bekommen. Wie in einer Wiederholung sitze ich Frau Gegenpartei und ihrer Flugverurteilung gegenüber und denke an Herrn Machtkontrolle, der vormals häufig und sehr gerne mit mir exotische Fern-Ziele bereist hatte, und erst kurz nach der Geburt mit einem Mal angab, *nicht so der Reisetyp* zu sein. Ihm sei bereits die Fahrt zum Flughafen zu lang und so führten uns unsere dreitägigen Flitterwochen auf vier Felgen ins Allgäu. Die nächsten Jahre müsse er übrigens durcharbeiten und könne sich maximal einen Ausflug untertags ins Oberland vorstellen. Abgesehen von der jährlichen und wöchentlichen Motorradtour mit seinen Jungs durch Italien, versteht sich. Der würde er natürlich treu bleiben. Und sollte ich ihn an der Durchführung derselben hindern, käme *der bucklige Zwerg* in ihm hoch. Dessen Bekanntschaft ich selbstverständlich nicht machen wollte.

Ein Jahr heimische Schwangerschaft, drei Jahre Elternzeit, die Option auf ein weiteres Jahr Familienzeit und unbezahlter Sonderurlaub, sollte die Situation es erfordern – alles das war und ist überhaupt nur möglich, *weil* ich Schtuadess bin!

Seit ich auf ein Teststäbchen gepinkelt hatte, habe ich mich vollkommen dem Rhythmus von Kind und Nicht-Ehemann unterworfen, vorübergehend auch dem der Nachbarskatzen in Vorort, deren Urlaubspflege ebenfalls eine willkommene Abwechslung für mich dargestellt hatte, inklusive des Adrenalinkicks der zu verabreichenden Wurmkur, während Herr Machtkontrolle täglich ganztags abwesend war, auch samstags.

Das alles hätte ich Frau Gegenpartei entgegenschleudern sollen, statt plump ihren Wechsel von der Sachebene auf die Beziehungsebene zu tolerieren, und auch noch voll darauf einzusteigen. Meine Güte – ärgere ich mich über mich!

Mit einem Zitat von Mark Twain sinke ich gegen zwei Uhr morgens in einen unruhigen Schlaf. *Schlagfertigkeit ist etwas, worauf du erst vierundzwanzig Stunden später kommst.*

5. FRAUEN, DIE FRAUEN BLOCKIEREN

Noch tagelang wirkt der Termin bei Frau Gegenpartei in mir nach. Vielmehr, das wahre Gesicht von Herrn Machtkontrolle. Die Grenze, die er überschritten hat, ist für mich nicht mehr eine Frage der Partnerschaft. Sondern der Ethik und Menschlichkeit. Eins ist glasklar: Ich brauche einen eigenen Anwalt! Männlich oder weiblich ist mir völlig egal – Hauptsache jemanden, der mich vertritt, oder zumindest schützt. Und die Rechte des Engelskindes auf seine Mama.

Ich setze die Kündigung des Hauses auf, mit Auszug Ende August, in vier Monaten also. In dieser Zeit sollte auch Herr Machtkontrolle genug Gelegenheit haben, sich eine eigene Bleibe zu suchen und vor allem denke ich an das Engelskind, das sein Kitajahr in der Villa Vorort vollenden können soll, denn wenn auch Herr Machtkontrolle seinen Standort dort aufgibt, ist sein Platz weg. Krippe und Kindergarten in Vorort sind in derselben Anlage und die Erzieherinnen waren hoch erfreut, als das Engelskind bereits mit zweieinhalb Jahren trocken war, keinen Mittagsschlaf und Schnuller mehr brauchte und mit der Bastelschere umgehen konnte. Denn dies waren die Übertrittskriterien für den Kindergarten und dort hieß man jedes Menschlein, das von der betreuungsintensiven und überfüllten Krippe in den Kindergarten zu den Großen wechseln konnte, herzlich willkommen.

Gerade hatte das Engelskind dort in der Hörnchengruppe erste Freundschaften geknüpft, und der Sommer im Freien, zwischen Wasserschlauch und schattigen Kastanien, ist eine besonders schöne Zeit, die ich ihm in jedem Fall ermöglichen wollte, bis die Kita Ende August in die Sommerferien geht.

Bis wir endlich ab September in Teuerstadt einen Kita-Platz haben, werde ich weiter mit den Öffentlichen pendeln müssen, um tagsüber nicht im Haus, aber morgens und abends trotzdem bei meinem Kind zu sein. Das kostet Nerven und vor allem Geld, eine einfache Fahrt aus der Friedensstraße nach Vorort liegt bei fünf Euro achtzig, ein Tagesticket bei neun Euro achtzig. Und dann muss ich noch einige Kilometer mit dem Rad fahren, denn die Kita liegt sogar noch außerhalb von Vorort mitten in den Feldern, nur mit dem Auto erreichbar. Über das natürlich Herr Machtkontrolle verfügt.

Im Haus arbeiten kann ich leider nur bedingt, da Herr Machtkontrolle ständig ins Arbeitszimmer kommt, wenn er da ist. Und gerne mal unvermittelt eine Mittagspause zu Hause einlegt. Alle Bitten, ungestört tippen zu können, sabotierte Herr Machtkontrolle 2 regelmäßig, indem er die Tür zum Arbeitszimmer immer wieder einen Spalt breit öffnete und Zettelbällchen hineinwarf. Oder einen Ball rhythmisch dagegen schoss, wenn ich mich schlussendlich einschloss.

Und falls Sie jetzt entspannt vor dem Kamin sitzen, diese Zeilen lesen und sich fragen *Warum macht die das mit?!,* so ist diese Frage berechtigt. Hier der Versuch einer Antwort: Zu diesem Zeitpunkt war ich dank chronischem Schlafentzug nicht mehr Frau meiner Sinne, hatte weder Geld noch Unterstützer oder Zufluchtsorte – und allgemein ist es einfach eine unliebsame Schwäche an mir, dass ich in Gegenwart dominanter Personen ins Hintertreffen gerate. Nicht zu vergessen die extreme Bindung des Engelskindes an Herrn Machtkontrolle, Flasche sei Dank.

Unaufgefordert lege ich Herrn Machtkontrolle nach der Erstberatung die von mir bereits unterschriebene Kündigung vor, da wir beide Hauptmieter sind. Er liest sich den Zweizeiler so langwierig durch wie die Bibel und ignoriert den von mir bereitgelegten Kuli.

»Hat das nicht noch Zeit? Die Kündigungsfrist beträgt drei Monate.«

»Ich denke, es ist fair, wenn Frau Prof. Neurose so früh wie möglich Bescheid weiß. Natürlich rufe ich sie an und sage es ihr persönlich, bevor ich es offiziell abschicke«, argumentiere ich.

Herr Machtkontrolle überlegt.

»Möchtest du wirklich weiterhin dreitausend Euro jeden Monat für ein Haus und tausendvierhundert Euro für eine Wohnung zahlen? Schlimmstenfalls entsteht dir darüber hinaus für deine eigene Wohnung auch noch Doppelmiete?«

»Ich ziehe nur aus, wenn ich in deine Wohnung ziehen kann.«

»In die Friedensstraße?!« Ich traue meinen Ohren nicht. Herr Machtkontrolle zuckt mit den Schultern. Eiskalt betrachtet er mich und gibt mir Kündigung und Kugelschreiber zurück. Mein Herz rast und ich weiß nicht, was ich sagen soll.

»Aber wenn das nicht mein Hauptwohnsitz ist, habe ich keine Chance auf einen Kindergartenplatz in der Stadt. Wie sollen wir sie dann je in einer anderen Einrichtung anmelden?«

»Gar nicht. Das verbiete ich dir.«

»Wieso schnappst du dir nicht einfach dein Kind und ziehst nach Berlin?«, konfrontiert mich Elena verständnislos, als ich ihr bei einem alle Frauen-Klischees bestätigenden Latte Macchiato vom Erstberatungsdesaster erzähle. Elena ist seit ihrem sechzehnten Lebensjahr mit Philipp, dem Langweiligen, zusammen und hatte noch nie Beziehungsprobleme, wobei ich ihre Beziehung an sich als Problem empfinde. Elena kennt nichts anderes als Philipp und deshalb ist sie zufrieden. Und weil Philipp ihr klipp und klar gesagt hat, dass Nachwuchs dann *Elenas Ding* wäre, haben sie noch keine Kinder. Mit Philipp zusammen alleine ein Kind zu kriegen, traut sie sich nämlich dann bisher doch nicht (und ich hoffe, dass es im Sinne des Kindes auch nicht dazu kommt). Daher ist Elenas Perspektive stets autonom-optimistisch.

»Das Problem ist, dass ich in Berlin auch nicht so leicht einen Kitaplatz bekäme, oder eine Wohnung, und ich meine Flug-Einsätze dennoch von München aus starten muss. Sprich, meine Arbeit ist hier, auch, wenn sie im Moment brach liegt.«

»Hast du nicht mal gesagt, ihr Flugmenschen könnt wohnen, wo ihr wollt, erst recht in der EU?«

»Im Prinzip schon. Aber um immer erst von Nizza oder Venedig aus zum Dienst zu fliegen, brauchst du Nerven und Geld. Und wer passt dann auf das Engelskind auf? Außer Herrn Machtkontrolle habe ich niemanden.«

»Aber als Autorin bist du ortsunabhängig!«

»Stimmt, aber davon allein kann ich nicht leben.«

»Dieses dämliche Plastik!« Angewidert nimmt Elena den Strohhalm aus ihrem Getränk. »Das werde ich niemals verstehen – du bist studiert, verlegt, verfilmt, als Vertragspartnerin absolut zuverlässig und was du machst, zahlt dir nicht die Miete?«

»Vielleicht in Detmold.«

»Und deine Agenten, steigern die nicht deinen Marktwert? Du bist doch bei dieser hippen Literatur- und alteingesessenen Drehbuchagentur?«

»Meine Aufträge habe ich mir über die Jahre trotzdem immer selbst besorgen müssen, sie haben bloß die Verträge abgesegnet, deshalb habe ich denen gekündigt. So spare ich mir wenigstens die Provision.«

»Gut gemacht!«, freut sich Elena und auch ich spüre noch einmal, dass es das Richtige war, meine Geschäfte selbst in die

Hand zu nehmen. Herr Machtkontrolle beschrieb meine Agentur-Mitgliedschaft wie üblich anerkennend gar als *Prostitution* und die Arbeitsweise *Autor – Agent – Produzent* als *Zuhälterei*.

»Dann musst du eben schneller schreiben«, schlussfolgert Elena konsequent. »Oder mehr? Für die Kohle kannst du nicht mehr zwölf Monate an einem Roman basteln, das musst du in vier Wochen schaffen, dann lohnt sich's.«

Ich lache heiser und denke an die vielen Tage und Nächte mit und ohne Muse, die umfangreichen Recherchen und die Suche nach Inspiration. Wie oft bin ich selbst dem Irrtum erlegen, mit eiserner Disziplin und linearer Berechnung von Seitenzahlen pro Tag eine Deadline einhalten zu können. Kreativität bleibt einfach ein Stück weit unberechenbar und die meiste Zeit halte ich eigentlich bloß aus, nicht kreativ zu sein, obwohl ich es sein müsste. Ganz abgesehen von den Korrekturdurchläufen.

»Und zu deiner Mutter ziehen?« Jetzt mache ich ein Gesicht wie sieben Tage Regen.

»Sie will mit mir keinen Kontakt.«

»Nicht dein Ernst?«

»Nachkriegsgeneration, lange Geschichte« wehre ich das schmerzhafte Thema ab.

»Und dein Vater?«

»Fünfundachtzig Jahre alt. Krebs.«

»Das ist echt kacke«, versteht Elena nun besser, die ihrerseits damit zu kämpfen hat, dass ihre Mutter sie noch heute behandelt wie ein Kleinkind – weshalb sie selbst oft mit dem Gedanken spielt, nach Berlin zu ziehen. Oder Vancouver. »Aber im Ernst, zieh weg, um nicht ständig deinen Höllengatten vor der Nase zu haben.«

Elena ist, angeblich schadlos, ohne Vater aufgewachsen, und so erschließt sich ihr mein Bemühen, dem Engelskind aus emotionalen Gründen und mir aus Erwerbstätigkeitsgründen den Papa zu erhalten, rein gar nicht. Ich selbst hingegen habe eine sehr innige Bindung zu meinem Vater und käme deshalb nie auf die Idee, Kind und Vater zu entzweien. Auch jetzt noch und trotz allem nicht. Vielleicht ist auch gerade das mein Problem?

Das andere Problem, von dem ich mich nicht mal traue, es Elena zu erzählen, ist, dass das Engelskind von Geburt an eine übernatürlich enge Bindung zu Herrn Machtkontrolle hat. Kaum, dass sie aus mir heraus war, schrie sie wie am Spieß – bis ich auf- und sie ihm gab. Kaum, dass beide sich in den Armen lagen, war Ruhe. Und so blieb es. Und leider riss Herr Machtkontrolle noch im Krankenhaus aggressiv jegliches Füttern an sich, kaum dass ich der Hebamme zu Protokoll gab, dass ich ein Jahr voll zu stillen gedenke.

»Ich musste dich da wegbeißen«, lautete hierzu seine spätere Reflektion.

Stunden habe ich damit zugebracht, in Internetforen nachzulesen, dass an dieser Dynamik meist die Mutter schuld sei. Ist sie selbst mit einem Bindungstrauma ausgestattet und in ihren eigenen Themen gebunden, suche der Nachwuchs die weibliche Energie alternativ beim Vater. Und tatsächlich zeigte das Engelskind, kaum dass es sprechen konnte, mit dem Finger auf uns beide und sagte: »Das ist die Mami. Und das ist auch die Mami.«

Aber trotz aller Selbstkritik dazu kann ich dies wirklich nicht von mir behaupten und habe beschlossen, in der Lesezeit lieber wieder aktiv auf das Engelskind einzugehen, als mich mit dieser These fertig zu machen. Abgesehen davon, dass Herr Machtkontrolle sich als Bezugsperson massiv in den Vordergrund drängte, war es immer fröhlich und geduldig und auffallend gesund. Schreien, Wutausbrüche oder Essensverweigerung, alle diese Dinge sind mir – oh Wunder – fremd. Was ich auch dem zuschreibe, dass es unaufgeregt zum Ausdruck bringen kann, was es wünscht, und stets erfahren hat, dass dies gehört wird.

Bis heute ließ es Stottern, Bettnässen, Nägelkauen und Ängste aus. Ich soll abends sogar dringend die Tür zum Kinderzimmer schließen, damit kein Licht vom Flur hereinfällt. Das mag das Engelskind nämlich gar nicht. Und als neulich auf der Sommerrodelbahn ein Vater knallhart zu seiner Zweijährigen sagte, sie müsse auch etwas für ihren Spaß tun, er könne nicht sie und den Schlitten den Berg hochziehen und sie gnadenlos unten am Hang zurückließ, da ist das Engelskind hingelaufen und hat sie an der Hand mit nach oben genommen. Sprich, das Kind zeigt herzzerreißende Empathie. Wie sehr kann ich als Mutter also versagt haben?

»Und wenn du das Fliegen sein lässt?«, überlegt Elena laut.

»Bist du verrückt?!«, sehe ich entsetzt in ihr Gesicht. »Ich wüsste keinen Job, in dem es so viel Geld für so wenige Arbeitsstunden gibt. Selbst wenn ich fünfzig Prozent fliege, bin ich noch zwanzig Tage im Monat zu Hause!«

»Das ist Luxus«, seufzt Elena.

»Das ist kein Luxus, das ist Knochenarbeit im Schichtdienst mit Menschenmassen und mit Höhenstrahlung«, stelle ich klar.

»Aber ich mag es.«

»Und deine Firma zahlt die Kranken- und Rentenversicherung«, summt Elena verträumt. »Als Freelancer macht mich schon alleine die Vorsteuer fertig.«

»Und in einem anderen Job bräuchte ich *täglich* eine Betreuung«, stelle ich klar.

Elena und ich hatten uns vor Jahren in der Werbeagentur *Jung & Matt* in Hamburg kennengelernt und genauso gut wie ich weiß sie, dass man in dieser Branche sieben Tage die Woche arbeitet und das Büro selten vor null Uhr verlässt.

»Klingt leider alles plausibel«, stöhnt sie. »Aber auch, als hätten heute Väter die Rechte und Mütter die Pflichten. Hat diese Frau Dr. Gegenpartei eigentlich nicht mal gesagt, ob du ein Recht auf Arbeit hast?«

»Nein. Sie hat nur erwähnt, dass ich mich bis zum dritten Geburtstag zurücklehnen kann und gar nichts arbeiten muss.«

»Als ob du das wolltest!«, pfeift Elena durch die Zähne und ich nicke.

Mich nervt, dass es ausgerechnet eine Frau ist, berufstätig, geschieden und Mutter, die mich vorwurfsvoll hinterfragt und das Tor zu meinem aktuellen Zustand voller Selbstzweifel aufgestoßen hat. Hatte der Termin rückblickend einen Sinn? In Sachen Scheidung sind Herr Machtkontrolle und ich kaum schlauer als vorher und zumindest sind er und ich uns darin einig, dass wir die Mediation absagen werden (auch, wenn er immer von *Meditation* spricht). Abgesehen von den Problemen, die durch die Erstberatung hervortraten, gibt es faktisch nicht viel zu regeln. Sofern es jetzt nicht zum Krieg ums Kind kommt. Und das ist meine größte Sorge. Nicht nur meinetwegen, sondern wegen des Engelskindes. Ich bin Scheidungskind, ich weiß das. Ich könnte bei *Jeopardy* auftreten: *Loyalitätskonflikt für fünfhundert*.

Mediation jedenfalls kommt für mich nicht infrage, denn ich werde Herrn Machtkontrolle keine Bühne mehr für weitere Auftritte mit mir geben.

»Lass mal«, winkt Elena ab, als die Kellnerin kommt und ich mein Portemonnaie zücke. »Du wirst noch jeden Cent brauchen.« Obwohl es mir unangenehm ist, fürchte ich, dass sie Recht hat. »Außerdem habe ich gerade einen Großauftrag auf dem Schreibtisch« grinst sie stolz und gibt der Kellnerin ein üppiges Trinkgeld. »Das Cover des nächsten Frauenschicksal-Bestsellers: *Tumor mit Humor. Eine unglaubliche Geschichte* – sei froh, dass du gesund bist!«

Das bin ich, mache aber vorsichtshalber gleich am nächsten Morgen einen Termin bei meiner Frauenärztin. Gerade destruktive Beziehungen sind ja sehr toxisch und wie es aussieht, hat das Engelskind außer Herrn Machtkontrolle und mir absolut niemanden. Da wäre es gut, wenn der liebe Gott mich noch ziemlich lange gesund sein ließe ...

Mein eigener Anlauf, im Netz einen Anwalt zu finden – mit stets spionagemäßig gelöschtem Browserverlauf und im Modus *privates Surfen* – gestaltet sich schwierig. (Leider besitzt nur Herr Machtkontrolle einen Laptop, den wir uns teilen.) Ich schreibe unzählige Kanzleien an, aber erhalte nur von zweien eine Antwort. Die eine lässt mich wissen, dass sie keine weiteren Mandanten annimmt, die andere, dass sie mir einen Platz auf der Warteliste anbieten können. Irgendwann lande ich auf der Homepage von *Frau Sollte-auf-meiner-Seite-sein*. Sie ist Anwältin und hat außerdem eine Doppelqualifikation als Heilpraktikerin und Systemische Therapeutin, die kurzfristig noch Kapazität hat. Ich muss nur drei Wochen warten! Und als hätte alleine die Aussicht auf Verstärkung meine Energie verändert, liegt noch am selben Abend wie von Zauberhand die unterschriebene Haus-Kündigung auf dem Küchentisch ...

In meiner Wartezeit versinkt die Welt in *#Metoo* und ich denke darüber nach, welche Erfahrungen ich in der Hinsicht gemacht habe. Das Ergebnis: Eher fällt mir auf, wie oft Frauen eigentlich Frauen blockieren.

Ob es Anwältinnen sind, Kolleginnen, Kindergärtnerinnen, Chefinnen oder andere Mütter. Oder Frau Nanny. Von keiner kann ich sagen, dass sie mich je bedeutend unterstützt hat. Aber auch ich habe noch nichts Großes im Leben einer anderen Frau geleistet, außer bei Umzügen. Gilt das?

Ganz anders behandelten mich hingegen der ehemalige Chefredakteur des *Playboy*, der mein Talent als Autorin erkannte, der Lektor eines kleinen, aber feinen Verlags, den ich beim

Branchen-Speed-Dating für Alumni kennenlernte, und der meine Buchidee (*Scheidung mit Kleinkind in der Großstadt*) euphorisch seiner Chefin unterbreitete (die meinte, das würde eher niemanden interessieren und ablehnte) und mein Professor an der Universität, der mich als eine der wenigen unter Tausenden von Bewerbern aufnahm und immer ermutigt hat, weiterzumachen. Bedeutende Mentoren in meinem Leben, über die dann die Frauen in meinem Umfeld sagten: »Der will doch nur mit dir schlafen.«

Wer, frage ich mich da, reduziert hier eigentlich wen auf seine Körperlichkeit, na?

Nicht zu vergessen meine Professorin für kreatives Schreiben, die ich nach zahlreichen Anfragen meiner Kommilitonen zum Thema *Exposé schreiben* nach meinem ersten Buch-Erfolg ehrfürchtig fragte, ob ich ein eintägiges Gratis-Seminar in meinem Semester abhalten dürfe, und die mir wörtlich ausrichten ließ: *Was ich zu erzählen hätte, kann man auch in der Kaffeepause auf dem Flur besprechen.*

Auch denke ich an die ersten Erzieherinnen des Engelskindes zurück.

Wie oft sagte mir Herr Machtkontrolle, wenn er holte und brachte, in der Kita sei alles bestens – nur, damit sich die Erzieherinnen mit Beschwerden zu fehlenden Hausschuhen, Anfragen zu Bastelarbeiten und Formularen in Sachen Zeckenentfernung und Entwicklungsgesprächen, sofort vorwurfsvoll und kompakt auf mich stürzten, sobald ich auftauchte. Säuerlich denke ich an den Tag, an dem es tatsächlich einmal einen Unfall im Kindergarten hatte. Mehrfach versuchte man mich zu erreichen, und gab es dann einfach auf. Die Idee, den Vater zu kontaktieren, hatte keine!

Dabei waren selbstverständlich die Nummer seiner Praxis sowie seine mobile Nummer – von mir persönlich – in der Einrichtung hinterlegt, doch diese Hemmschwelle wollte keine der Damen übertreten. Was bitte soll sich für uns ändern, solange Frauen nur Frauen in die Pflicht nehmen?! Dabei war in Sachen Erreichbarkeit auch überhaupt nur wieder die Ehe schuld, dass ich es einmalig nicht gewesen war ...

Da ich bei der standesamtlichen Trauung den Nachnamen von Herrn Machtkontrolle angenommen hatte, musste ich wochenlang die entsprechenden Änderungen an EC-Karte, Personalausweis, Reisepass und Kofferanhängern, bei Versicherungen, der Krankenkasse, dem Finanzamt und im Führerschein vornehmen lassen. Ebenso für mein chinesisches Einreise- und mein amerikanisches Arbeitsvisum. Vorgänge, die mich, abgesehen von Komplexität und Papierkrieg, vor allem Geld kosteten. (Falls sich auch hier wieder der innere Kritiker bei Ihnen meldet: Es war Ausdruck und Bekenntnis meiner Liebe zu Herrn Machtkontrolle, äußeres Zeichen inniger familiärer Verbundenheit und die Idee, dem Engelskind auch linguistisch ein Nest der Zugehörigkeit zu bieten.) Dennoch bereute ich nicht, meinem Herzen gefolgt zu sein – bis zu jenem Tag, an dem das Engelskind durch den Fiesjungen vom Klettergerüst geschubst wurde und in die Tiefe stürzte. In die amerikanische Botschaft zur Visastelle darf man nämlich kein Handy und auch sonst nichts mitnehmen, außer sich selbst, einer Klarsichthülle, einem Formular und dem biometrischen Passbild. Und Cash Flow, versteht sich. Mit diesen Dingen starrte ich während der dramatischen Vorkommnisse im Wartebereich nichtsahnend drei Stunden lang auf Bill, Barack, George und Donald, während die Villa Vorort vergeblich versuchte, mich zu erreichen.

Eine Produzentin kommt mir in den Sinn, Mutter von drei Kindern, die ich selbst bei einem Projekt ins Boot geholt hatte, und die mir den Auftrag dann unter fadenscheinigen Gründen entzog, obwohl die von mir detailliert ausgearbeitete Geschichte vom männlichen Programmverantwortlichen begeistert durchgewunken worden war. Sie schwor, dass die nun lediglich mit Dialogen versehene Fassung der Geschichte so schlecht sei, dass sie diese niemals jemandem zeigen und dem Sender sagen würde, ich hätte mich überfordert gefühlt und gebeten, aus dem Film auszusteigen. Dies sei meinem Image immer noch zuträglicher als die vorliegende, überpünktlich abgegebene Arbeit. Im Rahmen des Projekts hatten wir einige Male telefoniert, während ich nachmittags beim Schlittenfahren war, abends das Engelskind beim Baden beaufsichtigte oder eine Regenbogen-Torte für dessen Geburtstag backte – und ansonsten schrieb. Unterschwellig aber habe ich vermutlich ihr schlechtes Gewissen getriggert, da sie stets bis nachts im Büro war und ihre Kinder höchstens am Wochenende sah. Alles andere erledigten Omas, Opas und auch mal gänzlich fremde Eltern von Mitschülern – was ich umgekehrt im Hintergrund mitbekam.

Heute ist mein Termin im *Zentrum für Humane Scheidung*.

Gespannt schreite ich diesmal solo die Treppen eines altehrwürdigen Gründerzeit-Baus im Süden von Teuerstadt hoch. Noch auf dem Treppenabsatz empfängt mich ein Sekretär, der aussieht wie Watson aus *Sherlock Holmes*. Er sieht auf seine Taschenuhr und wirkt nicht glücklich. Schnell stelle ich mich vor und oute mich als neue Mandantin mit Termin. Um der Sache den besten Start zu geben, bin ich zehn Minuten vor der Zeit da, doch er bedauert, mich nicht einlassen zu können. Aufgrund der vielen Fälle und platzfordernden Aktenordner besitze die Kanzlei leider keine gesonderten Sitzmöglichkeiten, geschweige denn ein Wartezimmer. Ich drehe also eine Runde um den Block und Frau *Sollte-auf-meiner-Seite-sein* scheint sichtlich pikiert, als ich nun zwei Minuten zu spät wieder im fünften Stock ohne Aufzug stehe.

Wie Frau Gegenpartei deutet sie auf den Stuhl vor Ihrem Schreibtisch, sagt jedoch kein Wort und scannt mich offensiv. Ich erkenne ihre Strategie – und fange trotzdem an zu erzählen. Das, was ich schon weiß, Teile dessen, was ich erlebt habe und Fragen, die ich mir stelle. Aber mit der wahren Wahrheit in ihren skurrilen Details halte ich mich auch hier zurück, denn jedes schlechte Wort, das ich über Herrn Machtkontrolle verliere, könnte schließlich zu ernsthaften Konsequenzen führen – vor allem für das Engelskind. Was letzten Endes mehr Schaden anrichten könnte als wir selbst – sagt mir mein Gefühl.

»Gut«, kommt Frau SamSs unbeeindruckt zur Sache, als ich ende. »Im Trennungsjahr rate ich Ihnen zu getrennten Haushalten, aber theoretisch können Sie es in derselben Wohnung durchführen, dann aber weder Wäsche für den anderen waschen noch gemeinsam fernsehen noch zusammen Mahlzeiten einnehmen. Auch Sex ist tabu!«

Drohend sieht sie mich an und ich wünschte, ihr telepathisch vermitteln zu können, dass dies das Letzte ist, was mir mit Herrn Machtkontrolle noch vorschwebt.

Ich denke an meine Eltern zurück, die es so gehalten hatten mit dem Trennungsjahr in derselben Wohnung, und den Morgen, an dem ich auf Zehenspitzen Sahne aus dem unteren Kühlschrankfach meiner Mutter nahm und trank, was zu einem erbitterten Krieg seitens meiner Mutter gegen meinen schlanken Vater führte, die unbedingt glauben wollte, dass er der Dieb wäre. Ein Trennungsjahr innerhalb der gemeinsamen Wohnung würde ich dem Engelskind keinesfalls antun! (Mir schon gar nicht.)

»Getrennt sind wir seit der Geburt«, merke ich an. »Und ich habe schon eine eigene Wohnung.«

»Oh, das ist gut«, freut sich Frau SamSs. »Ist das Ihr Hauptwohnsitz und Ihr Kind auch dort gemeldet?«

»Nein, nur ich.«

»Das bedeutet, Sie wohnen nun getrennt von Ihrem Kind?!«, wird ihre Stimme glockenhell.

»Ich fahre täglich hin und her, aber ich kann sie nicht in der Stadt melden, weil wir sonst den Kindergartenplatz im Vorort verlieren, wo wir noch das gemeinsame Mietshaus haben.«

»Dann sehen Sie zu, dass Sie Ihre jetzige Wohnung als Zweitwohnsitz melden«, rät sie.

»Aber dann muss ich ja Zweitwohnsitzsteuer zahlen?«, protestiere ich erschrocken. »Und habe keinen Anspruch auf einen Kindergartenplatz in der Stadt, denn dafür muss ich dort einen Hauptwohnsitz haben! Wie soll ich dann je meine Situation verändern?«

Frau SamSs zuckt die Achseln. »Wenn das Kind beim Vater wohnt, sieht das für Sie schlecht aus vor Gericht.«

»Aber kann man sich denn nicht friedlich scheiden lassen, ohne Gericht?«

»Selten.« Frau SamsS setzt eine rote Lesebrille auf und sieht mich über den Rand hinweg an. Ich fühle mich auch hier wie auf der Anklagebank.

»Ach, das ist noch wichtig«, fällt ihr ein. »Theoretisch muss Ihr Mann meine Leistungen zahlen, aber ich empfehle Ihnen dringend, es selbst zu tun. Die heutige Erstberatung kostet Sie zweihundertsiebenundzwanzig Euro. Alle Prozesse, die damit beginnen, dass der Exmann die anwaltliche Vertretung der Frau zahlen muss, gehen schlecht aus.«

»Okay«, stimme ich ernüchtert zu und sie fährt fort.

»Als Nächstes werde ich Ihren Trennungsunterhalt berechnen, den bekommen Sie für zwölf Monate. Die Kosten für die Unterhaltsberechnung bemessen sich am Gegenstandswert.«

Ich denke an Herrn Machtkontrolles Vermögen, schlucke und nicke. Hilft ja nichts.

»Vermutlich um die vierhundert bis sechshundert Euro. Kommen wir zu Ihrem Lebensstandard.« Sie legt ihre Brille auf den

Schreibtisch, faltet die Hände und lehnt sich zurück. »Hobbys, Schmuck, Mode?«

»Also ehrlich gesagt – außer Lebensmitteln, Sachen fürs Kind und gelegentlich Büchern tätige ich keine großen Ausgaben.«

Frau SamSs wirkt unzufrieden.

»Das ist schlecht. Wenn Sie so bescheiden sind, kann ich weder viel ansetzen noch argumentieren, dass Sie Nachehegattenunterhalt benötigen, um Ihren bisherigen Lebensstandard zu sichern. Die normale Arztgattin in Teuerstadt geht ja eigentlich die Schickallee rauf und runter?«

Bescheidenheit ist eine Zier, doch besser lebt sich's ohne ihr. Hätte ich mal auf Großvater Verstorben gehört.

»Tja. Dann hat lediglich Ihr Kind nach der Scheidung Anspruch auf Unterhalt gemäß Düsseldorfer Tabelle. Mit Kindern ab drei Jahren sind Sie ansonsten finanziell voll selbstverantwortlich und müssen für sich und Ihre Tochter sorgen.«

»Okay, aber dann kann ich unmöglich in Teuerstadt wohnen bleiben!«, bin ich nun alarmiert.

»Müssen Sie aber. Bis ihre Tochter achtzehn Jahre alt ist, dürfen Sie ohne triftigen Grund, das bedeutet unausweichliche berufliche Verpflichtungen zum Beispiel, nicht mehr als fünfzig Kilometer vom Kindsvater wegziehen. Maximal Teuerstadt-S-Bahn-Bereich!«

Mir wird schwindelig. Es sind nicht nur die Worte, die sie zu mir sagt und die Tatsache, dass mir unter Berücksichtigung all dieser Parameter langsam die Lösungsstrategien zu meiner Lebenssituation ausgehen, und damit die Gestaltungsmöglichkeiten für eine erfüllte und unbeschwerte Kindheit des Engelskindes, sondern auch die verpuffende neuerliche Hoffnung, dass jemand mir endlich den Rücken stärkt, gerne auch das Bürgerliche Gesetzbuch. Wo ist bloß meine Erin Brokovich? Mehr und mehr schwant mir, dass ich das werde selbst sein müssen.

Am selben Abend, nach unserem obligatorischen wie fragwürdigen *Leo-Lausemaus-Lesevergnügen*, google ich unseren neuen Lebensradius für die kommenden vierzehn Jahre und das Ergebnis meiner neuen maximalen Reichweite klingt nicht gerade vielversprechend: Miesbach.

Dann ist mein Termin bei Frau Frauenärztin. Ihre Praxis ist der Gegenentwurf zu den Kanzleien. Die Wände sind in Pastelltönen gehalten, Herztöne im CTG wummern laut durch die Räume, die Zeitschriften drehen sich um Liebe, Familie und das Wunder der Geburt. Es gibt eine Spielecke für Kinder und um mich herum harren Frauen mit Eheringen geduldig der Sprechstunde und ihrer Zukunft. Ob ich hier eines Tages selbst noch einmal sitzen werde – die Gedanken froh, die Wangen rosig und der Bauch dick? Im Moment scheint es mir unvorstellbar. Meine persönliche Schallgrenze für Sprösslinge liegt bei dreiundvierzig, es ist also alles noch drin.

»Frau Machtkontrolle bitte in die Zwei«, werde ich aufgerufen und meine Reaktionszeit ist bedenklich lang, kann ich mich doch aller Dokumente zum Trotz noch immer nicht recht mit meinem neuen Nachnamen identifizieren.

Wir plaudern ein wenig und ohne es zu wollen, umreiße ich kurz die Gesamtsituation. Frau Frauenärztin ist alles das, was ich mir von Frau Gegenpartei, Herrn Paartherapeut, Frau Verhaltenstherapie und Frau SamSs erwartet hatte. Warmherzig, verständnisvoll und ohne Urteil. Als sie mich anlächelt und fragt »Wie geht es Ihnen denn als Mutter?«, bricht alles aus mir heraus. Ich gestehe ihr, dass ich mir das Stillen habe wegnehmen lassen, lege eine umfangreiche Beichte zu Milchpumpe, Inkontinenz und Baby-Burnout ab und ende völlig aufgelöst in ihren gut gemeinten Sofort-Hilfe-Akupunkturnadeln, Anti-Stress-Globuli und balsamierten Taschentüchern.

»Es ist ein Irrtum zu glauben, dass man irgendwann bereit ist für ein Kind. Kinder kommen dann, wenn wir bereit sind für die Erfahrung, dass wir fehlbar sind. Wir alle leiden unter einander, das ist die Art, wie wir uns weiterentwickeln!«

Gerührt lausche ich ihren Worten und bin dankbar, dass mir meine Krankenkasse den Dalai Lama der Gynäkologie geschickt hat. Diese Frau wertet nicht, sie hört einfach zu. Und akzeptiert mich mehr als ich mich selbst, das muss man ganz klar so sagen.

»Machen Sie sich keine Sorgen in Sachen Bindungstrauma! Ehemann hin oder her – Sie und ihr Kind sind durch die Nabelschnur miteinander verbunden. Auch über die Geburt hinaus.«

Während meine Tränen trocknen, spüre ich, Frau Frauenärztin hat Recht. Kein Gesetz der Welt kann unserer Bindung schaden. Aber in demselben Moment weiß ich auch, dass nur ich alleine mein Verhältnis zum Engelskind verantworten kann und muss. Mit einem Mal bin ich überzeugt, dass nicht die An- oder Abwesenheit eine gute Mutter ausmacht, sondern die Art von Mutter, die ich bin, wenn ich bei ihr bin. *Der Weg aus Angst heraus führt immer durch die Angst hindurch.**

Sollten Sie ähnliche Gefühle plagen: Sehen Sie Ihrer größten Mamaangst ins Auge und sie wird kleiner. *Dann wohnt das Kind halt beim Vater. Dann halten mich alle für eine egozentrische Künstlerin/Flugbegleiterin/Rabenmutter. Dann liebt sie ihn eben mehr als mich.* Glauben Sie mir, das ist unfassbar befreiend – denn so schlimm wie unsere Fantasie fällt die Realität ohnehin nie aus. Lassen Sie los!

Als wir fertig sind und ich mich hinter einem hellgelben Paravent wieder in meine Kleidung werfe, fühle ich mich so gut wie schon lange nicht mehr. Frau Frauenärztin werkelt an ihrem Schreibtisch, steckt eifrig Proben in Röhrchen und tippt konzen-

---

* Lange, Dieter: https://www.life.club/lifemagazin/dieter-lange-spiritualitaet/ (zuletzt aufgerufen am 27.09.2019)

triert in ihren Computer. Wie sie so dasitzt in ihrer mitreißenden Lebensfreude, mit ihren langen blonden Haaren und ihrem unerschrockenen Glauben an mein mütterliches Potenzial, glaube ich, dass uns im Leben Engel erscheinen. Nur nicht unbedingt in den Rollen, in denen wir sie vermuten oder sie uns wünschen. Es gibt sie noch – Frauen, die andere Frauen unterstützen.

Präventiv nehme ich den Flyer einer habilitierten Freundin von ihr mit. *Reise in die eigene Zeugung, Schwangerschaft und Geburt.* Bei Frau Professor, im Erdinger Moos, werde ich weitere spannende Antworten auf mein Leben bekommen, zum Beispiel eine Erklärung für das seit der Geburt des Engelskindes intensiv in mir schwelende Gefühl *Wo sind die anderen?* Und darauf, dass ich in der Schwangerschaft unbewusst Sachen doppelt gekauft habe: Aller Wahrscheinlichkeit habe ich einen noch im Mutterleib auf Zellbasis verlorenen Zwilling ...

6. WER IST EIGENTLICH MAN?

»Ich habe ihm gleich gesagt, dass er schwul ist.« Braun gebrannt strahlt uns Herr Paartherapeut an. »Der Mann kam auf Krücken in meine Praxis und wollte es mir nicht glauben. Jetzt hüpft und springt er wie ein junges Reh!«

Obgleich ich beeindruckt bin von den analytischen Fähigkeiten und wunderheilenden Referenzen von Herrn Paartherapeut, und mich sehr für den Lebensweg des Genannten freue, suche ich fieberhaft nach dem Kontext. Er erschließt sich mir nicht. Wir sitzen erst einige Minuten im *Behandlungszimmer für fehlende Emotionen* und ich schiele auf den kleinen Edelholztisch, um auszumachen, ob die Wasserringe chronische Spuren hinterlassen haben. Leider muss ich ohne die Antwort leben, denn eine Schale voller Mensch-ärgere-dich-nicht-Figuren steht heute darauf. Außer, die Schale ist die Antwort?

Jedenfalls schließe ich die Möglichkeit, dass mich unser Moderator durch seine Anekdote subtil von meiner eigenen Homosexualität unterrichten will, aus, und, was die Relevanz der Botschaft für Herrn Machtkontrolle angeht, ganz ehrlich, bin ich mir nicht sicher. Diese Einschätzung wäre eine Erklärung für vieles, aber da das andere Ende der Couch merklich ebenfalls keinen Bezug zu sich sieht, lassen wir diese Information im Raum stehen.

Mit Blick auf den Retro-Wecker habe ich mir diesmal unsere Startzeit gemerkt, kann mich aber nicht besonders auf die kommenden sechzig Minuten konzentrieren, denn heute bin ich akut verstimmt. Was mich daran noch mehr verstimmt, ist die Tatsache, dass ich mich überhaupt noch in einem Zustand befinde, indem Herr Machtkontrolle es vermag mich zu ärgern. Und das kam so:

Kurz vor Sitzungsbeginn hatten wir uns *vor* der Praxis verabredet, doch als ich aus der U-Bahn trat, froh, auf dem restlichen Fußweg noch ein paar Minuten meine Gedanken sortieren zu können, hatte Herr Machtkontrolle plötzlich schon an der Rolltreppe vor mir gestanden. Erstens war ich darüber erschrocken, zweitens tat er wieder etwas anderes, als wir verabredet hatten, und drittens hatte ich dies als Entmündigung empfunden. Offenbar traute Herr Machtkontrolle es mir nicht einmal zum Schlussdate zu, die zugehörigen Räumlichkeiten von vor zwei Monaten wiederzufinden. *Aber das ist doch total nett, dass er dich abholt!*, werden Sie jetzt sagen. Aber Sie kennen Herrn Machtkontrolle eben noch nicht so gut wie ich und ich versichere Ihnen, hier handelt es sich um ein tiefergehendes Muster, für das mir nur das Wort *reingrätschen* einfällt. Da immer noch Stille im Raum herrscht, mache ich den Anfang und spreche die Sache an.

Ich beklage, nicht respektiert zu werden (und vermeide diesmal penibel Killerphrasen, Totschlag-Argumente und Pauschalisierungen wie *immer)*. Herr Machtkontrolle starrt auf die Figürchen, scheint in Gedanken auf Theta 3, und auch Herr Paartherapeut scheint zu überlegen, ob mein zeternder Gemütszustand die Anstrengung des Schreibens wert ist. Demonstrativ beobachtet er meine Körpersprache. Heute trage ich betont weibliche Kleidung und lehne interessiert vornüber. Je mehr beide Herren schweigen, desto emotionaler allerdings werde ich, und als der kühle Blick unseres Analytikers wortlos auf meinem nackten Ringfinger verharrt, geht mir vor Aufregung die Luft aus. (An unseren Händen zeigt sich eine unserer großen Gemeinsamkeiten: Wir finden Eheringe unangenehm und trugen sie daher keine Woche.)

Das passiert mir immer in Gegenwart bestimmter Berufsgruppen. Steuerberater, Postbeamte und Leute in Kfz-Zulassungsstellen – Menschen mit verstärkt ausdrucksloser Mimik – erzeugen in mir das tiefe Bedürfnis, ihre versteckten Emotionen gleich mit auszudrücken. Je abweisender sie zu mir sind, desto zutraulicher werde ich.

Diversen Zertifikaten im Raum ist zu entnehmen, dass Herr Paartherapeut auch Yoga unterrichtet, so dass ihn mein Gebaren wenigstens nicht zu sehr verwirren dürfte, denn mit vollem Körpereinsatz echauffiere ich mich nun immer ausschweifender. Darüber, dass Herr Machtkontrolle grundsätzlich ganze Abende lang schwieg, um exakt dann mit mir zu sprechen, wenn ich gerade eingeschlafen war, er stets genau dann ins Bad lief, während ich gerade die Toilette benutzte, so dass ich mich alsbald gezwungen sah, jedes Mal abzuschließen, und darüber, dass ich es unangebracht fand, dass Herr Machtkontrolle ungeniert mein persönliches Portemonnaie aus meiner Handtasche entwendete, mit meinem Büchereiausweis ungefragt Medien entlieh, an deren fristgerechte Rückgabe er nicht im Traum dachte, wovon ich durch abgebuchte Mahngebühren und mit persönlicher Tadelung beim ahnungslosen Ausleihen geahndet wurde, sowie meinen Schlüsselbund nach Belieben zerpflückte und ich Teile davon in Gießkanne und Blumentöpfen in der Garage wiederfand. Als ich mir eine Verschnaufpause gönne und mir in meinem Carmen-Top etwas Luft gen Brustkorb fächele, fasst Herr Paartherapeut mein Ärgernis gekonnt in einem Wort zusammen, das *reingrätschen* wunderbar ersetzt:

»Übergriffig«. Aber auch für mich hat er eine Botschaft, die ich wirklich nicht gerne höre: »Das Gegenteil von Liebe ist nicht Hass, sondern Gleichgültigkeit.«

»In einer Familie teilt man sich Dinge«, nimmt Herr Machtkontrolle tiefenentspannt Stellung. Seine Bemerkung und erst recht seine Besonnenheit sind mal wieder wie Sprengstoff in meinem Innern und ich überlege, *warum* mich diese stetige Gelassenheit so sehr in Rage bringt.

»Wenn wir eine Familie *wären*, dann ja! Aber selbst darin gibt es Grenzen«, halte ich so gefasst wie möglich dagegen. »Du willst eine Familie, aber ohne Beziehung«, resümiere ich vorwurfsvoll in Richtung Herr Paartherapeut. Der nickt verständig, als wäre dies das Normalste der Welt.

»Es gibt viele Modelle«, resümiert er.

Da kommen wir leider nicht zusammen, denn für mich stellt die elterliche Paarbeziehung die Basis einer Familie dar. Denn von meiner eigenen Leihmutterschaft hätte ich dann doch ganz gerne gewusst.

Innerlich klammere ich mich an den spirituellen Lehrer Eckhart Tolle und befolge seinen Rat, dass unser Atem der Anker der Gegenwart ist. Ein und aus. Ein und aus. Ein und aus.

In einem Artikel, den ich mal gelesen habe, heißt es, dass in problematischen Beziehungen nie die Erwachsenen streiten, sondern in Wahrheit immer die verletzten inneren Kinder. Zu einem aktuellen Konflikt gibt es danach fast immer ein unverarbeitetes Referenzerlebnis in der Kindheit. Und eine dazugehörige Person.

Ich überlege, wer oder was das in puncto *Grenzen* bei mir sein könnte und tatsächlich erinnere ich ein nahezu identisches Gefühl – eine uralte Panik, die immer dann in mir aufstieg, wenn mein Vater gelegentlich den gut gemeinten Versuch unternahm, in meiner Abwesenheit altes oder kaputtes Spielzeug auszumisten, das ich dann in melodramatischen Aktionen wieder aus der

Mülltonne hervorzog (um erstaunt festzustellen, was ich eigentlich alles besaß). Dies zog immer auch einen Ehekrach meiner Eltern mit sich, in dem meine Mutter meinen Vater anblaffte: »Du weißt doch, wie empfindlich sie reagiert«. Plötzlich finde ich es reichlich unverschämt, meine, in Anbetracht meiner Besitztümer doch eigentlich ganz gesunde Reaktion, als hypersensibles Problem darzustellen, statt der eigentlichen übergriffigen Handlung meines Vaters. Der zu allem Überfluss regelmäßig auch noch liebevoll die mir verhassten Teilnehmer-Urkunden diverser Bundesjugendspiele aus den Schubladen zerrte, rahmte und an die Wand montierte. Zeugnisse meiner jahrelangen Schmach im Werfen. Abgesehen davon, dass mich diese nun vom Aufwachen bis Einschlafen begleiteten, behaupte ich, dass Kinder einfach keine Veränderungen ihrer Umgebung mögen. Denn ihre eigene tägliche Entwicklung ist fordernd genug. Und das Schlimmste: Heute empfinde ich beim Anblick zahlloser Papierflieger und verstreuter Puzzlestücke im Haushalt, etlicher kleinteiliger Perlen, faseriger Haargummis oder fragiler Muscheln und Schneckengehäuse selbst diesen Impuls meines Vaters, aber unterlasse es tunlichst, diese zu entsorgen. Für das Engelskind nämlich ist dies seine Währung. Schätze zum Tauschhandel im Kindergarten, im Wert ähnlich unermesslich wie Plutonium, und überdies ihr *Eigentum*. Möge ich es nun als überflüssig empfinden oder nicht.

Gelegentlich begebe ich mich mit ihr in den offenen Kampf um eingetrocknete Wasserfarben und lobe sie überschwänglich dafür, wenn sie sich bereit erklärt, einen zerfledderten Band *Leo Lausemaus will nicht aufräumen* zum Flohmarkt freizugeben. Denn obwohl ich es auch als meine Aufgabe erachte, ein für sie angenehmes und sauberes Umfeld mit Platz zum Spielen zu generieren, ist mir ihr Vertrauen letztlich wichtiger als meine eigene Liebe zu Marie Kondos *Magic Cleaning* – denn ich dachte, dass sie, anders als ich, mit einem Gefühl unantastbarer Privatsphäre aufwächst. Und Grenzen, die von ihrer Umwelt auch in jungen Jahren respektiert werden, was den Standard für ihr späteres Leben setzt.

»Herrje!«, knurrt Herr Machtkontrolle sonor aus seiner Ecke hervor und gibt mir einmal mehr das Gefühl, aus einer Mücke einen Elefanten zu machen.

»Aber das macht man doch nicht!«, protestiere ich daher nochmal schwach in Gedanken an mein rosa Zuckerdosen- und Milchkännchen-Set aus einem Hamburger Tante-Emma-Laden, deren sterbliche Reste (Scherben) ich in der Garage fand.

Leider befinden wir uns nun unter den Fortgeschrittenen seiner Klienten und so stellt Herr Paartherapeut eine Fangfrage: »Wer ist eigentlich man?«

Hä? Die nächsten zehn Minuten verbringen wir damit, dieses Wort jedes Mal durch ein vollmundiges *Ich* zu ersetzen. Was bei uns beiden die Kommunikation extrem verlangsamt. Erst in Minute dreiunddreißig hallen unsere Vorwürfe endlich wieder gekonnt in gewohnter Geschwindigkeit durch den Raum, jedoch als lupenreine »Ich-Botschaften«. *Ich fühle mich von dir nicht ernst genommen. Ich brauche mehr Privatsphäre. Ich möchte dich durch mein Fragen nicht stören, und nehme mir deshalb einfach deine Sachen.*

Durch diese Art der Formulierung wird dem anderen nichts unterstellt, derjenige nicht verletzt und dadurch aufnahmefähiger. Es gibt keine Erwartungshaltung, sondern nur das eigene Empfinden. Noch ahne ich nicht, dass Herr Paartherapeut dies bloß als Vorübung nutzt, um uns zur Königsdisziplin zu führen: der Verbalisierung der eigenen Gefühle und Bedürfnisse der verletzen inneren Kinder, die sich unter dem ganzen Theater verbergen. Im wahrsten Sinne des Wortes ...

Entschieden ergreift Herr Paartherapeut das Wort und erteilt uns Theorieunterricht in Sachen *Dramadreieck*.

»Der Transaktionsanalytiker und Hobbyschauspieler Stephen Karpman fand heraus, dass es in fast allen Geschichten der Menschheit, also in Theaterstücken, Romanen, Filmen, Märchen etc. a) eine typische, immer wiederkehrende Rollenverteilung und b) typische, immer wiederkehrende Abläufe zwischen den Akteuren, also den Trägern der verschiedenen Rollen, gibt. Die klassische Rollenverteilung lautet: Retterrolle, Opferrolle, Verfolgerrolle. Der typische Ablauf, also das dramatische Moment in Theaterstücken und Märchen, besteht nach Karpman darin, dass die Hauptperson von einer in die nächste Rolle wechselt, auch mehrmals hintereinander. Beispiel: Rotkäppchen macht sich als Retterin zur Großmutter auf den Weg und wird dort zum Opfer des bösen Wolfes (Verfolger). Am Schluss hilft das Rotkäppchen als Verfolgerin dem Jägersmann, den Wolf aufzuschlitzen und ihm den Bauch mit Steinen zu füllen. Auch die anderen Figuren des Märchens (z. B. der Wolf) lassen sich nach Karpman je nach Funktion einmal in dieser, einmal in jener Rolle sehen.

Transaktionsanalytiker gehen davon aus, dass im Alltag a) jeder von uns dazu neigt, in eine dieser manipulativen Rollen zu schlüpfen und b) den momentanen Gesprächspartner dazu verführt oder einlädt, die dazu ergänzende Rolle einzunehmen.«[*]

Weiterhin erläutert Herr Paartherapeut, dass ich zwischen Opfer und Verfolger wechsle, während Herr Machtkontrolle zwischen Retter und Verfolger schwankt, im Übrigen auch *Täter* genannt. Wir sollten uns aber nicht beunruhigen, außerhalb unserer amourösen Verstrickung würden wir vermutlich ohne diese unliebsamen Rollen agieren.

Mich sorgt das Ganze aber doch und es wird noch einiges Googeln nach sich ziehen, bis ich es aufgebe, diese Theorie in

---

[*] Schlegel, Leonhard: *Handwörterbuch der Transaktionsanalyse*, 2. Auflage 2002 – bearbeitet und ergänzt von Patrick Brütsch – printed 20.04.2018, S. 44, https://www.radikale-therapie.de/TA-Infos/HWB-TA.pdf (zuletzt aufgerufen 19.3.19)

Gänze verstehen zu wollen. Letztlich kann man sagen, dass wir uns aus im Kindesalter überlebenswichtigen Mustern heraus, in der Gegenwart als Erwachsene nicht guttun.

»Und wie kommt *manich* da raus?«, will ich laut wissen.

Herr Paartherapeut legt das Klemmbrett zur Seite, betrachtet uns eingehend und ist heute in Metaphernlaune.

»Männlein, Männlein, Timpe Te, Buttje, Buttje in der See, meine Frau, die Ilsebill, will nicht so, wie ich wohl will«, raunt es vielsagend aus dem Ohrensessel.

Die Worte sind mir bekannt – es ist *Die Geschichte vom Fischer und seiner Frau*. Um uns auf den gleichen Wissensstand zu bringen, erzählt Herr Paartherapeut sie uns in Gänze und Herr Machtkontrolle, der alle Sofakissen in Beschlag nimmt, genießt die Lagerfeueratmosphäre sichtlich. Leider, so vermute ich schnell, stelle ich in der Story die gierige Ehefrau dar, die den Fischer mit ihren Wünschen zugrunde richtet, bis das Paar am Ende, in Ilses Bestreben Gott zu sein, wieder arm in seiner Fischerhütte sitzt.

Von der heutigen Stunde bin ich wenig begeistert und fühle mich wie Hannibal Lecter und die Raupe Nimmersatt in einer Person.

Nachdem ich mit der Interpretation der Geschichte überfordert bin, sehe ich fragend zu Herrn Machtkontrolle hinüber, aber der scheint ebenfalls mit seinem Gehirn beschäftigt.

»Aber sie hatte doch alles. Haus, Schuhe und Make-up!«, platzt es gefrustet aus ihm heraus und ich ahne, welcher Leidensdruck auch auf ihm lastet. Vermutlich hat er aus seiner Sicht alles für mich getan und nie verstanden, warum ich die häufig freundlich geschenkten Gegenstände des täglichen Bedarfs nicht einmal auspacken wollte (vor allem nicht Schürze und Ofenhandschuh).

Freundlicherweise stellt uns Herr Paartherapeut auch hier seine Gabe, destruktive Dynamiken kurz und knackig auf den Punkt zu bringen, zur Verfügung.

»Ihre Frau will eine *emotionale* Reaktion!«, verliert sogar er nun ein wenig die Geduld und ist wirklich der beste Emotions-Dolmetscher, den ich je hatte. Und als er nun kurzerhand den Erklärbär zur Fabel gibt, erschließt sich mir die Tragik des Aufeinandertreffens gleich zweier Menschen, die nicht mit ihren wahren Bedürfnissen in Kontakt sind.

Der eine tarnt die fehlenden Gefühle durch materielle Gaben und Aktionismus, die andere freut sich verzweifelt über Dinge, die sie gar nicht will. Und dann ist da noch was mit *die Tochter will dem Vater gefallen und der Sohn die Mutter zufriedenstellen*. Zumindest glaube ich, dass Herr Paartherapeut uns das so in etwa zu sagen versucht. Zum Schluss nimmt er auch mich noch einmal in die Pflicht: »Wie haben Sie sich nach der Geburt gefühlt?«

Die Navy-Seals-würdige Trainingseinheit der Ich-Botschaften zu Beginn der Stunde wirkt nach und, ohne groß darüber nachzudenken, spucke ich aus, was tief in mir lodert.

»Ich habe mich alleine gelassen gefühlt.«

Herr Machtkontrolle runzelt die Stirn.

»Abends war ich ja da.«

»Anwesenheit und Aufmerksamkeit sind zwei verschiedene Dinge!«, interveniert Herr Paartherapeut.

Wieder heule ich wie ein Schlosshund, greife diesmal selbst nach dem Kleenex.

Herr Paartherapeut sieht uns an, als wollten wir ihn veralbern. Dann lehnt er sich erschöpft zurück.

»Sie haben aus Bindungsangst geheiratet«, vereinfacht er unseren Erkenntnisprozess nun eilig. »Das erlebe ich oft. Der häufigste Weg, echte Beziehungen zu vermeiden – die Ehe.«

Der Retro-Wecker schrillt und da ist er, der Film-Moment. Neugier. Verwirrung. Erkenntnisse, Vermutungen und Fragen rauschen durch meinen Kopf wie Münzen durch einen einarmigen Banditen. Mindfuck nennt sich das, wenn man sich zu viel über sich selbst fragt. Eine therapeutische Nebenwirkung, die einst schon Alma beklagte, eine Freundin, die sich exzessiv mit Persönlichkeitsentwicklung befasste und irgendwann, zwischen Familienaufstellung und Mutter-Kind-Kur, Sternzeichen-Diät und Selbsthypnose, Rückführung und Vision-Board, einen spirituellen Burn-Out erlitt, der sie zwang, wieder ein gänzlich irdisches Leben zu führen. Nach eigener Aussage das Beste, was ihr je passiert sei – denn endlich könne sie ihr unbewusstes Dasein ganz bewusst akzeptieren. Jeden Morgen wache sie auf und sei dankbar, sich keine Gedanken mehr über ihr höheres Selbst, ihre finanzielle Freiheit und ihren Aszendenten, sondern nur noch über ihr Ego machen zu müssen. Muss man auch erst mal hinkommen. Doch statt einer weiteren Antwort: Kalender, vergnügtes Blättern.

»Nach der Kieler Woche?«

7. PERRY RHODODENDRON

In der Friedensstraße mache ich mich an die Kitaplatzsuche.

Nach einer völlig naiven Anfrage über den Zaun der gegenüberliegenden *Affenbande* hinweg, eine Methode zur Anmeldung von Kindern, die mir aus meiner eigenen Kleinstadt bekannt ist, staune ich nicht schlecht, als die befremdet an den Zaun geeilte Erzieherin milde lächelt.

Jeden Februar gebe es einen Tag der offenen Tür, der für den kommenden Kita-Start im September natürlich *längst* vorbei sei und, falls den Erziehungsberechtigten die Einrichtung zusagt, könne man sich *ausschließlich* über den Kita-Finder von Teuerstadt anmelden. Der Meldeschluss hierfür allerdings habe schon *weit zurück* im April gelegen.

»Wir sind gerade erst aus dem Umland hergezogen«, rechtfertige ich mein sträfliches Versäumnis.

Nun, in einem *Sonderfall* könne es zumindest nicht schaden, sich nachträglich anzumelden. Aber in der Affenbande, das könne sie bereits sagen, seien die zehn Plätze fürs kommende Jahr schon vergeben worden.

»Aber wir wohnen direkt gegenüber!«, protestiere ich und gestikuliere wild in Richtung unserer passenderweise dominant roten Haustür, denn auch das ist mir aus Kleinstadt bekannt: Die Kinder werden schlichtweg der Einrichtung zugeordnet, in deren

Dunstkreis sie wohnen. Wer am nächsten dran wohnt, hat das Vorrecht.

»Kita-Finder«, wiederholt sie bloß und widmet sich einem Kind, das einem anderen mitteilt, es würde nur zu seinem Geburtstag eingeladen, wenn es sich die Hose runterzieht und seinen Po zeigt.

Wieder oben in der Wohnung angekommen, google ich den ominösen Finder. Bevor ich im richtigen Browserfenster lande, bombardiert mich das Ergebnis der Stichwortsuche mit allerlei Schreckensnachrichten. *Kita-Schock: Eltern müssen täglich zwei Mal fünfzig Minuten fahren!* oder *Hartz, aber herzlich – diese Mutter verliert nicht den Mut, eines Tages wieder arbeiten gehen zu können!*

Na, das kann ja heiter werden.

Die von der Stadt verwaltete Website ist nicht gerade benutzerfreundlich. Und ziemlich karg. Weißer Grund, schwarze Schrift, grelle Rot- und Gelbtöne. Nachdem ich mich registriert, die Melde- und Arbeitgeberbescheinigung hochgeladen und angegeben habe, dass das Engelskind und ich alleine im selben Haushalt leben (sobald wir einen Kita-Platz haben!), sowie dass ich täglich acht Stunden Arbeitszeit benötige (sobald ich einen Kita-Platz habe, kann ich bei Superairline aufstocken und die Flugstunden auf Tage umrechnen!), gebe ich unsere Postleitzahl ein. Eine nicht gerade üppige Auswahl von Einrichtungen erscheint, allerdings ist kaum zu unterscheiden, was städtisch oder privat ist. Nach einiger Recherche komme ich in unserer Gegend, mitsamt der überfüllten Affenbande, auf insgesamt drei öffentliche Kindergärten. Mein Hemmnis, das Engelskind in anderen Stadtteilen anzumelden, rührt auch vom Kleinstadt-Flair her: Meinem Verständnis nach bilden sich durch so einen Kindergarten-Alltag Vormittags-Freundschaften, die man prima nachmittags und am Wochenende fortführen kann. Vorausgesetzt, dass man nicht erst wieder durch die Gegend fahren muss. In unserem Fall mit dem Bus. Und möglicherweise fällt anderen das nicht so auf, aber als hochsensible Schriftstellerin bilde ich mir ein, dass in jedem Viertel ein anderer Menschenschlag wohnt und dieser hier ganz gut zu uns passt.

Jede der Adressen ist mit der *Chancen-Ampel* versehen und diese zeigt gleichmäßiges Rot. Macht es da überhaupt Sinn, sich einzutragen? In der Legende lese ich, dass dieser Modus ganzjährig der Fall ist und lediglich bedeutet, dass die Zahl der Bewerber die Zahl der Plätze generell weit übersteigt, und somit zu jedem Zeitpunkt eine hohe Wahrscheinlichkeit gegeben ist, dass ein Teil der Bewerber leer ausgeht. Ich finde die Ampeln in etwa so ermutigend wie den Ticker eines TV-Gewinnspiels, in dem steht: *Wiederholung, bitte nicht mehr anrufen!*

Falls man doch einen Platz bekommt, habe man zehn Tage Zeit, diesen anzunehmen, ansonsten werde er weiter vergeben. Holzauge, sei wachsam.

Auf dem Spielplatz entdecke ich mehrere Aushänge bilingualer Zusammenschlüsse, die fürs kommende Kitajahr gezielt noch Kinder suchen, die im November 2013 geboren und weiblich sind. Heißt das heute nicht *m/w/d*?

Ich entscheide, dies als Wink des Schicksals zu nehmen und es jenseits des Finders parallel bei den *Los pequeños Diablos*, den *Little Grass Hoppers* und den *Les petites Girafes* zu versuchen. Um das Vorort-Konstrukt und die Pendelei endgültig aufzulösen, muss mein Kind schlimmstenfalls zweisprachig aufwachsen.

Doch als ich mich intensiv mit den Aufnahmebedingungen auseinandersetze, wird mir klar, dass der Besuch der Mini-Kosmopoliten von mir als Elternteil ähnlich viel Engagement erfordert wie eine Kanzlerkandidatur. Der für mich bislang vernünftige Effekt der Fremdbetreuung, nämlich, dass ich in der Zeit arbeiten oder sonstiges tun kann, ginge ganz simpel verloren.

Nicht nur sind die Aufgaben der Eltern so zahlreich, dass ich sie schon zeitlich nicht realisieren könnte und wollte, sondern meine skills/habilidades/compétences, für die Anleitung von Kindern im Bereich *Herbstliches Arbeiten mit Kartoffel-Stempeln* sind unübersehbar unzureichend.

Sehnsüchtig denke ich an meine Mutter zurück. Ihre Anwesenheit beim Laternenumzug, eine Sandkuchenspende zum Sommerfest und das Nähen meiner Cowboy- und Rotkäpppchen-Outfits anlässlich Karnevalsmontag war alles an vorschulkindlichem Engagement gewesen, das man je von ihr erwartet hatte.

Einerseits möchte ich natürlich keinen Platz bekommen, der uns gar nicht gefällt, andererseits kann ich nicht jetzt noch auf Verdacht rund dreißig Kitas im gesamten Stadtgebiet abklappern, um diejenigen rauszusuchen, in die wir wollen (was bei den besonders netten vermutlich alle tun), in denen wir dann aber sowieso keinen Platz mehr bekommen. Sprich, ich trage uns schlussendlich blind für alle Einrichtungen ein, die noch in zumutbarer Sozialisierungs-Reichweite liegen und mir namentlich geheuer sind. Bei den explizit katholischen Einrichtungen mit prominenten Heiligen im Namen bin ich unsicher, ob das Heidenkind überhaupt hingehen dürfte, aber vertraue dem Prinzip Nächstenliebe. *Kita deinen Nächsten*, sage ich da!

Leider bekommt man nicht einmal eine Absage, sondern bleibt lediglich im Dauerstatus gelber Button *Warteliste*. Wer leer ausgeht, wird im September automatisch gelöscht und muss zum nächsten Kindergartenjahr seine Daten und Wünsche wieder von Neuem eingeben. Psychologisch betrachtet, sollte man auf den Button vielleicht etwas Ermutigenderes schreiben wie *Bald!*, *Der nächste freie Platz wird gleich vergeben* oder schlichtweg eine Nummer, damit man irgendeine Vorstellung davon bekommt, wo man steht – oder schon mal das Sabbatical beim Chef anfragt und Sozialhilfe beantragt.

Als ich mich auslogge, huldige ich stumm dem allmächtigen Kita-Gott (oder der Kita-Göttin!) und hoffe das Beste.

Langsam naht die Übergabe des Hauses in Vorort, zurück an Frau Prof. Neurose. Da das Engelskind und ich in der Friedensstraße aufgrund von Größe und Möblierung praktisch nichts unterbringen können, behält Herr Machtkontrolle stillschweigend das Prinzessinnen-Hochbett, den Kaufladen, das Puppentheater, die farblich zu den Fugen passenden Gästehandtücher und auch sonst fast alles, was wir besitzen. Sogar die Salatschleuder, obwohl ich schwören könnte, dass er sie für eine Spaghetti-Abtropf-Zentrifuge hält.

Nachdem ich diverse Kostenvoranschläge zum Einlagern von Besitz bei *Self-StorageHeaven*, *Garagevoll.com* und *Kellerlaeuftueber.de* eingeholt hatte, war mir schnell klar geworden, dass auch Lagerraum in Teuerstadt so teuer ist wie die Leasingraten für einen Camper. Sprich, die Bezahlung einer Wohnung, in die man seine Sachen nicht mitnehmen kann, plus der Finanzierung eines Lagers, in dem die eigene Couchgarnitur zeitgleich versauert, entspricht gleich der Anmietung einer Dreizimmerwohnung.

Als ich mein Hochzeitsgeschenk, ein altes Klavier, nach mühsamer Aufnahme der Tasten als Online-Hörprobe im Flohwalzer, tagelangen Besuchen von Interessenten zum Testspiel und zähen Verhandlungs-Diskussionen endlich erfolgreich nach Krakau verkaufe, ist bei der Abholung zufällig nur Herr Machtkontrolle zu Hause, während ich mit dem Kind zur U-Untersuchung gehe. Als ich ihn bitte, mir die tausenddreihundertfünfzig Euro Bargeld aus dem Verkauf auszuhändigen, da ich das Geld zurücklegen und eines Tages in Möbel investieren möchte, habe ich leider mal wieder nicht mit Herrn Machtkontrolle reloaded gerechnet.

»Nö. Das brauche ich selbst.«

Nachdem ich den Schock überwunden habe, dass er den Betrag ernstlich behält, frage ich ihn, was eigentlich die Wohnungssuche bei ihm macht?

»Habe ich dir gar nicht erzählt?«

»Nein.«

»Ich hab was.«

»Und was?«, erscheint mir die Frage nach dem zukünftigen Verbleib des Engelskindes doch angemessen und ich staune, dass er es so schnell und unmerklich geschafft hat, auch eine Bleibe im begehrten Superviertel zu finden.

»Ich bleibe in Vorort – und eine Küche in Mausgrau konnte ich auch günstig übernehmen.«

Tags darauf inspiziert Frau Prof. Neurose mit ihrem Gefolge, bestehend aus Herrn Sohn – einem selbst deutlich veränderten Chirurgen für plastische Chirurgie – und einer Freundin, Frau Lupe, das Haus bei der Wohnungsübergabe.

Aufgrund unseres schnellen Wiederauszugs nach nur einem Jahr habe ich ein ziemlich schlechtes Gewissen, obwohl Herr Machtkontrolle mir versichert, für Frau Prof. Neurose könne es nicht besser laufen – seien doch die Mieten schon wieder exorbitant gestiegen. Und tatsächlich sehe ich auf dem Mietvertrag der Nachmieter, den sie unter den Arm geklemmt hat, da diese wohl kurz nach uns erscheinen werden, dass die Miete des Hauses um fünfhundert Euro monatlich auf dreitausendfünfhundert Euro angehoben wurde.

Stark unterkühlt uns gegenüber, schwärmt sie in Nebensätzen von unseren Nachfolgern, dem Ehepaar Saubermann aus Mettmann, die *der Pflege der Ehe und ihrer dazugehörigen Behausung gewachsen wären.* (Ich vermute, sie ist bloß stinksauer, dass sie es mit Herrn Exmann in dem Bunker zwanzig Jahre lang ausgehalten hat, während ich mir erlaube, mich ruckzuck aus diesem unliebsamen Familienstand mitsamt Bleibe zu befreien).

Ihre persönlichen Anmerkungen professionell ignorierend, schreiten wir hinter ihr her durchs Haus. Insbesondere die geflieste und auf Hochglanz gewischte Doppelgarage könnte mit sofortiger Wirkung als Set der Serie *Desperate Housewives* dienen.

Mit dem Engelskind auf dem Arm, das sich müde die Augen reibt, möchte ich fast wieder einziehen. Da es um diese Jahreszeit abends noch hell ist, hatte Frau Prof. Neurose die Übergabe auf zwanzig Uhr anberaumt – und sich dann noch um eine halbe Stunde verspätet. Was betrüblich wenig zu ihrer ausgeprägten Sorge ums *arme Scheidungsbubele* passt, wie sie immer wieder vor dem Engelskind äußert.

»Ihr Verhalten führt zu lebenslangen Schäden – à propos Schäden ...«

Der Rolladen im Gästeklo hake und wie *der gesamten Nachbarschaft* (die unsichtbare Armee!) aufgefallen sei, hätten wir ganzjährig Jahreszeiten-Deko am Haus vermissen lassen.

»Cordula, was ist dir aufgefallen?«

In Art eines Whistleblowers zeigt Cordula, alias Frau Lupe, die bis eben gerade zur Inspektion der Unterkellerung verschwunden war, wortlos Fotografien auf dem Handy. Erschütternde Bilder von Staub, den sie auf einer Heizung gefunden habe, verstörende Beweise einer Spinnwebe mit toter Fliege, die sich im Windfang befinde, Zeugnisse eines Streifens im Gegenlicht am unteren Küchenfenster und schockierende Enthüllungen eines versteckten Kalkfleckens am Wasserhahn oben im Bad ensuite.

Tief gekränkt in meiner Hausfrauen-Ehre denke ich daran zurück, dass wir das Haus seinerzeit völlig verdreckt übernommen hatten und merke an, dass die Übergabe laut Mietvertrag theoretisch sogar nur *besenrein* zu erfolgen hätte.

Cholerisch schießt Frau Lupe auf mich zu bis nahe vor mein Gesicht und zischt in einer Art, mit der sie jede leitende Position beim KGB hätte einnehmen können:

»Wollen Sie der Uschi etwa unterstellen, sie sei schmutzig?!«

An dieser Stelle reicht es dem Engelskind und es tut etwas, das es noch nie gemacht hat – es rennt aus dem Haus, hinaus auf die gottlob wenig befahrene Straße. Während Herr Machtkontrolle wieder einmal nichts mitkriegt, sprinte ich in Todesangst hinterher und höre die Damen und Herren noch im Hintergrund plärren:

»Das sind die ersten Anzeichen, das Kind ist schwer erziehbar!«

Auf der anderen Straßenseite kriege ich das müde und hungrige Kind zu fassen, mit dem ich widerwillig in die Runde zurückkehre, die inzwischen im Garten angekommen ist – der wunderschön und dank Gärtner top gepflegt in der Abendsonne liegt. Alles hier drin hat Namen, unser Gartenzwerg Fritz zum Beispiel, Birdy, der Buntspecht und Perry Rhododendron, nach dem Science-Fiction-Autor Perry Rhodan benannt (und Band 43, *Die Pflanzen des Todes*).

Gerade wird Herr Machtkontrolle vor selbigem in Art einer Stubenkontrolle vom Komitee für Mikrobiologie gemaßregelt und auf den augenscheinlich nicht zufriedenstellenden Grünton der Blätter gestoßen. Theatralisch stürzt sich Frau Prof. Neurose zu Boden und sieht sich die vor Pink strotzenden Blüten von unten an, Frau Lupe schießt exzessiv Beweisfotos und Herr Plastik versucht, einen kleinen Zweig mit Draht abzustützen.

Dies sei nun kein Mangel, sondern ein Angriff auf ihre Loyalität uns gegenüber!

Verdutzt starre ich auf Perry und sehe – nichts. Vor uns steht ein einwandfrei gepflegtes Gewächs in seiner vollen Blüte. Frau Prof. Neurose beginnt zu weinen, Frau Lupe zu kreischen und Herr Plastik fühlt seiner Mutter geschult den Puls.

Dass wir ihren Garten so zugrunde richten, hätte sie uns trotz Scheidung nicht zugetraut. Für meine Begriffe befinden wir uns hier im Hyde Park der Vorort-Gärten, in den sich nicht einmal ein Maulwurf trauen würde, und Herr Machtkontrolle bietet ihr umgehend an, die beiden Halbjahres-Rechnungen des Gärtners zu zeigen.

Frau Prof. Neurose geht nicht darauf ein, sondern kündigt an, uns kurzerhand viertausend Euro von der Kaution abzuziehen – wegen Flora-Misshandlung und für eine professionelle Reinigungsfirma.

Gemessen daran, dass mein ausgeprägter Sinn für Hygiene den ausgeprägten Sinn für Ordnung von Herrn Machtkontrolle innerehelich stets überstieg, ist dies wiederum ein Angriff auf uns.

Ausnahmsweise befinden er und ich uns in derselben Gefühlslage – einem anapflanzlichen Schock.

Als wir endlich im Auto sitzen, beschließen wir, dem Kind in der mausgrauen Küche mit Wendehammer nun schnell ein Mahl zu bereiten, das unserem neuen gemeinsamen Lebensstandard entspricht: Arme Ritter.

Mein Blick in den Kita-Finder bietet auch nichts Positives: dreiunddreißig gelbe Buttons *Warteliste*. Ich logge mich öfter dort ein, als ich es jemals bei Facebook getan habe, um nachzusehen, ob mein Schwarm Malte Papenbrook seinen Status, in einer mutmaßlichen Krise, von *In einer Beziehung* auf *Single, Getrennt* oder *Es ist kompliziert* geändert hat. Allerdings hat er ihn nicht mal geändert, als er Nicole Pfaffmann geheiratet, Zwillinge, einen Golden Retriever und die Firma seines Schwiegervaters bekommen hat. Im Gegensatz dazu hoffe ich, dass die Buttons aussagekräftig sind, obwohl ich mir nicht einmal vorstellen kann, wie der Button *Angenommen*, in fröhlichem Froschgrün, aussehen könnte. Das Gelb ist so gleichbleibend penetrant wie der Anblick des Jahrtausende alten Matterhorns und ich fühle mich langsam wie auf einem Krankenhausflur im Schiebebett. Haben die mich vergessen?

Also beschließe ich, härtere Geschütze aufzufahren – schließlich ist nach einer Klagewelle überall in den Medien zu vernehmen, dass ein Rechtsanspruch für Kindergartenplätze ab drei Jahren besteht, was im hochgezüchteten Bildungsstaat, in dem wir uns befinden, und in dem Teuerstadt das Leistungszentrum darstellt, ja wohl vorbildlich umgesetzt werden dürfte.

Ich telefoniere mit dem *Referat für Bildung & Sport*, wo man mich bittet, mein Anliegen vorbereitend schriftlich zu formulieren. So kompakt und nüchtern als möglich erstelle ich ein Schreiben, das unsere Situation darstellt. Als Antwort erhalte ich einen Rückruf von Frau Hilflos.

»Bei Ihnen ist das ja wirklich schwierig«, seufzt sie als Erstes und ich kann nur vermuten, dass das Lebenskonzept *Getrennt* im Nichtfrei-Staat an sich bereits als Problem gilt. Denn im Grunde ist es ja einfach: Ich wohne im Superviertel und mein Kind benötigt dort einen Platz.

»Da haben Sie sich aber betreuungstechnisch, zusammen mit Coolviertel, Hübschviertel und Schickviertel, die schwierigste Ecke ausgesucht.«

Dann immerhin gesteht sie, dass der Rechtsanspruch zwar besteht, aber nicht darstellbar ist. In Teuerstadt fehlt es an Immobilien für Kitas. Danach betont sie, wie froh sie sei, dass ihre Kinder schon groß seien. Heutzutage sei das alles zu schwierig.

Resigniert lege ich auf und begrabe meine Vorstellung davon, dass diese Frau eine Art Zentralverwaltung aller Kindergartenplätze mit einer Übersicht der noch freien hat.

In neuer Strategie, nämlich mit dem Engelskind an der Hand, das ein Schokoeis hält, aber wie durch ein Wunder einen sauberen

Mund hat, schreie ich gegen Mittag nochmals auf den Zaun der Affenbande zu.

Diesmal treffe ich direkt auf die Leitung – Frau Kita.

Womöglich ist sie Verzweiflungstaten umherstreifender Mütter gewohnt.

Ich stelle mich vor, entschuldige mich für meine analoge Aufdringlichkeit, deute auf das offensichtlich sehr pflegeleichte Kind, das ja mit Krippenaugen betrachtet schon aus dem Gröbsten raus ist und sehe ihr tief in die Augen. Sagen Sie, was Sie wollen – aber kein Mensch kann sich einer, wenn auch in heutigen Zeiten ungewohnten, Bindung von Angesicht zu Angesicht entziehen. Ich werde das Unterbewusstsein von Frau Kita so programmieren, dass sie gar nicht mehr anders kann, als bei dem Wort *Platz* an uns zu denken.

Unterstützend deute ich nochmals mit ausladender Geste auf unsere Haustür, die sie schließlich auch zweimal täglich passiert. *Priming* nennt sich diese Manipulation.

Mit Bedauern erklärt sie, dass die diesjährige Problematik darin liege, dass sie zwar Raum und Plätze, aber keine Erzieherin für die zweite Gruppe, die Paviane, habe. So bleibe es eben nur bei den Gorillas.

Als wir uns zum Gehen wenden, stellt Frau Kita noch fest, dass *Schoko* auch ihre Lieblingssorte sei. Sehen Sie, das Bonding wirkt schon!

Leider antwortet das inzwischen von Superviertel geprägte Engelskind, das seine eigentlich *Weiße Madagaskar-Schokolade mit Cassis* sei.

Wenn das keinen bleibenden Eindruck hinterlässt.

8. AUF KOLLUSIONSKURS

Zu dritten Mal finden wir uns in der Praxis von Herrn Paartherapeut ein und ich ahne nicht, dass es für mich das letzte Mal sein wird.

Herr Machtkontrolle ist mit seinem luxuriösen Automobil vorgefahren, und klagt über Parkplatzmangel, ich habe das Fahrrad genommen. An der abknickenden Vorfahrt hatten wir einander höflich vorgelassen und nun sitzen wir – diesmal zu viert – auf der Couch.

Während Herr Paartherapeut heute von einem in Form, Farbe und Verhalten ausgesprochen beeindruckenden Vierbeiner eskortiert wird, leistet uns das Engelskind Gesellschaft. Notgedrungen. Während die letzten Termine parallel zur Kitazeit am Vormittag stattgefunden hatten, konnte Herr Paartherapeut uns bis zu den Sommerferien leider nur noch Nachmittagstermine anbieten. Selbstverständlich finde ich, dass ein Kind nicht in die Paartherapie seiner Eltern gehört, aber Herr Machtkontrolle, der zwischenzeitlich einige rein maskuline Einzelsitzungen absolviert hat, beharrte darauf, dass man *das Kind ins Leben und nicht das Leben ins Kind integrieren* solle. Ein Argument, das ich auf die Schnelle nicht zu entkräften wusste. So hatte Herr Machtkontrolle kurzfristig im Holzspielzeugbedarf seines Vertrauens noch ein paar Ablenkungsartikel gekauft (es handelt sich um zwei fair gehandelte Autos, gefahren von einem Hasen und einem Elch), die er nun vor den Augen des Engelskindes über das Parkett unseres Emotions-OPs gleiten lässt. Meine Sorge gilt weniger der möglichen Langeweile des Engelskindes, als vielmehr dem dreimal so großen Hund im Zimmer, obgleich dieser mit würdevoll gekreuzten Pfoten neben der Couch liegt und geruhsam die flinken Flitzer beäugt. Das Engelskind zeigt weder Interesse am Motorsport noch am Riesentier und widmet sich lieber den Mensch-Ärgere-dich-nicht-Figuren, die es zu Explorationszwecken in den Mund stopft wie Erdnüsse.

Herr Paartherapeut blickt mich entsetzt an, wobei ich nicht weiß, ob dies dem Kindes- oder dem Figurenwohl gilt, und ich entferne diese umgehend, aber seelenruhig aus dem Kindermund. Meiner Ansicht nach liegt die größte Gefahr des Verschluckens nämlich vor allem in einer hektischen Bewegung meinerseits. Dies wiederum zieht eine zeitintensive Reinigung der Geschädigten mit Feuchttüchern nach sich, worauf der Hund mit starkem Niesen reagiert und das Kind nun auch ein wenig putzen möchte. Kurzerhand schiebt es die Figurenschale beiseite und macht sich daran, emsig einige alte Wasserringe auf dem Edelholztisch zu bearbeiten, mit dem für tropische Hölzer wenig geeigneten Aloe-Vera-Tuch-Balsam. In diesem Moment weiß ich nicht, ob ich es als Erfolg oder Niederlage einordnen soll, dass Herr Machtkontrolle mir erstmalig vollkommen die Mutterrolle überlässt. Alles in allem herrscht eine äußerst belastende Atmosphäre, zumindest für mich, die, offenbar als Einzige, das Spannungsfeld Kind – Hund – Designer-Artefakte erkennt.

Herr Machtkontrolle lässt sich in seiner angestammten Räkelposition nieder, zieht seine Kuschelsocken sorgsam über die Knöchel und unterdrückt ein wohliges Gähnen. Während Herr Paartherapeut sein Klemmbrett aufnimmt, krame ich in meiner ausladenden Muttertier-Tasche präventiv nach Flüssigkeit, die sicherlich bald eingefordert werden wird, und Snacks, die keinesfalls krümeln. Fehlanzeige.

Interessiert erkundigt sich Herr Paartherapeut, warum der, wenngleich ansehnliche, Nachwuchs zugegen sei und Herr Machtkontrolle, der auf diese Lösung bestanden hatte, besitzt die Unverschämtheit, schlicht zu schweigen und mich fragend anzusehen. »Er, also du, benutzt das als Puffer.«

Herr Paartherapeut nickt enthusiastisch, psychologisch scheine ich einen Volltreffer gelandet zu haben. Herr Machtkontrolle guckt verständnislos, also gehe ich ins Detail: »Du hoffst, dass ich in Gegenwart unseres Kindes bestimmte Gefühle nicht zeige, die dir unangenehm sind.«

Fragend sieht Herr Machtkontrolle zum Schottenmuster hinüber, als ob dieses ihm sagen könne, was er bezweckt. Leider geht der weitere Gesprächsverlauf an mir vorüber, da sich nun der Vierbeiner, eine deutsche Diamantdogge, für uns interessiert. Während ich in gebückter Haltung im Windschatten des flott im Zimmer umherlaufenden Kindes agiere und registriere, dass keine der umliegenden Steckdosen mit Engelchen ausgerüstet und allgemein dieser Ort nicht auf den Besuch unter Fünfundvierzigjähriger ausgelegt ist, spüre ich eine Hundenase an meinem Po. Ungeniert schnüffelt das Tier an meiner Rückseite, bis Herr Paartherapeut eingreift. »Fritz!« Das Tier sieht sich unschuldig um. Ein kurzer Blick zwischen Hund und Halter reicht aus, damit Fritz seinen samtenen Astralkörper wieder geduldig auf seinen Platz legt. Wow! Mit einem derart effizienten Führungskonzept kann ich leider nicht aufwarten, allerdings ist es auch kein Wunder, dass Herr Paartherapeut sein Leben so gut im Griff hat. Alleinstehend, mit Segelschein, verzweifelter und zahlungskräftiger Klientel und einer Einrichtung, die ausschließlich aus Sandtönen besteht, würde ich auch souveräner wirken.

»Nach Fritz Perls, dem Mitbegründer der Gestalttherapie« versorgt er uns beiläufig mit Informationen zur Namensgebung seines vor uns liegenden Privatlebens, das mit erhobener Nase schon wieder interessiert in meine Richtung schnuppert. Beschämt weiß ich heute nicht einmal, was ich anhabe, aber was immer es ist, ich habe es bereits durchgeschwitzt. Und zwar schon vor der Sitzung, denn selbstverständlich war ich es, die den nötigen Reiseproviant packen, das Kind frühzeitig aus seiner Betreuungseinrichtung holen und damit hier erscheinen musste, während Herr Machtkontrolle bei leiser klassischer Musik, meditativen Gesichtszügen und einer duftenden Rosinenschnecke im klimatisierten Fahrzeug aus der Praxis anrückte.

Das Engelskind hat nun Fritz Perls entdeckt und beobachtet in der ihm eigenen, und gottlob äußerst feinsinnigen Art, vorerst nur die gleichmäßige Atmung des Tieres.

»Ich nehme Sie heute ganz anders wahr«, dringt es vorwurfsvoll in mein Ohr. Es ist die Stimme des Hundehalters. Mit dieser Aussage weiß ich nichts anzufangen. Ich bin wie immer, nur eben in der Mutterrolle und mit fünf Stressfaktoren im Raum: Kind, Hund, Ex-Mann, Therapeut und Kunstgegenstände. Ich antworte nicht und verfolge akustisch den Wortwechsel zwischen Couchende und Ohrensessel.

Im Wesentlichen geht es um ein Phänomen, dass Herr Paartherapeut als *Parentifizierung* bezeichnet. Ein fataler Rollentausch zwischen in dem Fall Mutter und Sohn, in dem das Kind sich zeitweilig um die Mutter kümmern muss statt umgekehrt – ein Muster, das Herr Machtkontrolle augenscheinlich bis heute nicht abgelegt hat. Ich jedoch – als Mutter – sei ja nicht krank und könne mich, im Gegensatz einst zu Frau Schwiegermutter, gut selbst um das Engelskind kümmern.

Obgleich mich die Sache brennend interessiert, bin ich nicht fähig, mental dabei zu bleiben, da das Engelskind Kurs auf den Retro-Wecker nimmt.

Die Jugend von Herrn Machtkontrolle ist mir bisher nur in den schillerndsten Farben bekannt, nun aber fallen die Worte *emotionaler Missbrauch*. Ich steige erst wieder so richtig ein, als Herr Paartherapeut mit Nachdruck formuliert: »Bei Ihnen geht es um Abhängigkeit. Sie glauben immer noch, Versorger auf Leben und Tod sein zu müssen, und Sie, dass Sie in einer Abhängigkeit sind.«

Ehrlich gesagt, habe ich mich im Erwachsenenleben noch nie abhängig gefühlt, im Gegenteil war ich sogar immer völlig autonom und habe bereits mit sechzehn regelmäßig einen Nebenjob in fünf Kilometer Fahrradentfernung ausgeführt. Meine WG-Zimmer, den Führerschein und die erste Waschmaschine finanzierte ich mir selbst – bis hin zum verhängnisvollen Abo bei Elite-Starter. Bis zu meinem dreiunddreißigsten Lebensjahr war ich in jeder Hinsicht frei und unabhängig. Bis zum Eintritt von Ehe und Mutterschaft. Aber ist das nicht normal? Eine gewisse Abhängigkeit in dieser Lebensphase? Ich meine, egal wie gesellschaftlich, technisch oder kognitiv hoch entwickelt wir sind, gewisse biologische Vorgänge bleiben nun mal bestehen, und auch eine Frau, die kurz vorm Kreißsaal noch an einer Vorstandssitzung teilgenommen hat, ist schlichtweg gewissen biologischen Prozessen unterworfen, die sie – temporär – hilfsbedürftig und schutzlos machen. (Jede, die einmal mit Wehen an einer Sprossenwand hing, versteht mich!) Den Unterschied macht doch vielmehr, ob der Partner das ausnutzt.

Ich erinnere mich an Ute, die ich auf dem Campingplatz in Italien kennenlernte, wo sie mit ihrer zauberhaften Tochter und deren Stiefvater urlaubte. Ute erzählte mir, dass sie Jens – Lillis Vater – auch beim Camping kennengelernt hatte, da war sie bereits vierzig und Lilli ein beidseits ersehntes Wunschkind. In allergrößter Bewusstheit zogen sie zusammen, richteten das Kinderzimmer ein, schworen sich ewige Treue – und als Lilli wenige

Tage auf der Welt war, gab Jens an, nichts mit Kindern anfangen zu können und ging. Egal also, wie sorgsam man sich vorbereitet, es scheint immer wieder Menschen zu geben, deren eigene dramatische Kindheit so tief in ihnen schlummert, dass sie selbst nichts davon wissen. Bis sie Mutter oder Vater werden.

Gottlob lernte Ute dann Rainer kennen (nicht im Zelt, sondern im Wartezimmer beim Anwalt) und er sprang als Ersatzvater ein. Hinterher hat man's immer vorher gewusst.

Nach eingehender Betrachtung der filigranen Zeiger und Ziffern sowie des Brustkorbs von Fritz, möchte das Engelskind nun endlich todesmutig das lebendige Tier anfassen und sich ein Ohr in den Mund stecken. Ich fange es ab, setze mich wieder, ziehe es wild protestierend auf meinen Schoß, schiebe die Figuren von C nach D und unterbinde seine immer engagierteren Versuche, an sein friedlich schnarchendes Hunde-Ziel zu gelangen. So gut es geht, erkläre ich Herrn Paartherapeut unterdessen, dass ich tatsächlich schon irgendwie abhängig bin – vor allem finanziell. Emotional eher gar nicht.

Erstaunt zieht er eine Augenbraue hoch und ich führ an,, dass sich meine Elternzeit durch das Programm *Fliegen aus der Elternzeit* noch moderat abändern ließe, Herr Machtkontrolle dies aber nicht wolle und die Betreuung des Engelskindes da plötzlich verweigere.

Mit wohlwollender Empörung reagiert Herr Paartherapeut darauf, dass Herr Machtkontrolle mir keine Möglichkeit gibt, zumindest gelegentlich zu arbeiten.

»Das geht nicht«, formuliert er simpel.

»Nicht?«, grinst Herr Machtkontrolle belustigt.

»Nein!« Bei diesem Wort vergewissern sich Kind und Hund kurz, ob sie gemeint sind.

»Das sind Machtphantasien«, ergreift Herr Paartherapeut ausnahmsweise Partei.

»Aber es lohnt sich ja nicht«, argumentiert Herr Machtkontrolle nun differenzierter und entgegnet, er könne es sich nicht leisten, mit seinem Beruf meinen Job zu finanzieren. Als Unternehmer stellt er eindrucksvoll dar, dass es für ihn einen Verlust von ungefähr eintausend Euro pro Arbeitstag bedeuten würde, damit ich monatlich rund neunhundert Euro verdienen könne. Und dies, wohl für alle Anwesenden verständlich, mache schlicht keinen Sinn.

»Wirtschaftlich vielleicht nicht, aber *emotional*«, betont Herr Paartherapeut einmal mehr.

Emotional gesehen, weiß Herr Machtkontrolle auch hier zu kontern, seien vor allem seine Patienten auf ihn angewiesen und es ihm unmöglich, die Praxis zu anderen Zeiten zu öffnen als zwischen acht Uhr morgens und zwanzig Uhr abends.

Eine Diskussion, die wir tausendfach geführt haben, da ich, gelegentlich selbst Patientin, weder bei meinem Gynäkologen noch dem Kinderarzt und nicht einmal an der nahegelegenen Tankstelle derartige Öffnungszeiten vorfinden konnte. Auch Herr Paartherapeut scheint kurzfristig ratlos, nachdem er verschiedene Aufpasser-Vorschläge (Eltern, Schwiegereltern, Onkel, Tanten, Cousinen?) unterbreitet, um unseren gegenseitigen Spielraum zu erweitern, und wir verneinen. Dass sich die Betreuungszeiten öffentlicher Einrichtungen nicht mehr mit den Arbeitszeiten eines globalen Berufs wie meinem decken, und auch sonst oftmals nicht mit den sich stetig verändernden Berufen der modernen Welt matchen, halte ich allerdings für ein allgemeines Problem. Und vermute, das Engelskind wird eines Tages in einer Branche arbeiten, die es heute noch gar nicht gibt. Ob sie einmal Mutter sein wird und ich Oma?

Auch wird mir traurig bewusst, dass ich ebenfalls aus so dysfunktionalen familiären Strukturen stamme, dass auch bei mir niemand in seiner angestammten Rolle ist – und damit fähig oder willens, das Engelskind zu betreuen. Ich vermute, dass andere

Frauen in meiner Lage meist zu ihren Eltern zurückziehen oder die eigene Mutter ermöglicht, was der Göttergatte ihrer Tochter versagt. Und einen Babysitter zu organisieren, während ich mal kurz in Seattle bin, steht leider nicht in Relation zu meinem Gehalt bei Superairline.

Irgendwie befinden wir uns in einer Sackgasse. Außer, ich nehme einen Berufswechsel vor, was mir nach vierzehn Jahren Konzernzugehörigkeit in meinem Traumberuf nicht allzu sinnvoll erscheint.

Schlussendlich hält Herr Paartherapeut ausgleichshalber offiziell einen Betrag fest, der mir ab sofort monatlich zusteht. Und so sehr ich mich freue, dass jemand für mich eintritt, so sehr schäme ich mich, dass ich dies nicht selbst geschafft habe. Anders als Xenia, die in mir aufflammt.

Lange bevor ich selbst Mutter wurde, erklärte mir meine Arbeitskollegin, eine hünenhafte Blondine mit aristokratischer Miene, selbstbewusst, dass ihr Mann ihr jeden Monat ihr altes Gehalt zahle, wenn sie zu Hause bliebe und sie davon beide die Kosten deckten. Was man sich tatsächlich als Mann auch erst mal leisten können muss.

»Ihre Problematik nennt man *orale Kollusion*«, geht Herr Paartherapeut zum heutigen Theorieteil über und ich zu der Erkenntnis, dass das Engelskind mal aufs Klo muss. »Das können Sie nachlesen. *Jürg Willi, die Zweierbeziehung.* Demnach gibt es vier verschiedene Modelle von uneingestandenen Arrangements der Akteure destruktiver Paarbeziehungen, die ihren Ursprung jeweils in frühkindlichen Phasen haben. Man unterscheidet entsprechend zwischen der oralen, analen, phallischen und anal-sadistischen Kollusion.« Ich finde, das klingt viel versprechend und wiederhole, mangels Klemmbrett und zu Einprägungszwecken laut, »Jürg Willi, Kollisionsmodelle«.

Herr Paartherapeut korrigiert. »Kollusion, nicht Kollision!«

Ich verstehe den Unterschied, finde meine Version aber nicht allzu weit hergeholt, denn vermutlich führen diese Konstellationen früher oder später immer auch zum Zusammenstoß der Parteien. Herr Paartherapeut schüttelt fast unmerklich den Kopf. Ich vermute, dass auch ihm in die Nase steigt, dass das Engelskind mal austreten muss. Gottlob pupst auch Fritz Perls in diesem Moment so herzhaft und hörbar, dass wenige Sekunden später nicht mehr auszumachen ist, wessen Familienmitglied für die dramatische Verschlechterung der Raumluft verantwortlich ist.

In dem Bestreben, mich doch noch konstruktiv zu beteiligen, möchte ich nochmals anmerken, dass die Ausübung meines *Berufs,* den ich auch ohne Vorstandsgehalt einfach sehr gerne mache, in Form einer ausgeglichenen Mutter ja auch dem Engelskind zugutekommt: Dies kommt dann, zugegeben stark abgekürzt, so heraus: »Das Kind braucht eine gesunde Mutter.«

Offenbar aber kann Herr Paartherapeut unter diesem Luftdruck nicht arbeiten, missversteht mich völlig und herrscht mich regelrecht an: »Das Kind braucht auch den Vater!«

Wenn das mal kein eigenes Trauma ist.

Selbstverständlich meinte ich nicht, dass das Kind keinen Vater braucht, sondern eine seelisch stabile Mutter – im Gegensatz zu einer unglücklichen bis depressiven Arbeitslosen. Offenbar sind auch die frühkindliche Phase von Herrn Paartherapeut und das Verhältnis zu seinen Eltern nicht ganz einwandfrei verlaufen, denn er hört nicht mehr zu, sondern ist inspiriert und selbstvergessen im Schreib-Flow. Parallel rammt Herr Machtkontrolle unvermittelt mit Herrn Auto-Hase eine Delle ins geölte Parkett. In einem unerwarteten Wutanfall bricht aus ihm heraus, dass sein Leben nur aus *Schulden, Dynamiken und Krediten bestehe und die Bank immer gewinne.*

Fritz Perls bellt aufgeregt, das Engelskind beginnt erschrocken zu weinen und ich entscheide, von meiner Freiheit Gebrauch zu machen. Nicht, dass mir die Traumata der anwesenden Männer egal wären, wichtiger ist mir allerdings, dass beim Engelskind keine entstehen. Und bei mir keine weiteren. Ich werfe Fritz einen entschuldigenden Blick zu, schultere entschieden Feuchttücher und Nachwuchs und verabschiede mich in Minute zweiundvierzig des Retro-Weckers würdevoll mit einer krümelnden Spur aus *Grissini-Käsefüßchen*.

Als ich dem Engelskind Stunden später zusehe, wie es fröhlich in der Badewanne planscht, weiß ich nur eines: Dass dies die schönste Zweierbeziehung ist, die ich jemals hatte. Komme, was wolle.

9. DA STEHT EIN HUND AUF'M FLUR

»Vielleicht schaffe ich einen Hund an«, sagt Elena leichthin, als wir telefonieren, doch am Unterton ihrer Stimme kann ich erkennen, dass dieses geheime Verlangen nach Bindung und einem zugewandten Lebewesen außer Philipp einer Lebensbeichte gleichkommt.

»Wie schön«, reagiere ich daher wie immer freundschaftlich und heiße ihren Plan uneingeschränkt gut. »Was für einen?«

»Rassetechnisch kommt nur infrage, was dieselbe Körbchengröße wie ich hat.«

»Ein Labrador?«, formuliere ich vorsichtig.

»Bist du verrückt? Ein Zwergpudel muss reichen!«, lacht sie. »Aber ich bin noch nicht sicher – das Problem ist die Huta.«

»Die was, bitte?«, habe ich den Begriff noch nie gehört.

»Huta. Hundetagesstätte.«

»Du verkohlst mich?«

»Nein«, wird ihre Stimme ein wenig beleidigt. »Glaub bloß nicht, du bist was Besonderes mit deinem Kita-Finder.«

»Gibt es denn einen Huta-Finder?«

»Das nicht, aber bei den Hundetagesstätten gibt es ebenfalls Wartelisten und vor allem muss man ins Rudel passen. Neulich war ich auf einen Hundegeburtstag eingeladen.«

An dieser Stelle verkneife ich mir die Frage, was sie dem Jubilar geschenkt hat und frage lieber: »Aber du bist selbstständig. Der Hund könnte doch immer bei dir sein?«

»Du glaubst nicht, wie viele meiner Kunden Vierbeiner nicht mögen. Wenn ich in deren Konferenzräumen hocke, brauche ich halbtags eine Hundebetreuung.«

»Und Philipp?«, interessiert mich die Sache nun doch.

»Der will Hund und Kind gleich überspringen und auf Kreuzfahrt gehen. Vielleicht lässt er sich wenigstens als *Dog-Walker* engagieren.«

Als ich auflege, habe ich das gute Gefühl, dass man heutzutage mit oder ohne Kind, Mann, Wohnung oder Job kein ganz einfaches Leben führt. Dass ich es aber bin, die schneller auf den Hund kommen soll, als Philipp *Carnivalcruiseline* sagen kann, ahne ich nicht.

Vier Wochen vor den Sommerferien bekomme ich langsam kalte Füße – der Anblick der dreiunddreißig gelben Buttons *Warteliste* macht mich inzwischen ähnlich aggressiv wie die Tatsache, dass Herr Machtkontrolle, wieder einmal eher weiblich, dem Engelskind von sich aus sämtliche Nahrungsmittel ohne Kruste oder Schale verabreicht, wodurch es überhaupt erst auf die Idee kommt, neuerdings auch das Eigelb im Ei zu verweigern. Dadurch entsteht auch mir ein dramatischer Mehraufwand in Sachen Ernährung, die sich in unserer Mini-Küche ohnehin schon schwer bewältigen lässt.

Überhaupt bin ich inzwischen wahnsinnig hin- und hergerissen zwischen der Euphorie, endlich eine eigene Wohnung zu haben – und dem Frust über Größe, Ausstattung und Kosten. Aus einer anderen Lebenssituation heraus empfände ich es als absolute Unverschämtheit, eine solche Miete aufzurufen – und noch peinlicher die Leute, die sie bezahlen. Gemessen an Lage, Möblierung und Holzfußboden mag die Friedensstraße ihr Geld wert sein, dem, was wir brauchen, entspricht sie im Grunde gar nicht. Immer öfter phantasiere ich von Verbindungstüren, die getrenntes Schlafen möglich machen, wenn das Engelskind nachts hustet, ich im Traum rede und wir uns gegenseitig wecken. Von einem Bett, in dem nicht vor mir Frau Vermieterin mit ihrem Freund genächtigt hat, und einem Ort, an den ich die mittlerweile verhasste Einrichtung, genauer eine asiatische Statue, ein wuchtiger barocker Ganzkörperspiegel und einen flächendeckenden goldenen Glas-Couchtisch mit scharfen Kanten, an dem ich mir jedes Mal blaue Flecken hole, verbannen könnte. Um sie durch Platz auf dem Teppich für Lego-Duplo-Exzesse, einen Tisch zum Essen und eine Kindergarderobe zu ersetzen. Denn der wesentliche Wohlfühl-Faktor einer Wohnung liegt für mich in der Freiheit, diese gestalten zu können.

Während mich immer häufiger Ideen für ein pastellfarbenes Kinder- und ein zweckmäßiges Arbeitszimmer fluten, wohnen wir zu zweit in der perfekten Bleibe für einen alleinstehenden männlichen Siemens-/BMW-/Allianzmitarbeiter in der Probezeit. Ich zahle Geld, das ich nicht habe, für eine Wohnung, die unseren Bedürfnissen nicht entspricht, in der Hoffnung auf einen Kita-Platz, der vielleicht gar nicht existiert. Ist es das alles wert?

Als ich in der Mittagspause vom Einkaufen zurückkehre, was aufgrund des Mini-Bar-Kühlschranks leider täglich der Fall ist, staune ich nicht schlecht, als auf unserem Treppenabsatz im fünften Stock (was in Sachen Koffer ohne Aufzug auch noch problematisch werden könnte), ein Hund liegt, dessen *Körbchengröße* man nur mit XXXL beschreiben kann.

Obgleich ich sehr tierlieb und durch die Jagdhunde meines Vaters mit einigem Sachverstand ausgerüstet bin, oder gerade deswegen, weiche ich sofort zurück. Denn die Körpersprache des Tieres macht unmissverständlich klar: *Komm bloß nicht näher!*

In Anbetracht des schmelzenden Vanilleeises für das Engelskind in meiner Tasche, mache ich mutig doch noch einen Schritt auf das riesige Tier zu, das aufspringt und mich anknurrt. Die Rasse ist mir nur am Rande bekannt – ein anatolischer Hütehund, der in Gegenden wie dem Taurusgebirge oder armenischen Hochland herumlaufen sollte, aber nicht hier, wo er zwangsweise das Treppenhaus hütet.

»Hallo?!« entschließe ich mich dazu, einen halbherzigen Hilfeschrei in Richtung der Tür der einzig anderen Bewohner auf unserem Stockwerk abzusetzen, der *Familie Bergvolk,* wie die Anwesenheit des Tieres vermuten lässt.

Eine Aktion, bei der das Tier umgehend anschlägt – und dank dessen ausgiebigem Gebell die zwölfjährige Tochter in der Tür erscheint. Mit einem Gesichtsausdruck, der sie weltweit zur Null-Bock-Botschafterin ihrer Generation machen könnte, starrt sie mich an und fast bereue ich, dass ich das Tier gestört habe.

»Ich komme nicht in meine Wohnung«, deute ich mit dem Kinn devot lächelnd auf meine Tür, sicher, dass das Eis nun dahin ist.

Kommentarlos verschwindet sie von der Tür und ihre Mutter erscheint, in deren streichelnde Hände der *Hulk* unter den Haustieren schwanzwedelnd eilt, zahm wie ein Lamm. Beide sehen mich fragend an.

»Ich kam nicht rein«, wiederhole ich die Problematik und begrabe meine Hoffnung, dass das Tier zu Besuch ist. »Einfach vorbeigehen«, lächelt mir die Nachbarin zu. »Komm, Klitschko. Komm rein – reini, ja, ja, feini!«

Mit dickflüssiger Vanillesauce im Gepäck durchquere ich endlich die feindlichen Linien.

Als ich am nächsten Morgen umgekehrt zur Tür hinauswill, bietet sich mir derselbe Anblick. Ich öffne sie ahnungslos schwungvoll, als Klitschko, der leider kein Boxer ist, obschon seine Namensgebung dann noch schenkelklopfiger wäre, auf mich losgeht. Stehend erreicht das Tier die Größe eines bengalischen Tigers, aufrecht auf den Hinterbeinen die eines steigenden Shetland-Hengstes.

Während das Adrenalin durch meine Adern rauscht, schlage ich die Tür wieder zu. Bedauerlicherweise ist mir die Telefonnummer von *Familie Bergvolk* nicht bekannt, also versuche ich mich zu entsinnen, wie Harry das mit dem dreiköpfigen Hund in *Der Stein der Weisen* gelöst hat, und rufe dann, mangels Zauberspruchs, Elena an.

»Überleg dir das mit der Töle nochmal«, beschwere ich mich bei ihr.

»Zu spät«, grinst sie durch den Hörer. »Wir haben einen Jack Russel Terrier aus dem Tierheim und ziehen zu meinen Eltern nach Teuersee raus.«

Diese Nachricht ist bittersweet. Elena und Philipp sind frei und wenn sie keine Lust mehr auf Stadt haben, ziehen sie eben in die Peripherie. Und wenn sie keine mehr auf Landluft haben, verreisen sie eben. Schulsprengel und Kita-Plätze, U-Untersuchungen, Impfungen und Indoor-Spielplätze – alles das ist ihnen fremd. Stattdessen spannen sie ihre eigenen Eltern in Dinge ein, die sie sich selbst zwar wünschen, aber nicht ununterbrochen bedienen wollen.

»Gratuliere«, sage ich daher und vermute, dass sie nicht einmal Miete zahlen. »Du nennst ihn aber nicht *Jack the Ripper*, oder?

»Sei nicht albern. Er heißt natürlich *Jack Daniels*.«

»Und hast du schon ein schlaues Hundebuch gekauft, das mir jetzt helfen könnte?«

»Frag doch mal deinen Herrn Machtkontrolle, ob er dir nicht ein paar Köder mit Schlafmittel basteln und zu Hilfe kommen kann. Ist schließlich sein Job.«

Tatsächlich mache ich todesmutig mit einer Hand ein Foto des Exemplars durch den Türspalt und ziehe ihn zurate. Sein Urteil fällt leider nicht gut aus. Falls ich meinen Arm behalten möchte, soll ich umziehen.

Haha, denke ich genervt und verbringe den Vormittag drinnen.

Als Klitschko nicht mehr vor der Tür liegt, klingle ich bei Familie Bergvolk und erwische diesmal den Herrn des Hauses. Auch er sieht mich nur an, ohne ein Wort.

»Hallo, ich bin Annette Hätte (ich mal nach Tierhaltung im Hause gefragt) und ich wollte Sie wegen Ihres neuen Familienmitglieds sprechen.«

Keinerlei Reaktion.

»Wissen Sie – wir sind absolut tierlieb, aber ich habe eine kleine Tochter und muss mich darauf verlassen können, dass wir zur Tür rein und raus können.«

»Und?«

»Na ja, Ihr Hund liegt meist vor der Tür.«

»Da muss ich mit meiner Frau sprechen – wenn ich sie sehe.«

»Das wäre toll. Schönen Tag noch.«

Herrje! Warum liegt dieses Vieh immer unbeaufsichtigt im Flur?

Als ich freitags mit dem Engelskind freimache, statt es erst am Nachmittag aus Vorort zu holen, und wir halbnass vom Wasserspielplatz kommen, liegt Klitschko wieder auf seinem Treppenabsatz. Inzwischen hat er unsere Fußmatte als Stammplatz annektiert und seinen gigantischen Körper in voller Spannweite darauf entfaltet. Und duldet es nicht einmal mehr, dass wir die letzte Treppe zwischen ihm und uns überhaupt betreten.

»Ein Pferd!«, ruft das Engelskind begeistert.

»Nein, mein Schatz, das ist ein Hund.«

»Oh. Kann man den streicheln?«

»Ich denke nicht, dazu bräuchte man mehrere Stunden.«

Auch dem Engelskind, insgesamt sehr verständig im Umgang mit Tieren, ist die Sache nicht geheuer. Sofort setzt es sich auf einen Treppenabsatz weiter unten.

»Mami, ich warte. Aber mir ist kalt.«

Erneut bleibt mir nichts anderes übrig, als das Gebell von Klitschko, unter Leibeseinsatz, gezielt für meine Zwecke einzusetzen. Entschlossen gehe ich eine Stufe rauf und wieder herunter, was das Tier zu massivem Lautgeben veranlasst – doch die Tür öffnet sich nicht. Eine geschlagene Stunde verbringen das Engelskind und ich mit Warmrubbeln und altmodischen Klatsch- und Schnick-Schnack-Schnuck-Spielen im Flur, sowie Stücken der Volksmusik, die mir noch aus der *Mundorgel* bekannt sind.

Als ich zum dritten Mal *Im Frühtau zu Berge wir ziehn, fallera* zum Besten gebe und das Engelskind darum bittet, nochmal *Dunkel wars der Mond schien helle, Schnee lag auf der grünen Flur* vorgetragen zu bekommen, stapft Familie Bergvolk in Kolonne die Treppen hoch. Schon am Schritt erkennt Klitschko seine Besitzer und verwandelt sich augenblicklich in ein liebreizendes Bündel der Freude.

»Ach, haben Sie sich ausgeschlossen?«, fragt Frau Bergvolk mitleidig, nicht realisierend, dass ein Zusammenhang zwischen ihrem Wohnungswächter und unserer Wartezone ein Stockwerk tiefer besteht.

»Wir können nicht in unsere Wohnung, weil Ihr Hund wieder davor liegt«, formuliere ich es ganz deutlich.

»Aber er liegt da so gerne«, appelliert Frau Bergvolk mit vorgeschobener Unterlippe voller Inbrunst an mein Herz, als hätte ich den Abriss eines Kinder-Hospiz gefordert.

Und ich wohne da so gerne, würde ich im selben Tonfall gerne entgegnen, traue es mich aber nicht.

Der Rest der Familie wandert unbeeindruckt von den Geschehnissen an uns vorbei ins traute Heim, Klitschko hinterdrein.

»Wissen Sie, es wäre wirklich wichtig, dass vor allem meine Tochter sicher durch den Flur kommt.«

»Aber Sie sind doch dabei«, bemerkt Frau Bergvolk nun spöttisch, als würde das etwas ändern. Klitschko derweil schaut würdevoll aus der Tür hinaus, um zu sehen, wo Frauchen denn bleibt. »Ich lass ihn da einfach so gerne auslüften nach dem Spaziergang!«

»Sie haben doch einen Balkon, oder?«, wage ich einen Vorschlag.

Leidvoll sieht Frau Bergvolk mich an, als hätte ich diesmal angedroht, das Tier einschläfern zu lassen.

»Schauen wir mal, ob er sich das gefallen lässt«, stöhnt sie mit schwerer Miene.

Durchgefroren stürzen das Engelskind und ich endlich in unser Domizil und können nur hoffen, dass sich die Thematik bis zum Winter gelöst hat.

Als ich zwei Tage später vormittags gar nicht erst den Versuch unternehme, draußen zu schreiben, da ich inzwischen wenigstens Klitschkos Zeiten kenne, klingelt es bei mir an der Tür.

»Ja, bitte?«, spreche ich freundlich in die Gegensprechanlage und vermute ein Paket für jemanden im Haus. Schlimmstenfalls ein Sack Trockenfutter für Klitschko, der die Sonne verdunkelt.

»Wenn Sie nicht sofort den Hund reinnehmen, rufe ich die Polizei!«, schallt es mir mit männlich-ungehaltener Stimme entgegen.

»Aber ich habe gar keinen Hund«, gebe ich erschrocken zurück.

»Wenn Sie den nicht sofort vom Balkon holen, kommt der Tierschutz!«

»Meine Nachbarn haben einen Balkon.«

»Dann sagen Sie es denen, und zwar plötzlich!«, wütet es in mein Ohr.

Als ich zwei Tage später pünktlich losmuss, um das Engelskind von seinem ersten Kindergeburtstag *ohne Eltern* abzuholen, beherzige ich den Rat von Frau Bergvolk, *einfach vorbeizugehen*. Und Klitschko lässt es sich nicht nehmen, mir einmal mehr zu demonstrieren, dass ich meiner eigenen Wahrnehmung vertrauen kann, und nur dieser. Seine Zähne landen auf meiner Haut – warnend hat er sich meine Hand geschnappt. Der Schreck ist größer als die Verletzung. Ein Warnschuss.

Als ich bewusst abends in Ruhe und nicht unmittelbar nach dem Ereignis bei Familie Bergvolk klingle, um von Klitschko bei Berührung der Klingel nicht doch noch zerfleischt zu werden, berichte ich von der Sache.

Frau Bergvolk, inzwischen sichtlich genervt von mir, hat eine Erklärung: »Er zwickt halt manchmal, der will nur spielen.« Und Frau Null-Bock im Hintergrund erlaubt sich ohne jegliche Scham den Zusatz: »Er mag Sie halt nicht!«

»Bitte lassen Sie Ihren Hund nicht mehr ohne Aufsicht im Hausflur!«, bitte ich diesmal stinksauer und höre noch durch die geschlossene Tür, wie Herrn Bergvolk durch den weiblichen Teil des Haushalts mitgeteilt wird: »Die Hundehasserin regt sich schon wieder auf.«

»Magst du Hunde wirklich nicht?«, fragt mich das Engelskind traurig, als ich Herrn Machtkontrolle Bericht erstatte.

»Doch«, sage ich ihr und meine es ehrlich. »Was ich aber nicht mag, sind Menschen, die ihren Hunden die Verantwortung für ihr Verhalten übertragen, das Wesen ihrer Rasse nicht kennen und Territorialverhalten unterschätzen.«

»Können wir später trotzdem einen Hund haben?«, fragt das Engelskind mit glühenden Wangen. »Einen kleinen?«

»Auch kleine Hunde muss man erziehen.«

»So wie mich?«

»So ein Unsinn«, kitzele ich sie. »Du bist genau richtig, wie du bist. Oder beißt du Leute, die vorbeikommen?«

Wir spielen noch eine Stunde Hundemama, Hundebaby und Hundepapa und erfinden die Rassen *Bauchpuster, Langohrkitzler* und *Versteck-Fang-Pfoter*.

Eine Woche lang ist Klitschko verschwunden und ich hoffe inständig, dass entweder tatsächlich die GSG9 da war oder unsere Rhythmen inzwischen so gut aufeinander abgestimmt sind, dass wir uns nicht mehr begegnen.

Dann tritt ein neues Problem auf.

Jeden Morgen um vier Uhr klopft es so laut und unnachgiebig an die Wand neben meinem Bett, dass ich wach werde – und es bleibe.

Als ich mich auf Spurensuche des ominösen Geräuschs begebe, denke ich zuerst an das Nachbargebäude. Die Wand neben meinem Bett ist eine Außenwand, an die das Nachbarhaus anschließt, was mir eigentlich doppelten Lärmschutz verschafft. Als ich die Bewohner auf Augenhöhe im Haus nebenan antreffe, bekräftigen sie, nichts Derartiges je gehört zu haben. Als sich das Klopfen regelmäßig um dieselbe Zeit fortsetzt, und für meine Ohren klingt wie ein Stock, der immer wieder gegen die Wand schlägt, tappe ich zu nachtschlafender Zeit ins Freie und sehe mir das Haus von außen an. Die einzige Etage, in der Licht brennt, ist das Erdgeschoss mit integrierter Bäckerei, in der jeden Morgen um Punkt vier Uhr der Putzmann sein Tagwerk beginnt. Und siehe da, von außen lässt sich sehr schön beobachten, wie der Stiel seines Wischers immer wieder hinter ihm gegen die Wand stößt. Aber warum bitte höre ich dieses Geräusch bis hinauf in den fünften Stock? Und sonst niemand? Und warum ist es auch dort oben noch genau so laut, als wenn ich danebenstünde?

Ich winke beherzt und spreche mit dem Putzmann, der sich als *Amir* vorstellt und keinen Hehl daraus macht, dass er es für unmöglich hält, dass ich von seinem Treiben erwache. Doch es bleibt dabei, und jeden Morgen, zwischen vier und vier Uhr zehn, und auch mit den Ohrstöpseln eines Konzertausstatters in den Gehörgängen, ist meine Nacht beendet. An Stelle von Amir würde ich mir zwar auch nicht glauben, mürbe macht es mich trotzdem.

Selbst das Engelskind bemerkt meine Augenringe und frühe Termine sind für mich nun sehr unerquicklich, da ich regelmäßig gegen sechs Uhr wieder einschlafe und mich dann ab sieben gerädert durch den Tag schleppen muss. Weder meine freundlich ignorierte Bitte an Amir, doch vielleicht den Stiel des Wischers versuchsweise zu verkürzen, noch der Versuch, im Wohnzimmer auf der unfassbar unbequemen Schlafcouch von Frau Vermieter die Nacht zu verlängern, schaffen Abhilfe.

Wenige Tage später, als ich wie gewohnt mehrmals täglich auf die Kita-Finder-App meines Handys starre wie auf eine seltene Blume, die nur alle hundert Jahre erblüht, und das digitale Tool verwünsche, wo es hier doch um Menschen aus Fleisch und Blut und ihre Zukunft geht, hängt neben unserem Briefkasten ein Aushang der Hausverwaltung.

Das Gebäude sei von Mäusen befallen, man habe sich schon um geeignete Mittel zur Bekämpfung bemüht.

Noch in derselben Nacht nimmt die Geräuschkulisse zu.

Es raschelt und rumpelt im Gebälk, ich habe das Gefühl, etwas turnt durch die Wand neben mir. Etwas Schweres wird über den Boden der Decke geschleift und ich höre ein Röcheln. Ungünstigerweise hatte ich mit Elena ein paar Tage zuvor einen Psychothriller gesehen, bei dem die Protagonistin in den Wäldern von Wisconsin nur knapp überlebt, und bekomme so viel Schiss, dass ich freiwillig zwei Nächte bei Herrn Machtkontrolle im Schloss aus Glas verbringe.

Als ich zurück bin, ist die Sachlage unverändert.

Leidgeplagt wende ich mich an Familie Bergvolk, die ebenfalls rein gar nichts hört, inklusive Klitschko. Und wenn der nichts höre, sei da auch nichts.

»Allerdings«, kratzt sich Herr Bergvolk am Kopf und scheint zu überlegen, ob er mir diese Information anvertrauen darf. »In der letzten Eigentümerversammlung wurde beschlossen, gegen die Mäuse einen Marder einzusetzen.«

Als ich – wenigstens tief befriedet über eine rationale Erklärung der nächtlichen Ruhestörung – von dannen ziehe, höre ich durch die Tür noch Frau Bergvolk.

»Hast du es ihr gesagt?! Hinterher legt sie noch Rattengift aus!«

Höflich wende ich mich an Frau Vermieter und erkläre, dass wir nachhaltige Schlafprobleme haben, was mutmaßlich auf einen Marder sowie das frühmorgendliche Putzen im unter uns liegenden Gewerbebetrieb zurückzuführen sei. Gerade sei sie in Paris, entgegnet Frau Vermieter, habe aber in Erinnerung, dass Herr Umbau im ersten Stock zuletzt einige Instandhaltungsmaßnahmen habe absegnen lassen. Vielleicht habe er dabei einen Lüftungsschacht geöffnet, der nun die Akustik verstärke?

Ich klingele bei Herrn Umbau und frage, ob sich seine Sanierungsmaßnahmen eventuell auf uns auswirken könnten.

Mit steinerner Miene leugnet er zunächst gänzlich, dass er handwerklich tätig ist – bis ihm der Hammer in seiner Hand bewusst wird, und er einige kleine Schönheitsreparaturen einräumt.

Erst als ich an ihm vorbei in seine Wohnung schiele und hochgradige Bewunderung für eine monströse Leuchtreklame über ihm äußere, gibt er den Blick frei. Kurz: Die Wohnung ist eine Komplett-Baustelle.

Jeder Zentimeter ist von Werkzeugen, Holzpaletten und Dämmmaterial bedeckt, kein Stein liegt mehr auf dem anderen. Wenigstens scheint er ein klares Ziel zu haben: Den Nachbau der Hamburger Reeperbahn.

Von der ausladenden Leuchtschrift *Freudenhaus St. Pauli* über das schon an die Wand montierte Schifferklavier nebst Hans-Albers-Filmplakat *Große Freiheit Nr. 7* bis zur Pole-Dance-Stange, die noch auf ihre Installation wartet, ist alles vorhanden. Sogar eine kreisrunde, verrucht-rote Polstergarnitur steht, noch halb in Folie verpackt, mitten im Raum. Aber bezüglich Geräuschen, nein, da könne er mir nicht weiterhelfen.

Ich begreife, dass wir die einzigen Mieter im Haus sind und ansonsten nur Eigentümer hier wohnen – was erklärt, dass die eingeschworene Gemeinschaft keinen gesteigerten Wert auf Sozialverhalten gegenüber vorübergehenden Erscheinungen wie uns legt. Auch die Wohnung im Dachgeschoss über uns ist frisch verkauft.

Regelmäßig von zweiundzwanzig Uhr bis ein Uhr beginnen die neuen Bewohner dort nun unablässig hin- und herzulaufen. Unter uns hingegen wird plötzlich, aber zuverlässig, *bis* zweiundzwanzig Uhr Klavier gespielt. Offenbar ein Neuerwerb von Frau *War doch sonst so ruhig*.

Um mich nebenbei vorzustellen, statte ich der Dame über uns gegen Mitternacht leise klopfend einen Besuch ab. Es tue mir furchtbar leid, sie um diese Zeit noch zu stören, aber ob sie auch höre, dass jemand ständig die Möbel verrücke?

Mit gelben Putzhandschuhen, Mundschutz und Desinfektionsmittel steht sie in der Tür, die sie mit einem Desinfektionstuch hält und mir schwant, dass sie unter einem Putzzwang leiden könnte. Nein, sie höre rein gar nichts – versteht sich. Als ich dennoch gerade eingeschlafen bin, lässt Klitschko es sich nicht nehmen, ein tiefes, raues Vollmond-Gebell anzustimmen.

Drei Zombie-Nächte später fühlt sich meine Wahl ziemlich klar an: Wohnen bleiben und sterben. Oder gehen. Wie anders sollte ich sonst den zukünftigen Kindergartenalltag des Engelskindes hinbekommen – für den wir zuverlässig schlafen können müssen?

Frau Vermieter, gerade im Ferienhaus am Gardasee angekommen, und eigenen Angaben nach mit dem Kauf eines für sie extra angefertigten Riva-Bootes beschäftigt, bietet mir immerhin an, mich vor Ablauf der Kündigungsfrist von drei Monaten aus dem Mietvertrag zu entlassen – sofern ich ab sofort Besichtigungen ermöglichen würde. Doch siehe da, so schnell ist das Schmuckstück dann doch nicht vom Markt. Schlussendlich ziehen nach uns wieder Mutter und Tochter ein, allerdings fortgeschrittenen Alters und ich frage mich, ob auch aus dem Engelskind und mir einmal eine greise Version der *Gilmore Girls* werden wird. Wo hört eine gesunde Mutter-Kind-Beziehung auf und wo fängt eine ungesunde Symbiose an? Oder wann?

Wobei das Engelskind und ich uns jetzt schon versichern, dass wir uns mit getrennten Schlafzimmern nur noch lieber hätten – bis zum Mond und zurück.

10. NUR UMZUG, KEIN KARNEVAL

Während ich zunächst aber zahlreiche Besichtigungen über uns ergehen lasse, die über den Tag verstreut liegen und dabei die anfangs noch entspannte, aber zunehmend unter Druck geratende Frau Vermieter unterstütze, die panisch *Leerstand* murmelt und immer engagierter verlangt, dass ich mit ihr die Möbel um- und frische Schnittblumen auf den goldenen Vierfüßler stellen (*Home-Staging*) und bitte nicht da sein soll, wenn Interessenten kommen, drücken das Engelskind und ich uns mehrfach draußen im Regen herum, noch bevor wir auf der Straße stehen. Meist fliehen wir mit I-Pad und Notebook in WLAN-Cafés wie das *Martin Router King*.

Von dort aus bin ich wieder auf Wohnungssuche.

Da ich trotz allem glaube, bei Frau Kita einen Fuß in der Tür zu haben, Superviertel alle unsere Kriterien als Scheidungsfamilie abdeckt, und ich den Ehrgeiz hege, dem Engelskind wenigstens innerhalb der vertrauten Straßen Stabilität zu bieten, suche ich gezielt vor allem im Viertel. Nicht, dass wir dann in Fernviertel wohnen und einen Platz in der Affenbande bekommen?

Ich schreibe Frau *Schöner Wohnen*, Herrn *Eigentümer* und Herrn *Verwalter* eine E-Mail. Inserate, die auch nicht gerade das zeigen, was wir im Idealfall bräuchten, aber ich merke, dass ich mich von den Wohnkriterien meiner Kleinstadt lösen muss. Eine

Drei-Zimmer-Wohnung mit Wohn-, Schlaf- und Kinderzimmer ist in Teuerstadt eine Rarität, keine Normalität. Großfamilien und Doppelverdiener bewohnen derlei Anwesen – Alleinerziehende, so meine Vermutung, ziehen nach Bamberg, Darmstadt, Cuxhaven oder Glonn, sofern sie das dürfen. Online sehe ich nichts mehr unter tausendsiebenhundert Euro Kaltmiete, ab achtzig Quadratmeter kosten zwischen zweitausend und dreitausend Euro warm.

Eigentlich möchte ich dem Engelskind Besichtigungen ersparen, da es nicht in dem Gefühl von Heimatlosigkeit aufwachsen soll, das dramatisch das Ur-Vertrauen beschädigt, andererseits aber will ich auch nicht durch seine Kita-Tage in Vorort ständig getrennt von ihm sein. Und vielleicht, so sage ich mir, ist es auch kein Weltuntergang, wenn das Kind ein bisschen Realität schnuppert und nicht vor jeglichem Elend bewahrt wird. Am Ende wird es hoffentlich die Erfahrung mitnehmen, dass wir immer eine Lösung finden. Aus eigener Kraft.

Meine E-Mail an *Frau Schöner Wohnen* ist leider ein Rückläufer – und Immo-Schau nennt mir den Grund: *Frau Schöner Wohnen hat die Kontakte auf VIP-Mitglieder beschränkt.*

Ich kann nicht fassen, dass es zur Premium-Mitgliedschaft noch eine Steigerung gibt. Wissend, auf welche Geldmacherei ich da einsteige, erwerbe ich dennoch das Upgrade für monatlich jeweils zehn Euro mehr, nur um ihr mailen zu können. Wenigstens macht mich das ganz nebenbei zum stolzen Besitzer einer ungarischen Zahnzusatzversicherung und allgemeinen *Schufa-Bonitätsauskunft*.

Die *Schutzgemeinschaft für allgemeine Kreditsicherung* ist eine privatwirtschaftliche deutsche Wirtschaftsauskunftei, die sich als Instanz zur Beurteilung von Solvenz und Kreditwürdigkeit etabliert hat. Wer es eilig hat, und das betrifft wohl alle Wohnungssuchenden in Teuerstadt, wo Immobilien durchschnittlich nur noch siebeneinhalb Minuten hochgeladen und dann deaktiviert werden, kann per PayPal und *One-Click-Wonder* sofort seine Daten abfragen. Wer mehr Zeit hat, findet (allerdings nur nach hartnäckiger Suche und Kenntnis der Sache) auf der Website der Schufa ein Formular zum Downloaden, Drucken, Ausfüllen und Abschicken, das dem Recht jedes Bundesbürgers nachkommt, einmal jährlich *kostenfrei* seine detaillierten und individuellen Daten analog abzufragen. Drei Wochen später erhält man per Post die mehrseitige Historie seiner auch branchenspezifischen Zahlungsmoral seit Beginn der Geschäftsfähigkeit.

Mein einfacher *Bonitäts-Check* bescheinigt mir schon mal grob, dass ausschließlich *positive Vertragsinformationen* zu mir vorliegen. Das will ich auch meinen! Ratenzahlungen, Leasing und Kleinkredite – all das ist mir fremd. Leider ebenso wie ETFs und Aktien – auch Vermögen habe ich nicht aufgebaut, sondern zähle zuverlässig zur Kategorie *Von der Hand in den Mund*.

Ziemlich unverschämt finde ich den Eintrag einer *Kreditanfrage* an meine Hausbank, zu Beginn meiner kaufmännischen Ausbildung nach dem Abi, die als unverbindliche Beratung zum Thema *Bausparvertrag* & *Junges Konto* gedacht war, die der Sachbearbeiter aber terminlich nie auf die Reihe gekriegt hat.

Der *Schufa-Basisscore*, ein Indexwert bis knapp unterhalb der Hundert-Prozentmarke, verbrieft Vermietern ein, in meinem Fall, *sehr geringes Risiko* eines Zahlungsausfalls.

Doch schon bei der ersten gewünschten Vorlage des Dokuments setzt mich *Herr Einliegerwohnung* darüber in Kenntnis, dass ihn mein Wert von 97,9% doch sehr enttäusche, da er vorzugsweise jemandem mit 100% die Wohnung gäbe. Meine Anmerkung, dass dieser Score nicht existiere, da die Schufa immer das morgige Ableben des Klienten einkalkuliere, bei dem dann zwangsweise temporär Rechnungen offen blieben, lässt ihn nur müde lächeln. Was wissen schon junge Frauen wie ich von komplexen Vorgängen der Hochfinanz?

Auf dem Deckblatt der postalischen Auskunft sind, neben meiner aktuellen Adresse, auch die letzten drei vermerkt. Also meine langjährige Wohnung vor Herrn Machtkontrolle, unser erster gemeinsamer Altbau im Hübschviertel und das Mietshaus von Frau Prof. Neurose.

Dies wiederum ist Grund genug für *Herrn Stuckleisten*, mich von der Besichtigung wieder auszuladen, mit der Begründung, meine *ständige Völkerwanderung sei suspekt*. Leichthin antworte ich, dass ich aus Nordrhein-Westfalen komme und wir Karnevalisten sogar jährlich umziehen.

Premium- und VIP-Status und die Tatsache, dass ich stetig dazulerne und meine Anschreiben so spezifisch als möglich auf die Inserenten münze, verschaffen uns immerhin fast täglich Besichtigungen. Ist auf dem Foto eine Gitarre zu sehen, bewundere ich die Musikalität der Vormieter, die einen Nachmieter suchen, steht im Begleittext, dass selbige auf Weltreise gehen, wünsche ich *Guten Flug!*

Meist erhalte ich einen *Show-Slot*, ein nicht beeinflussbares Zeitfenster, z.B. um elf Uhr zehn oder zwanzig Uhr zwanzig, in dem die Besichtigung stattfindet. Meist muss ich mich vor Ort ausweisen, um sicherzustellen, dass ich auch wirklich die geladene Person bin und keine zwielichtigen *Falschbesichtiger* einschleuse. Einfacher kommt man Backstage zu Katy Perry.

Ebenso wenig Spielraum lassen die Ablösesummen, die pauschal mit FIX oder NICHT VERHANDELBAR gekennzeichnet sind, meistens für Küchen. Mehrfach suche ich zwischen fragwürdig roten Lackfronten und beigefarbenen Mülltrennsystemen für durchschnittlich zehn bis vierzehntausend Euro nach einem Bernsteinzimmer und frage mich, ob die hochpreisige Dunstabzugshaube die CO^2-Emissionen des nationalen Flugverkehrs filtert.

Befindet man sich in einem (auch mieterseits) schon gekündigten Mietverhältnis, wird dies grundsätzlich als unseriös eingestuft. Hat man das aktuelle Domizil aber noch nicht gekündigt, fallen bis zu drei Monate *Doppelmiete* an. Warum Wohnungen fast ausschließlich zu *sofort* oder dem nächsten Ersten angeboten werden, erschließt sich mir nicht. Die Verantwortung und Anstrengung, dem Engelskind auf diesem unwürdigen Markt ein richtiges *Zuhause* zu bieten, erdrückt mich. Die Wohnungssuche wird zum Full-Time-Job, neben dem weder Muttersein noch Arbeit noch Leben mehr möglich ist und in manchen Momenten bin ich so verzweifelt, dass ich mich schreiend aufs Bett von Frau Vermieter werfe – das nicht einmal mein eigenes ist.

In nächtlichen Albträumen urteilen Frau Gegenpartei und Frau SamSs über mich, Frauen mit einer vernünftigen juristischen Ausbildung, die Zweisitzer fahren und Kinderfrauen beschäftigen, und über Frauen wie mich nur den Kopf schütteln können. Schweißgebadet wache ich jedes Mal auf, wenn das hohe Gericht das Engelskind Herrn Machtkontrolle zuspricht. Und bald bezahle ich den gesamten Stress mit einer AutoImmunerkrankung.

Da meine Hemmschwelle auf der Suche zwangsweise sinkt, melde ich mich nun auch bei jenen Wohnungsgebern, die weder Fotos des Objekts einstellen noch ihren eigenen Namen preisgeben, mir aber telefonisch stundenlang (und spärlich eloquent) komplizierte Grundrisse schildern.

Und dann gehen Sie durch den Flur auf den Balkon, der Süd-West-Ausrichtung hat – ach nein, warten Sie, das war die Liegenschaft in Lüneburg.

Bei einer Zwei-Zimmer-Wohnung bekomme ich zu hören, dass diese doch wohl zu klein für uns wäre, aber bei einer Drei-Zimmer-Wohnung wird mir unterstellt, dass ich wohl kaum so viel Platz brauchen würde, und man diesen lieber einer *Familie* gebe. Ein wunder Punkt schon im Anfrage-Formular von Immo-Schau, in dem bei der Frage *Wer zieht ein?* nur zwischen folgenden Optionen gewählt werden kann: *Einpersonenhaushalt, Familie, Zwei Erwachsene* oder *Wohngemeinschaft*. Was in der Folge dazu führt, dass Wohnungsgeber sich von mir (Elternteil mit Kind) grundsätzlich getäuscht sehen, weil ich ja einerseits keine Einzelperson, andererseits keine Familie bin – worunter man in diesem Bundesland selbstverständlich noch immer allein die archaische Konstellation *Vater, Mutter, Kind* versteht.

Susanne, die ich bei der Wohnungssuche kennenlerne und die als *Einzelmieter* später problemlos eine großzügige Vier-Zimmer-Wohnung in Superviertel bekommt, besichtigt mit ihrem Bruder, den sie als ihren Partner ausgibt und verschweigt ihren pubertierenden Sohn und ihre vierjährige Tochter gleich einem Vorstrafenregister. Als ich sie mit großen Augen frage, ob sie nicht befürchte, dass man ihr wieder kündige, wenn sie keine ehrlichen Angaben zum Mietverhältnis mache, tippt sie sich an die Schläfe. Für den Fall habe sie dann halt gerade eben die Kinder ihrer verstorbenen Schwester übernommen. Ob ich eigentlich geisteskrank sei, auf ehrliche Art eine Wohnung zu suchen? Im Übrigen, hoffe sie, hätte ich im Kita-Finder ja wohl alleinerziehend und invalide angegeben?

Hatte ich nicht, zumal Herr Machtkontrolle ja sogar einen unerwünscht hohen Anteil am Leben des Engelskindes nimmt. Dennoch dürfte ich mich tatsächlich so nennen – denn als ich mich schlau mache, finde ich heraus, dass als alleinerziehend offiziell gilt, wer mit dem Kind *die häusliche Lebensgemeinschaft* bildet. Was, wie ich finde, aber nicht den Frauen und Männern gerecht wird, die ich darunter verstehe: Solche, deren Partner sich vollkommen aus der Kiste ausklinken. Daher belasse ich es bei meiner Dummheit – der Wahrheit.

Endlos quälend ist auch das Thema Selbstauskunft.

Für absolut jede einzelne Wohnungsbewerbung sind diese ein bis drei DIN-A-4-Seiten (Alter, Beruf, Instrument, Familienstand, Haustier?) handschriftlich individuell von Neuem auszufüllen. Wer gnädig ist, lässt es sich zur Besichtigung mitbringen, die meisten Wohnungsgeber wollen es per Scan als PDF vorab. Im Copyshop kennt man mich schon.

Herr Wintergarten wünscht sich gar Fotos der Mietinteressenten – gerne auch des Engelskindes – und da, liebe Lesenden, hört der Spaß für mich auf! Über Begrüßungsformeln wie *Sie sind die Auslese!* bei ausgewählten Sammelbesichtigungen kann ich mich auch nicht freuen.

Herr Schmierig wiederum lässt es sich nicht nehmen, Interessenten darum zu bitten, ihn per WhatsApp zu kontaktieren. Was ich einmalig tue.

Als er den Besichtigungstermin immer wieder verschiebt und verschiedene Tumorerkrankungen, Tropenkrankheiten und dramatische Unfälle vorschiebt, drücke ich mehrfach mein Beileid aus und wünsche alles Gute für Chemo, Organtransplantation, Amputation und experimentelle Therapie in Lausanne. Möglicherweise täte er gut daran, sich vorläufig auf die eigene Genesung zu konzentrieren, statt seine Wohnung zu vermieten? Doch *Herr Schmierig* beruhigt – bevor er ins Hospiz gehe, habe er nur noch den letzten Wunsch, mit mir etwas trinken zu gehen.

Und auch der umgekehrt leidlich eingerichtete Suchauftrag bei Immo-Schau, für einen weiteren Obulus, bringt mir nichts ein als die Nachricht: *Ich hab, was du willst. Melde dich. Es wird dir gefallen ...*

Herr Erstbezug kassiert gleich an der Wohnungstür sämtliche vertrauliche Solvenz-Nachweise ein, wie etwa die letzte Steuererklärung. Als ich investigativ anmerke, dass es im beiderseitigen Interesse (meine teuren Farbkopien!) doch sinnvoll wäre, *erst* die Wohnung anzusehen, und ich ihm dann gerne alle Unterlagen dalasse, macht er unmissverständlich klar, dass *hier der Weg für mich zu Ende sei* und ich das *Privatgrundstück* sofort zu verlassen habe. Leider.

Herr Treuhänder schlägt meine Bitte um Bedenkzeit und Rückmeldung am nächsten Morgen energisch aus und möchte auf der Stelle *verbindlich* wissen, ob ich Interesse habe. Es sei nämlich so, wenn ich dies jetzt – die anderen anwesenden Interessenten seien jeweils Zeugen – bekunde, habe die Eigentümerin das Recht, unter den *Finalisten* zu wählen. Sollte die Wahl dann auf mich fallen, ich aber absagen, wäre ein Schadenersatz von rund eintausend Euro wegen Irreführung zu entrichten. Stumm eile ich zur Tür hinaus.

Herr Zweitbezug teilt fairerweise gleich in den Einladungen mit, dass bei einer Absage der Besichtigung unter 24 Stunden vor Zielzeit (was, wenn das Kind krank wird?!) eine Strafgebühr wegen Nichterscheinen über 65 € in Rechnung gestellt wird.

Obgleich ich bislang nicht der Meinung war, dass wir trotz Wohnungsnot zu den wirklich notleidenden Menschen gehören, lasse ich mich jedoch überzeugen, es mal mit dem *Wenig-Verdiener-Modell der Stadt* zu versuchen.

Adrett erscheine ich beim Amt für Migration und Wohnen und stelle fest, dass ich allen Ernstes in Kategorie II von III eingeordnet werde – in Sachen Bedürftigkeit und Dringlichkeit. Nach Zusammenstellung meiner Einkommensnachweise sowie der Geburtsurkunde des Engelskindes erhalte ich Zugang zur Immo-Schau für Geringverdiener. Und muss leider feststellen, dass ich elendig arrogant bin.

Die Stadtteile, in denen die angebotenen Wohnungen liegen, sind keine, durch die ich nach Anbruch der Dunkelheit noch laufen möchte. Ich fühle mich versnobt und zickig – und doch möchte ich für mein Kind ein bestimmtes Umfeld.

Nichtsdestotrotz gebe ich der Sache eine Chance und bewerbe mich gezielt auf eine Wohnung, die mit achthundert Euro Miete immer noch das übersteigt, was ich alleine leisten könnte. Kurz darauf bekomme ich die Bestätigung, zum berechtigten Personenkreis zu gehören. Aber auch, dass innerhalb desselben ausgelost wurde, wer zur Besichtigung kommen darf – und ich leider nicht unter ihnen bin.

Damit schließe ich das Kapitel *Sozialhilfe* wieder.

Ich lasse die Idee auf eine eigene Wohnung gar ganz los, und wechsle das Portal in Richtung Studenten: *Mitbewohner-gesucht.de*. Das Engelskind und ich könnten doch auch ein einzelnes Zimmer bewohnen?

Doch nachdem ich bei Greta aufschlage, die für fünfhundert Euro eine so massiv verrauchte Bude anbietet, dass ich mich fast übergeben muss, und bei Carl, dessen verschimmelte Dusche und Galerie ohne Geländer nicht mal zum Wohnen mit Katze reichen, lasse ich auch diese Idee wieder ziehen.

Zusätzlich überfordern meine multifaktoriellen Einkommensquellen die Vermieter. Die in meiner Heimatstadt, nach dem Schließen der Zechen, durch hohe Arbeitslosigkeit hochgelobte und gerne gelebte Berufsparole *Spielbein, Standbein* ist hierzulande ein kriminelles Indiz. *Angestellt* und *selbstständig* ist für viele sogar ein Widerspruch, auf den ich mehrfach spitz hingewiesen werde.

Dass man als Flugbegleiterin in Teilzeit arbeiten kann, und nebenher kreativ ist, ist für viele undenkbar. Oft habe ich gar das Gefühl, sie wünschten sich explizit, dass man nonstop über den Atlantik gejagt wird, bis man tot umfällt. Todesursache: Thrombose, versteht sich. Wer fliegt, muss immer müde, weg und kinderlos sein, punktum! Schließlich ist das in den Augen vieler der Preis der Freiheit, die sie sich versagen?

Als ich mit hoher Frustration und steigender Absagerate meine Suche doch auf das Seengebiet vor den Toren Teuerstadts ausdehne in der Hoffnung, vielleicht dort mit offenen Armen empfangen zu werden, kommt zur Ablehnung noch die Maßregelung hinzu.

Im ländlich-religiösen Umfeld beäugt man meinen befremdlichen Ehrgeiz zur Autonomie kritisch. Und leider bin ich völlig unvorbereitet, als mich *Herr Energiesparhaus*, der eine nagelneue Doppelhaushälfte mit Garten für tausenddreihundert Euro warm zu bieten hat, in einen langatmigen Disput darüber verwickelt, dass ich es mir nach Einzug dann aber keineswegs mehr erlauben dürfe, meinem Leben je wieder eine andere Richtung zu geben. *Sitzfleisch* nennen sie (die unsichtbare Armee!) das.

Als wäre ich acht Jahre alt, erklärt er mir, dass es knappe dreißig S-Bahn-Minuten vom Stadtkern von Teuerstadt entfernt aber *nicht so sei wie in der Stadt! Mit netten Läden und Gaudi.* Ich könne dort nicht einfach in ein Café gehen, wenn mir langweilig sei. Oder nochmal schwanger werden (*wie alt sind Sie?*), wenn mir der Sinn danach stünde. An den Teuerseen gäbe es gewisse Sitten und Gebräuche, denen auch ich mich fügen müsse. Seine Bedenken gelten überdies Herrn Machtkontrolle. *Ich möge ihm dies verzeihen, aber er sehe sich in der Pflicht, den Vater und vor allem mein Kind vor einer solchen, meiner, Lust-und-Laune-Entscheidung, aufs Land zu ziehen, zu beschützen.*

Als ich auflege, fühle ich mich so schlecht wie noch nie. Dieser Mensch hat mich völlig überrollt und am meisten ärgere ich mich über mich selbst, dass ich aus der Bittsteller-Position heraus zugelassen habe, dass mich ein Wildfremder eine Stunde lang verhört, beleidigt, belehrt und mir einen Seelen-Striptease entlockt. *Herrgott, ich will eine Wohnung mieten!* Und ich möchte hinzufügen: *Hinterm Berg wohna a no Leit!*

Kurz bevor wir der Friedensstraße Lebwohl sagen müssen, heule ich mich in den Schlaf. Wegen der Situation – konkret der unzähligen Absagen, Übergriffigkeiten und regelrechten Demütigungen, die ich nie erfahren und denen ich mich nie ausgesetzt hätte, durch Menschen, mit denen ich nie in Berührung gekommen wäre – wenn alles anders wäre.

Ich heule, weil dies alles so unendlich weit entfernt ist von dem, was ich mir als Kindheit des Engelskindes vorstelle und ihm angemessen wäre – und dem, was ich vorgehabt hatte als Mutter zu tun, zu sein und zu leben.

Am nächsten Tag hefte ich mich Kopf-hoch-mäßig an die Fersen einer Kindergruppe, die durchs Viertel läuft und deren Warnwestenfarbe mir noch nicht bekannt ist. Gehören Sie etwas zu einer Einrichtung, die neu ist – oder einer, die ich im Kita-Finder übersehen habe? Schnell komme ich mit Sarah, der Praktikantin, ins Gespräch. Die Gruppe ist eine Elterninitiative. Tatsächlich werden *Die Dreikäsehochs* im Gotteshaus St. Platzmangel betreut. Aber nun würde die Kirche restauriert, nächste Woche sei Schluss.

Ich kann es kaum glauben – die Kinder werden wirklich zwischen den Kirchenbänken betreut? Sarah nickt, nur an die Hostien und das Becken mit Weihwasser dürften sie nicht. Die meisten Eigentümer wollen eben keinen Kindergarten oder scheuen den Aufwand, bei Ladenflächen eine Nutzungsänderung zu beantragen.

Am Auszugstag staune ich, was wir trotz Möblierung so alles ansammeln konnten. Ein Sideboard, das Kinderbett, drei Teppiche, jede Menge Kleidung, meine geliebten Bücher, Hörbücher und (solange es sie noch gibt) DVDs. Und sämtliches Küchenzubehör. Ich muss ein Umzugsunternehmen beauftragen, um die Sachen einzulagern. Die *Spedition Tigerstark*, deren Fahrzeuge mir gelegentlich auf der Straße aufgefallen waren, kommt mir gelegen. Eine Aktion, die weitere tausend Euro verschlingt – und zweihundert weitere für jeden Monat, den unsere Habseligkeiten im wasserdichten Seecontainer warten.

Am Umzugstag beobachte ich mit Argusaugen das Treiben auf dem jungfräulichen Holzboden von Frau Vermieter. Aber die Jungs sind Profis – und als ich nach vollendeter Tat mit einem von ihnen noch in den Keller gehe, um nachzusehen, ob dort alles raus ist, bitte ich die zwei oben, noch schnell den zentnerschweren Spiegel wieder an seinen Platz im Flur zu stellen.

Unten verabschiede ich dann gleich das gesamte Team und gebe ein anständiges Trinkgeld – um, wieder oben angekommen, von einem gigantischen halbrunden Kratzer im Boden empfangen zu werden, gleich einer Furche zum Kartoffeln anpflanzen. Eindeutig vom Wendekreis des nicht angehobenen Spiegels.

Ich fotografiere, reklamiere, die Spedition Tigerstark streitet ab. Auf dem Schaden bleibe ich sitzen, den ich Frau Vermieter besser gleich offensiv beichte – und kann mit neunzig Euro Kautionsabzug wohl noch sehr zufrieden sein.

Notdürftig habe ich uns abgesichert, und so ziehen das Engelskind und ich für die kommenden Tage zu Wiebke, einer Kamerafrau, die ich von einem Workshop her kenne, und die ebenfalls in der Friedensstraße wohnt.

In dieser Zeit, so verspreche ich mir noch mehr als ihr, werde ich etwas finden. Faktisch sind wir jetzt wohnungslos.

Ich habe noch nicht mal ergründet, wie Wiebkes Saugroboter funktioniert, aber bereits vierhundert Euro an den *Schlüsseldienst Halsabschneider* bezahlt, da wir uns im komplizierten Altbau-Doppeltürensystem (rechts raus, links rein) ausgeschlossen hatten, als Wiebke auf einem aufregenden Nacht-Dreh war, als sich Herr Verwalter doch noch auf meine Anfrage meldet. Ob ich noch Interesse an der Weiterstraße hätte? Ich habe!

Die Wohnung ist wieder sehr klein, aber wenigstens leer, das Engelskind und ich könnten leben wie in einer WG – jeder ein Zimmer. Eine Küche ist drin, sogar eine Waschmaschine. Zur Affenbande sind es dreihundert Meter.

Die Wohnung gehöre dem *Ehepaar Zauberhaft* und der Sohn habe darin gewohnt, nun aber sein Studium beendet. Sie liegt im Hochparterre und kostet wohl deshalb *nur* tausendzweihundert Euro. Ich sage meinerseits sofort zu – und erhalte noch am Nachmittag den Zuschlag via Herrn Verwalter.

Wiebke und ich liegen uns rührselig in den Armen, hatten wir doch gerade erkannt, dass ich gerne koche und putze und sie gerne aufräumt, wäscht und einkauft.

Einen Tag vor Beginn der Sommerferien ziehen wir ein – und diesmal bricht es aus mir heraus: Wandfarbe, Einhorn-Wandtattoo und Kuscheldecke fürs Kind, ein Meeres-Zimmer mit Duftkerzen für Mami. Und als ich mich erschöpft, aber glückselig auf die Tagesdecke meines neuen *eigenen* Bettes, des ersten seit der Ehe fallen lasse, sehe ich drei Anrufe in Abwesenheit auf meinem Handy. Alternativ hat Frau Kita es per E-Mail versucht – mit der Nachricht, dass sie einen Platz hat!

Ich rufe sie umgehend zurück und bedanke mich überschwänglich. Nach den Ferien schickt sie mir den Vertrag, sagt sie schnell, die neuen Kinder beginnen im Herbst.

Deutschland, ein Kita-Märchen – endlich haben wir es geschafft!

Nach den ersten drei Wochen der Schulferien, die das Engelskind und ich auf Balkonien verbringen, auch ohne einen zu haben, schluchzt eine aufrichtig verstörte Frau Zauberhaft in mein Ohr. Es täte ihr so furchtbar leid, sie sei untröstlich, ihr Mann habe entsetzlich geschimpft – aber ihre Tochter habe nun doch einen Studienplatz Humanmedizin an der Teueruni bekommen, finde aber keine Bleibe. Studienbeginn sei nächstes Sommersemester, Mitte April. Sie haben Eigenbedarf.

Wir haben einen Kita-Platz – und keine Wohnung.

11. WER NIMMT DICH DENN NOCH MIT KIND?!

Leider sehr viele!

Wir alle sind Teil einer Ehe, entweder der eigenen oder einer fremden.

Entgegen der düstern Voraussagen meiner Mutter sind Single-Frauen in den Dreißigern mit Kind gerade bei Männern ab dem fünfundvierzigsten Lebensjahr in etwa so beliebt wie ein Länderspiel mit Freibier und Entrecote. Falls Ihnen dies zu verklausuliert ist, werde ich deutlich: Sehr. Ich selbst habe einige Zeit gebraucht, um dieses Phänomen zu verstehen, da mir der Blick auf mich durch den Blick meiner Mutter auf mich versperrt war, aber im Grunde ist es ganz einfach: Ältere Männer, vielleicht auch alle Männer, haben gern jüngere Partnerinnen. Ob mit oder ohne Kind, lassen wir zunächst mal beiseite. Ein Vorgang, allgemein bekannt als *Midlife-Crisis*.

Für dieses oft wechselseitig funktionale Glück muss der Altersunterschied nicht gravierend sein, der Schnitt liegt idealerweise bei zehn bis fünfzehn Jahren Differenz. Männer stufen diese Spanne gar häufig selbst öffentlich und ungeniert als *optimal* ein, und ich für meinen Teil bestätige dies, aus der langfristigen Beobachtung diverser Liebschaften im privaten wie beruflichen Umfeld und der statistischen Analyse zahlreicher Klatschzeitschriften. Wenn Sie mir nicht glauben, nehmen Sie Thomas Gottschalk als jüngstes Beispiel älteren Semesters. Oder den Wendler. Oder Sky Dumont. Wer es bodenständiger mag, denkt an Fritz Wepper oder Horst Seehofer. Sie alle haben oder hatten früher oder später, jüngere Frauen. Warum, wieso und weshalb, vermag ich offiziell nicht zu erklären. Biologie, na klar. Aber konkret? Möglicherweise, weil gleichaltrige Partnerinnen ab diesem Alter die Menopause erreichen, Männer hingegen ihre Potenz-Blütezeit. (Nur eine Idee!)

Ein entfernter Bekannter von mir, 44, rechtfertigte seine Affäre mit der Praktikantin im Vertrieb einmal so: Sein unbewusster Kinderwunsch sei es, der ihn dazu veranlasse – gleichzeitig gebiete ihm derselbe Wunsch, seine wahre Liebe, die gleichaltrige Ehefrau, nicht mehr dem Risiko einer Spätschwangerschaft auszusetzen.

Nun ist das Problem mit *kinderlosen* Frauen-Freundinnen Anfang bis Mitte Dreißig, die ihrerseits nach einer soliden Schulter zum Anlehnen suchen und die X-Box-Unreife gleichaltriger Artgenossen verachten, jedoch, dass in dieser Art Liaison in der Regel binnen zwei Jahren das Thema *Kinderwunsch* aktuell wird. Irgendwann zwischen dreiunddreißig und siebenunddreißig Jahren, zwischen Sandkastenliebe, Teenie-Schwarm, Vaterkomplex, erster großer Liebe und letzter großer Enttäuschung, fragen wir Frauen uns nämlich: Wenn nicht er, wer dann? Denn irgendwer ist ja immer. Schon früh hatte ich die Theorie, dass wir Menschen (alle!) in Sachen Partnerwahl und Familienplanung nicht unbedingt die Richtige oder den Richtigen heiraten, sondern die Person, mit der wir gerade zusammen sind, wenn wir selbst bereit sind. Uns also eine gewisse Reife erreicht und der Nestbautrieb einsetzt. Denn im Gegensatz zu Männern, deren Sperma stets neu produziert wird, kommen wir Frauen schon mit einer begrenzten Anzahl Eizellen zur Welt (tick tack).

Am Beispiel meiner Freundin Claudia, Mittvierzigerin, die ihren gleichaltrigen grau melierten Konrad mit der gemeinsamen Steuerberaterin erwischte, in der Konsequenz dann aber nur die Steuerkanzlei wechselte, lässt sich aufzeigen, dass es umgekehrt nicht wenige Frauen gibt, die sich ab einem gewissen Alter lieber sehenden Auges mit Patchwork und Untreue arrangieren, als sich nochmal der Brutalität der Dating-Szene zu unterwerfen. Natürlich kann die späte Kinderkiste für den einen oder anderen Mann durchaus erstmalige oder gereifte Vaterfreuden bedeuten. Keine Frage! Peter Maffay. Richard Gere. Mein Papa. Aber eben auch Erlebnisse, die er schon hatte und Verpflichtungen, die er anderweitig noch zur Genüge hat ...

Als Mann jenseits der Lebensmitte sind Sie womöglich bereits einmal geschieden und mit Nachwuchs aus erster Ehe, zweiter Beziehung oder dritter Affäre gesegnet, dennoch haben Sie dem erstmaligen Kinderwunsch ihrer hotten Mitdreißigerin wenig entgegenzusetzen. Insbesondere nicht, dass Ihr Chef Ihnen keine Elternzeit bewilligt, denn meistens sind Sie bis dahin ja der Chef. Aber natürlich ist so eine Frau, mit Stramplern voller Sehnsucht in den Augen – auch hier wieder biologisch betrachtet – das ultimative Kompliment für jedes genetische Ego. Nicht umsonst einigten Steffi aus der Parallelklasse und ich uns für das Take-That-Konzertplakat 1994 auf *Ich will ein Kind von dir* als prägnante Zusammenfassung all unserer Gefühle, Hoffnungen, Träume und Pläne hinsichtlich Robbie Williams. Inbrünstig malten Steffi und ich es zu den Klängen von *How deep is your love*, um die Zielperson später mehrfach durch Oli P./Sasha/Jason zu ersetzen, ohne dass wir uns recht der Bedeutung dieser Zeile bewusst gewesen wären, und sich bis heute keine von uns in den Keller traut, um nicht einmal auf dem Weg zum Altpapier damit gesehen zu werden.

In einem Schreibseminar lernte ich gar vom gereiften und als Autor sehr erfolgreichen Dozenten, diese biologischen Prozesse tiefendramaturgisch zu nutzen und Dialoge nicht in Art »Du hast schöne Augen« zu gestalten, sondern Formulierungen zu wählen wie »in deinen Augen sehe ich meine ungeborenen Kinder«. Merken Sie den Unterschied in der Wirkung? Das hat richtig Bumms.

Gelegentlich ist der Deal *Sie kriegt das Kind, er die Jugend an seiner Seite* also eine *Win-Win*-Situation, aber eben nicht immer. Eben dann zum Beispiel nicht, wenn seine Alimente ihm wenig Spielraum lassen oder er bereits weiß, wie sehr Hypothek und Hochstuhl die wieder gewonnene Freiheit und Romantik trüben können. Und für diese Fälle nun kommen die getrennten und geschiedenen Frauen mit und ohne Anhang ins Spiel! Sogar die mit Ehering, wozu ich unfreiwillig noch vor der Ehe Feldforschung betrieb.

Weit vor der Begegnung mit Herrn Machtkontrolle erstand ich einen möglichst schlichten goldenen Ring von einigen gut sichtbaren Zentimetern Dicke, den ich so regelmäßig trug wie meine Wangenknochen. Ich erhoffte mir dadurch, mich vor unliebsamen Anmachen zu schützen, meist begegnete ich ihnen im Job. Zu meinem Entsetzen zog genau dieser Status jedoch einen anderen Männertyp so unwiderstehlich an wie ein Marmeladenbrot Fliegen: Nämlich solche, die gerne eine Liebesbeziehung zu einer Frau unterhalten, die ansonsten *gut verräumt* ist. *Hallo, mein Name ist Bert, keine Sorge – wir wissen beide genau, wo wir hingehören*, startete ein Exemplar dieser Spezies die Konversation. Denn während dieser Umstand (verheiratet) für uns Frauen aus moralischen und sonstigen Gründen ein *No-Go* ist, ist genau dies für viele Männer das *Go*. Und um das zu verstehen, musste ich wiederum lernen, nicht mehr von mir auf andere zu schließen.

Während Frauen – Ausnahmen bestätigen die Regel – gemäß ihrer biologischen Bestimmung nach Bindung streben, und über ein Hormon namens *Oxytocin* verfügen, streben Männer dieser Art nach Bindungslosigkeit, auch bekannt als *nicht monogam*. Daher ist für einen verheirateten Mann, der fremdgeht, das Argument »Ich bin verheiratet« wenig schlüssig. Ebenso wenig, dass ich vier Kinder habe. *Grund, kein Hindernis* kommentierte Bert grinsend. In meiner Argumentationsspirale gegenüber einem israelischen Geschäftsmann an Bord musste ich die Anzahl meiner Kinder und Lebensjahre sogar dramatisch steigern, wobei er leider keineswegs von mir abließ. Im Gegenteil: Je mehr ich die Liebe zu meinem Mann, die Loyalität zu meinen Kindern und die zeitintensive Pflege unserer heimischen Nager betonte, desto williger wurde der Geschäftsmann. Wodurch wir tatsächlich die Nacht miteinander verbrachten – verbal. Nämlich am Telefon, als er nach dem Flug das Crewhotel von Superairline ausfindig machte, es schaffte, zu mir durchgestellt zu werden (Namensschilder an der Uniform machen es möglich) und mich aus dem Schlaf riss.

Machen Sie sich in Sachen Abwehrstrategien also keine Mühe und argumentieren Sie bloß nicht mit Nachkommen, sexueller Treue, Geschlechtskrankheiten oder einer Vielzahl von Hobbys. Es bringt nichts! Nur wir Frauen glauben, diese Umstände hätten abschreckenden Charakter, und zwar weil wir selbst dazu neigen, uns für alles verantwortlich zu fühlen. Außer uns selbst. Männer empfinden nicht so und sind um jedes Lebewesen froh, das Sie außerhalb der gemeinsamen Schäferstündchen auslastet und von Gedanken und Forderungen hinsichtlich Doppelgarage, Eifersucht und gemeinsamer Kontoführung abhält! Letztlich akzeptierte Joseph aus Tel Aviv im Morgengrauen meinen Unwillen nur durch Nutzung des für mich schlimmsten denkbaren Wortes, das mir bis zu meinem vierzigsten Lebensjahr nur spärlich über die Lippen ging: *Nein*. Dieses furchteinflößende Safeword sollte jede Frau ausreichend trainieren!

Zusammengefasst: Für Männer, die eine jüngere Freundin nur als Freundin wollen und nicht als Mutter, ist eine getrennte oder geschiedene Frau unter vierzig mit Anhang, für den grundsätzlich emotional die Mutter und finanziell der leibliche Vater verantwortlich ist, die ideale Lösung. Sie hat ihren Kinderwunsch schon befriedigt, und vermutlich auch schon die eine oder andere Schattenseite häuslicher Gemeinschaft, gemeinsamen Sorgerechts und schlafloser Nächte kennengelernt. Womöglich ist zum Beispiel eine Alleinerziehende sogar dermaßen ausgehungert nach Spaß, dass sich die Bedürfnisse nach gemeinsam verbrachter sorgloser Freizeit ohne viel zu reden, hier sogar decken.

Warum ich Sie in diesem Kapitel mit so viel Theorie langweile? Damit Sie im Folgenden meine Erlebnisse mit *Herrn Lederjacke*, *Herrn Frauenversteher* und *Herrn Toyboy* tiefschürfend verstehen! Nicht zu vergessen *Herr Kindergartenvater*, seinerseits zwar erst Mitte Dreißig, aber mit dem dreiundzwanzigjährigen Au-pair-Mädchen seines Sohnes Tom liiert. *Joy*, aus Ecuador.

In Second-Hand-Lebenslagen müssen Frauen, entgegen des gängigen Images der stigmatisierten Single-Mom, also wirklich keineswegs fürchten, dass niemand sie mehr will oder nimmt, oder will und nicht ernst nimmt. Es gibt für alle Fälle jemanden – von Sex bis Sorgerecht. Sobald ich in ein solch trauriges Denkmuster gerate, schaue ich auf Heidi Klum. Sie trennte sich noch in der Schwangerschaft von ihrem älteren (!) Sugar-Daddy, fand erst mit Tochter Leni einen neuen Ehemann (Seal), der diese auch adoptierte, und nun sogar mit den drei weiteren Kindern ihres zweiten Ehemannes (vor Flavio gab es Rick) ihren vierten. Tomboy Tom. Und ehrlich, ich finde Heidi toll. Warum? Die Frau lebt sich! Sollten Sie jetzt aber mit den Augen rollen und sagen, Heidi sei ein Model und ihr Bindegewebe eine Ausnahmeerscheinung: Sylvia Wollny. Für das gesamte Spektrum von Frauen besteht definitiv die Möglichkeit, wieder jemanden an ihrer Seite zu finden, und sogar die Ehe zu schließen. Also auch für Sie und mich! Trotz, oder vielleicht sogar gerade wegen ihrer zauberhaften Kinder und mütterlichen Qualitäten. Und eben sogar solche, die es mit Ihnen UND Ihrer ganzen Vergangenheit aufnehmen. Wenn Sie das möchten. Männer wie Rüdiger.

An einem freien Abend im Spätsommer bittet mich Herr Machtkontrolle, außerplanmäßig das Engelskind zu nehmen, da sein Freund Rüdiger kurzfristig seine Verlobungsparty in einer Scheune feiere.

Den amourösen Werdegang des examinierten Schweine-Reproduktionsmediziners hatte ich über die letzten fünf Jahre aufmerksam verfolgt und ihn über weite Strecken als asexuell wahrgenommen. Bis er uns ein Foto von Bettina schickte, in Art der offiziellen royalen Fotos zu Ostern und Weihnachten, vom Balkon der britischen Königsfamilie, nur eben unter dem von Julia in Verona. Mit Bettina. Kein Zweifel, *sie* sei es! Wenige Monate später hatte die Angebetete doch lieber ein Yogastudio auf Ibiza eröffnet, als zu Rüdiger nach Traunstein zu ziehen. Nun hatte er, mit demselben Tinder-Account, Judith kennengelernt. Mit vier Kindern. Rüdiger heiratet also eine Familie und man – ich – darf gespannt sein, wie sich das alles entwickelt.

Doch auch persönlich kann ich zu diesem Sachverhalt (Mann datet Familie, nicht Tinder) Erfahrungswerte aus der Praxis nennen. Hautnah. Lassen Sie mich von Jürgen, Nick und Gordon erzählen – drei Köpfe voller Gedanken auf Körpern voller Testosteron, die ich während meines Trennungsjahres kennenlernen musste und es gar nicht wollte. Und einer davon tatsächlich Herr Liebhaber wurde.

12. HILFE ZUR SELBSTLIEBE

Auf Mallorca, ich ahne nichts Böses, lernt mich Jürgen kennen.

Das Engelskind und ich wollen in einer kleinen familiären Hotelanlage ausspannen – und befinden uns dort ausschließlich unter Familien. Dieser Umstand schürt einmal mehr den Eindruck, dass dieses Lebenskonzept (Angehörige) für alle anderen Menschen verfügbar ist, nur nicht für mich, allerdings habe ich mich bewusst gegen eine Single-mit-Kind-Reise entschieden, um uns vor Mitleid, Patchwork-Angriffen und dem Austausch von Leidens- und Trennungsgeschichten zu schützen. Denn ich persönlich glaube daran, dass sich Leid nicht halbiert, sondern potenziert, wenn man es teilt! Der unerfreuliche Effekt von Selbsthilfegruppen, nebenbei. Einer meiner zahlreichen Gurus zum Ausprobieren, Dr. Joe Dispenza, seines Zeichens Hirnforscher, benennt das so: *Where you place your attention, there you place your energy.* Also platziere ich meine Aufmerksamkeit neuerdings so ausgewählt wie nur möglich, Rückschläge eingeschlossen. Aber lieber bin ich unter jenen, zu denen ich irgendwann wieder gehören möchte, als unter solchen, die noch schlimmer dran sind als ich.

So weit, so gut, verbringt unsere Zweier-Combo die ersten Tage idyllisch und in solider Stimmung, Spaß-Tendenz *steigend*. Und plötzlich schöpfe ich wieder Hoffnung, dass es auch für mich bald wieder ein Leben geben könnte, in dem ich einfach aufstehe und mir einen Kaffee mache, und keine Sorgen. In dem die Basics wie Einkommen und Wohnung gesichert sind, und kein Existenzkampf meine Tage bestimmt, sondern kreative Ideen, schöne Musik oder die Überlegung, ob es heute noch regnet. Und einen Vorgeschmack darauf erhalte ich hier, im Pauschalurlaub. Nur mit einem habe ich nicht gerechnet: Familienvätern.

Einer der großen Vorzüge des Engelskindes besteht darin, dass es gastronomischen Weitblick besitzt. Während die meisten Kinder nur kurz auf eine Pommes am Tisch ihrer Eltern vorbei rasen, kann man mit ihm seit der Hochstuhlphase tiefenentspannt mehrgängige Menüs einnehmen, was einen Großteil unserer Tage ausmacht. Dazu verlangt es ausschließlich Sprudelwasser, am liebsten in den kultivierten Weingläsern der Erwachsenen, und eins seiner ersten Worte war *Vorspeise*. Dieses Glück weiß ich sehr zu schätzen, habe allerdings auch meinen Teil dazu beigetragen. Der Trick: Ich beobachte mein Kind nicht panisch, wenn es ein Salatblatt in den Mund nimmt oder Couscous. Die Blicke anderer Eltern hingegen sagen: »Oh Gott, ist das Ziegenkäse?!« Gefolgt von bangem Starren, ob sie oder er das wohl isst. Hierdurch werden Kinder zwangsläufig skeptisch und unterlassen instinktiv die Begegnung mit dem Brokkoli – denn in Anbetracht von Mamas ängstlichem Blick und Papas Hand, die zum Auffangen von Ausgespucktem hastig unter dem kindlichen Kinn erscheint, muss dieser schließlich vergiftet sein. Fallbeispiel Gerda: Als das Engelskind und Freundin auf dem letzten Weihnachtsmarkt neugierig in die brodelnde *Pilzpfanne Schwarzwald* starrten, zog Gerda-Mama ihre Tochter panisch weg und sagte, sie würden lieber eine Waffel essen gehen, mit Nuss-Nougat-Creme. Das Engelskind steckte daraufhin solidarisch einen Pilz seiner Portion in die Tasche, um Gerda wenigstens am Montag nach dem Morgenkreis die Gaumenfreude zu ermöglichen. Eine Geste, die Gerda dann dankend mit dem Satz ablehnte: »Meine Mama sagt, dass ich Champignons nicht mag.«

Allerdings gebe ich zu, dass die kulinarische Begabung auch ihre Schattenseiten hat, zum Beispiel, als das Engelskind im Herbst zuvor, in der Innenstadt von Teuerstadt, auf eine eigene Portion fangfrischer Miesmuscheln bestand, was mich selbst aus finanziellen Gründen auf die mitgelieferte Scheibe Weißbrot zurückwarf. Sprich, man kann wunderbar mit ihm essen. Doch leider war es auch die spanische Gastronomie, die mich mit Jürgens weitreichendem Hunger konfrontierte ...

Am Abend der Ankunft von Ehegattin Petra, Jürgen und Sohnemann in Cala Ratjada, sitzen das Engelskind und ich selig über unseren Tapas, und fairnesshalber muss man sagen, dass nicht Jürgen versucht, mich aufzureißen – sondern *Kornelius* das Engelskind. Inmitten der rund zwanzig Kinder der Ferienanlage hatte sich in den ersten Tagen keines gefunden, dass meiner Nachkommenschaft in Charakter oder Eisgeschmack zu Anfreundungszwecken zugesagt hatte, bis nun *Konimausi* schreiend unter unserem Tisch erscheint, meiner Tochter frech die Gabel klaut und das archaische Spiel des Hinterherlaufens der Geschlechter in Gang setzt. Zehn Sekunden später hält das junge Glück klebrige Händchen und organisiert sich im Stundentakt Kindercappuccino in der Espressotasse bei Animateur Carlos hinter der Bar. *Korneliussini* übt in den kommenden Tagen einen so negativen Einfluss auf das Engelskind aus, dass es urplötzlich kindgerechtes Verhalten an den Tag legt und nur noch Spaghetti ohne alles, Wassermelone ohne Kerne und hochpreisige Kindercocktails aus Zucker und Farbstoff zu sich nimmt. Was dazu führt, dass ich zu den Mahlzeiten plötzlich alleine am Tisch sitze. Ein Umstand, den ich ehrlich gesagt schnell zu meinem Vorteil begreife, und mit introvertierten Tätigkeiten wie Lesen oder Schreiben fülle, denn als Autorin ist es nicht selten so, dass man sich den Urlaub quasi erst finanziert, während man schon da ist. Also ich.

Nach Jahren mühseliger Ortswechsel zwischen Büros, Cafés und Bibliotheken, immer auf der Suche nach einem kreativen Kraftort mit Steckdose, finde ich mich nun endlich als das in Filmen viel zitierte Klischee des Schriftstellers wieder – mitten im Flow im Frühstücksraum, umringt von spielenden Kindern, durchströmt von einer nie dagewesen Schaffenskraft à la Hemingway. Eine Welt, die Jürgen und Petra leider vollkommen fremd ist.

Gemäß dem Prinzip der *Projektion* löst mein berauschend asketisches Dasein in ihnen selbst nun bedrohliche Gefühle von Langeweile und Einsamkeit aus, denen sie umgehend zu begegnen wissen, indem sie aktiv mir begegnen.

Dieser Mechanismus aus der Psychologie erschloss sich mir übrigens, als Herr Machtkontrolle, das Engelskind und ich einmal zu einem samstäglichen Flohmarkt eilten. Außer uns war rund um die lokale Turnhalle niemand zu sehen, lediglich ein Hund war davor angebunden. Trotz Frühstück hatte das Engelskind einige Meter nach Verlassen des Hauses schon wieder nach einem Snack verlangt, wodurch klar war, in welchem Zustand es sich befand – Hunger. Als der Hund nun zu bellen begann, äußerte es spontan »Der will Futter«, da es sein eigenes Gefühl auf ihn projizierte und auch Herr Machtkontrolle gab umgehend seine Interpretation des Gebells zum Besten: »Der fühlt sich alleine!« In mir selbst stieg ebenfalls eine intensive Reaktion auf: »Oh Gott, der leidet an der Leine, er will seine Freiheit!«

Da ich um das Gefühl des Engelskindes wusste und um die tiefsitzende Angst von Herrn Machtkontrolle aus Kindheitstagen vor dem Alleinsein (zu dem sich religiöse Drohungen von Frau Schwiegermutter gesellten, die heilige Mutter Maria komme ihn holen), war anzunehmen, dass auch meine Äußerung lediglich ein Produkt meines stärksten, in diesem Moment unterbewusst vorhandenen Gefühls, war. Mit anderen Worten, jeder hörte in das Bellen bloß hinein, was er in sich selbst spürte – und keiner von uns wusste wirklich, warum der Hund reagierte. *Es ist immer nur man selber*, dachte ich fasziniert. Selbst wenn wir jemanden lieben, erfreuen wir uns letztlich einzig und allein an dem Gefühl, das diese Person in uns selbst auslöst.

Petra und Jürgen nun erinnerten mich anschaulich an dieses Phänomen und werden zu meinem Schatten. Selbst an Regentagen.

Bei einer unserer unausweichlichen Begegnungen rund um Tischtennisplatte und Mini-Disko stellt sich gar heraus, dass Jürgen denselben Beruf ausübt wie Herr Machtkontrolle – Tierarzt. Was, wie ich bis heute vermute, die sofortige und unerklärliche Verbundenheit der Kinder erzeugt haben muss. Die Entdeckung dieser bahnbrechenden Gemeinsamkeit, gepaart mit meiner Anmerkung, der Herr Doktor, das liebe Vieh und ich seien bald geschieden (eigentlich, um die Parallele wieder etwas abzuschwächen), veranlasst vor allem Jürgen dazu, mich komplett zu adoptieren. Petra organisiert sich pro-aktiv meine Handynummer, um mir nun allabendlich vor dem Essen ihren Standort mitzuteilen – im wahrsten Sinne des Wortes, denn es handelt sich hierbei konstant um denselben ungemütlichen Stehtisch zwischen Pool, Grillschwaden und Gambas-Pyramide. So kann ich nicht einmal mehr im Sitzen essen, und das Engelskind reicht mir gelegentlich mitleidig eine Pommes hinauf. Aber, so versuche ich mir selbst zu sagen, kann ich ja nicht einerseits mangelnden Familienanschluss beklagen und andererseits Kontaktangebote ablehnen, oder? Erneut denke ich an die Theorien von *Dr. Joe*, der sein Publikum animiert, sich selbst zu beobachten und regelmäßig zu hinterfragen, welche Gedanken man eigentlich aussendet.

Und ich kann es dem Universum wohl nicht verübeln, mir Gesellschaft zu schicken, oder? Mein Gehirn broadcastet *Loneliness FM*. Nur meint es damit eigentlich keinen Partner, sondern allgemein Unterstützung. Eine engagierte Oma, zum Beispiel! Aber wahrscheinlich geht diese Feinheit im Quantenfeld verloren. Besonders problematisch wird an diesem Abend, dass am Stehtisch auffallend viel Alkohol fließt, wogegen ich rein gar nichts habe, nur dass ich persönlich keinen vertrage.

In meinen Zwanzigern war das anders, aber mit Überschreiten der dreißig reagiert mein Stoffwechsel höchst beleidigt auf alle Arten von Ethanol. Schon der Geruch von Rotweinsauce löst bei mir Migräne aus. Dafür verschwand mein PMS. Ein Tauschhandel, mit dem ich hervorragend leben kann, im Gegensatz zu Tischvorsteher Jürgen, dessen Tagesziel wieder einmal meine vermeintliche Aufheiterung ist. Und tatsächlich muss ich lachen. Weniger mit, sondern über Jürgen und seine westfälische Frohnatur – aber der durchaus positive Effekt ist der gleiche: Unbeschwertheit, ganz ohne Promille. Und die, gebe ich zu, hat mir gefehlt.

Um karmisch auf der sicheren Seite zu bleiben, gebe ich mir Mühe, die Wuppertaler Gastfreundschaft unter der Sonne der Balearen nicht zu enttäuschen und nippe wenigstens höflich an den von Jürgen stetig herbei gebrachten Getränken – einem doppelten Wodka Tonic, einem Primitivo und einem Baileys auf Eis. Kurz vor Erreichen meiner individuellen Grenze zur Alkoholvergiftung bemängelt mein besorgter Barkeeper, dass ich ja gar nichts trinke. Ich weise ihn vorsichtig darauf hin, dass ich als einzige Erziehungsberechtigte des Engelskindes vor Ort bei Bewusstsein bleiben müsse und biete an, mal nach den Kindern zu sehen, die durch die abendliche Anlage rennen. Eine Chance, die leider auch Petra wittert, um ihrer schlechteren Hälfte zu entfliehen. Schneller, als ich vom Hocker rutschen kann, lässt mich Jürgens durchaus attraktive blonde Angetraute mit ihrem Göttergatten alleine, als wolle sie mich ihm zum Fraß vorwerfen. Der nutzt die Gelegenheit seinerseits augenblicklich, um mich darüber zu informieren, dass er aufgrund der sexuellen Abstriche nach so einer Geburt kein weiteres Kind bekommen würde. Dass Petras Eltern Kornelius jedes Wochenende zu sich holen, sei für ihn Grundvoraussetzung gewesen, um Petra Zugang zu seinem Sperma zu ermöglichen. Ich sage nichts, sondern nehme versehentlich einen tiefen Schluck von Petras Tequila. Als ich husten muss, klopft Jürgen mir verständnisvoll auf den Rücken: »Schlucken will gelernt sein.«

Noch am selben Abend kaufe ich mir in der Hotelboutique einen sehr teuren, sehr unattraktiven – für spanische Verhältnisse hochgeschlossenen – Badeanzug, den man eher als *Biederanzug* beschreiben könnte, um Jürgens Lieblingsthema *Hodentemperatur* nicht zu befeuern. Trotzdem trägt es sich in den kommenden zehn Tagen noch drei weitere Male zu, dass Petra ruckartig zum Zumba, zur Massage und zum SMS-Schreiben verschwindet, und mich mit dem halb eingecremten Rücken ihres Mannes und beim Tauziehen um einen Spa-Gutschein zurücklässt. Gegebenheiten, bei denen Jürgen seine anzüglichen Monologe eloquent mit den Stichworten *Appetithappen* und *Bonding* anzettelt und von denen ich meinerseits nicht verschwinden kann, um die Zwillingsflammen *Engelskind & Korneliuskuss* nicht aus den Augen zu verlieren, die als Nichtschwimmer-Kinder um das Schwimmer-Becken rennen. Eine Aufsichtspflicht, die ich Jürgen, bei allem Respekt, hinter seiner verspiegelten Pilotenbrille bei laufendem *Wet-T-Shirt-Contest*, nicht zutraue. Mein Verantwortungsbewusstsein bezahle ich mit der Verkündung, dass Petra lediglich einmal die Woche für körperliche Aktivitäten zur Verfügung stünde, diese immer von ihm ausgingen und stets denselben Ablauf erwarten ließen. Nur einmal habe er es geschafft, hierbei den Film *In Dia-*

na Jones laufen lassen zu dürfen. Gefolgt von der Erwähnung seiner Prostatamassage durch geschultes Kölner Tantra-Fachpersonal – ein selbstloses Geschenk von Petra zum Fünfzigsten – und einer Powerpoint-Präsentation auf seinem Handy, mit Bildmaterial ulkig kopulierender Reptilien, die ihm einer seiner Kollegen geschickt hat (am Ende kannte er Rüdiger? Ich wage besser nicht zu fragen).

Meine Flucht ins Babybecken, das exzessive Eincremen und Einsprühen des Engelskindes mit Sonnenschutz und Anti-Mück und meine Eskortierung desselben zu Toilette und Wasserrutsche, bringen ihn leider nur temporär zum Schweigen. Und machen das Engelskind stutzig. Klug, wie es ist, fragt es: »Mama, ich kann schon alleine! Aber brauchst du meine Hilfe?«

Und so sehne ich immer mehr den Tag unserer Abreise herbei, den ich mir als das automatische Ende dieses Daseins erhoffe, und tröste mich mit dem Anblick des seligen Engelskindes, das hier seine erste Ferienliebe erlebt.

Als ich Jürgen, der am Abreisetag samt Sprössling nach dem Frühstück unauffällig neben unseren Koffern an der Rezeption herumlungert, eröffne, dass wir in Sachen Transfer bestens versorgt sind und den vollbesetzten Hotelbus zum *Aeropuerto de Son San Juan* nehmen, flüstert er mir beim Einsteigen skrupellos ins Ohr, dass auch er mich gerne nehmen würde.

Mein entsetzter Blick in seine zielstrebigen wasserblauen Wuppertaler Augen lässt keinen Zweifel daran, dass ich keinen Hörsturz habe. Schnell fliehe ich zum Fahrer hinauf und klammere mich keusch ans Engelskind, das bereits vom Fenster aus wie verrückt *Korneliusknötterchen* zuweint und ihn mit Scheiben-Küssen übersät. Im Gegensatz zu seinem Vater lächelt dieser nur schüchtern zurück und schneidet dann eine unverbindliche Grimasse. Mit gefrorener Mimik hole ich anstandshalber auch noch in letzter Minute meinen royalen Winke-Arm raus, dann ist der Spuk endlich vorbei.

Als der Bus auf die Flughafen-Autobahn auffährt, nehme ich mir vor, dass unser nächster Urlaub eine wunderschöne *Kloster-mit-Kind-Reise* wird und beschließe, das Trio infernal als Boten meiner persönlichen Evolution zu sehen, um dringend *mein* persönliches Lieblingsthema weiter zu beackern: *Grenzen*. Wozu mir ausgerechnet Jürgen bald wieder Gelegenheit geben würde ... Denn wie heißt es doch so schön auf Esoterisch? *Das System bleibt so lange aktiv, bis die Lernaufgabe erfüllt ist.*

@Petra: Wenn du das hier liest, *run, girl, run!*

Zurück im Alltag verdränge ich die Tatsache, dass Jürgen der erste Mann war, der sich für mich als geschiedene Frau interessiert hat und durchlaufe endlich die heiß ersehnte, vierwöchige Wiedereingliederung bei Superairline. Und schon allein die Frage meines Arbeitgebers nach der Aktualität meiner Kontodaten erzeugt ein ganz neues Lebensgefühl: *Back in the game.*

Zwischen Zollrecht und Kleiderkammer, Elektrotechnik, Flugphysik und Höhenstrahlung, Wiederbelebung und glutenfreien Bordmenüs muss ich viel lernen, aber auch viel lachen. Ich staune, dass es inzwischen möglich ist, in Flugzeugen EKGs zu schreiben und E-Mails und sauge die erforderlichen Seminare aus der Erwachsenenbildung so gierig ein wie das Engelskind eine neue Folge *Drache Kokosnuss*. Etwa: *Kundenorientiertes Grenzen-aufzeigen.*

Zurück in der Arbeitswelt wird mir bewusst, dass es kein Wunder ist, wenn Männer auch nach der Geburt eines Kindes noch energiegeladen nach Hause kommen, um sich auch nach neunzehn Uhr noch über den fehlenden Pudding im Kühlschrank oder die zu Neige gehende Zahnpasta zu beschweren, während man als Mutter schon froh ist, den Schlüpfer wechseln zu können. Abgesehen davon, dass sie keine hormonelle Metamorphose durchmachen, dürfen Männer unter dem Deckmäntelchen des Versorgers, auch und gerade als Neuvater tagsüber weiter dem nachgehen, wofür sie brennen (vorausgesetzt, dies war ein Kriterium der Berufswahl). Und danach, wo früher in aller Stille Tiefkühlpizza, Bier und ein Film stattfanden, warten nun als Bonus ein fröhliches Kinderlachen, eine ausgewogene Mahlzeit und eine schöne Frau im warmen Bett auf sie. Wer wäre da nicht gut drauf?

Es soll sogar Exemplare geben, die ihr Berufsleben nach der Familiengründung manisch ausbauen, um so den unliebsamen Seiten des Familienlebens zu entkommen. Immer mit dem Argument, in ihrer Abwesenheit die Kosten des neuen gemeinsamen Lebensabschnitts decken zu müssen. Dabei wollte ich für meinen Teil weder den Kühlschrank mit Eiswürfel-Maker noch den Porsche unter den Waffeleisen, sondern lediglich eine Drei-Zimmer-Wohnung mit Blick auf Menschen statt auf Vorgärten und einen verliebten Kinoabend.

Während unser Nachbar aus Kindertagen, Herr Huber, den familiären Pflichten in Form der Windpocken seiner Kinder entkam, indem er in der heimischen Einfahrt bis tief in die Nacht ungestört Zeitung las und im Auto Radio hörte, fand sich in der Flurwoche des Hübschviertel-Altbaus auch bei Herrn Machtkontrolle kurz vor Praxisschluss stets noch eine Ente mit akuter Wasserallergie oder ein Windhund mit Flatulenzen, die sein Heimkommen aushebelten. Ganz zu schweigen von der Dankbarkeit und Wertschätzung der Besitzer seiner Patienten, die ihm kontinuierlich in Form von Präsentkörben und hausgemachten Kuchen entgegenschwappt. Erst recht, seit er Vater wurde. Nichts davon hat sich je für ihn geändert, außer, dass er jetzt auch noch meinen Bambus-Badvorleger aus Hamburger Zeiten besitzt und glaubt, es wäre seiner. Was natürlich alles nicht geschieht, wenn man mit dem Säugling auf dem Wohnzimmerteppich sitzt. Von Mutterschaft zu erwarten, dass sie all das (Socializing, mentale Stimulation, gegengeschlechtliche Reize) aufwiegt, scheint mir eine Verantwortung zu sein, die ein Kleinkind wohl kaum tragen sollte. *Als Mann kriegst du ein Kind, als Frau ein neues Leben.*

Nun aber darf auch ich wieder Dinge erleben, die meinem eigenen Entwicklungsstand entsprechen: Running Gags mit Kollegen, von Kindern verschmähte Mahlzeiten mit Rosenkohl und Schimmelkäse, und nicht zuletzt eine Bühne, für die es sich lohnt, seinem Äußeren wieder erhöhte Aufmerksamkeit zukommen zu lassen.

Unser *exklusiver* Muttikurs besteht außer mir lediglich aus drei weiteren Frauen: Silke, Anke und Thea, was bei der Vielzahl an wiederkehrenden Schtuadessen aus Elternzeit oder Krankenstand an ein Wunder grenzt. Schnell wird unsere Mini-Runde eine richtige Clique und zum ersten Mal seit Jahren habe ich das Gefühl, wieder irgendwo anzukommen – in meiner eigenen Identität. Hier sind sie nun endlich, die Mamas, die ich in Schwangerschaftskursen und Spaziergangs-Foren, auf Krankenhausfluren und in Krabbelgruppen so schmerzlich vermisst und so vergeblich gesucht hatte! Und ich nehme zur Kenntnis, dass nicht alle Menschen, die ein rotes Auto fahren oder sich fortpflanzen, nur aufgrund dessen etwas gemeinsam haben. Sondern, dass es vielmehr die Werte sind, die uns verbinden.

Silke, Anke und Thea kommen gebürtig aus Niedersachsen, Berlin und Rheinland-Pfalz, und ich muss Ihnen nicht erklären, dass das *Routing Supermarkt – Wohnung – Spielplatz*, sich wiederholende Tagesabläufe, Denkmuster in Wochentagen und an -enden für mich Höllenqualen darstellen. Dass ich zuweilen visionärer bin, als die aktuelle Windelgröße es zulässt, und dass Pekip und Peking so wenig vergleichbar sind wie der Rückbildungskurs mit der Fortbildung hier. Ganz zu schweigen von den Dialogen der 9-to-5-Bevölkerung über die biochronologische Unzumutbarkeit der einstündigen sommerlichen Zeitumstellung morgens beim Teuerstadt-Bäcker, über die wir nur milde lächeln können.

Silke, Anke, Thea und ich sind einfach gleich. Gleich freiheitsliebend, gleich positiv, gleich reiselustig, gleich neugierig, redselig, angstfrei und gleich offen. Wir brauchen neue Eindrücke, inspirierende Gespräche, fremde Gerüche, orientalisches Essen und fremde Sprachen wie die Luft zum Atmen. Und das alles jetzt eben nur mit Kind. Wir sind *Gleichgesinnte*.

Trotz unserer unkonventionellen Neigung (fliegen) sind wir leidenschaftliche und hingebungsvolle Mütter, nur eben solche, die die gesamte Welt als Spielplatz begreifen und nicht bloß aufgeschütteten Sand. Solche, die es kaum erwarten können, ihren Kindern den ganzen Planeten zu zeigen, echte Strände vor Madagaskar oder Elefanten in freier Wildbahn, und das Glück unseres Berufs mit ihnen zu teilen. Denn wie unsere Kinder sind wir vor allem eines: Entdecker! Silke war mit ihrem Ältesten, einem Nachzügler-Baby und ihrem dominikanischen Lebensgefährten während der Elternzeit auf Costa Rica, Anke hat im letzten Jahr ein Baumhaus gebaut und sich ihren Traum vom *Zero Waste Shop* in ihrer Region erfüllt und Thea ist mit ihrer Verlobten, einem umgebauten Feuerwehrwagen, Zwillingen, zwei Border Collies und den Schwiegereltern quer durch Neuseeland gereist. Dabei hat sie online Stricken gelernt und beendet gerade ihre Ausbildung zur Gebärdendolmetscherin an der Fernuni. Gegenseitig bewundern wir unsere Vielseitigkeit und Zielstrebigkeit, und umarmen einander so oft wie jede Einzelne von uns das Leben. Dazwischen amüsieren wir uns über Dauerbrenner-Sätze an unsere Spezies wie *Bist du mit dreißig nicht schon zu alt dafür?* Oder *Du musst dich doch mal für eins entscheiden!* Tun wir doch täglich – für unser schönstes Leben!

Allabendlich, am Ende unserer intensiven Trainingstage von Montag bis Freitag, um wieder für verschiedene Flugzeugmuster lizensiert zu werden, freut sich jede von uns über ihr stilles Einzelzimmer im tristen Hotel im Gewerbegebiet, und keine von uns kann fassen, dass der asiatische Imbiss am Eck uns die Teller vor die Nase stellt, statt wir nahestehenden Personen. Ungestört unterhalten wir uns in ganzen Sätzen, was eine Art Rausch auslöst und Thiens gut gemeinten Reiswein für Stammgäste überflüssig macht.

Als ich nach der zweiten Woche vertrauensvoll von einem halbstündigen Badewannenexzess berichte, gibt Silke euphorisch zu, eine Boulevardzeitschrift gekauft und mit Schokolade im Bett gelesen zu haben, und Anke gesteht hysterisch kichernd, Fernsehen ohne Bügeln verbrochen zu haben. Thea beichtet, sie würde jede Nacht von zwanzig Uhr dreißig bis sieben Uhr vierzig komatös durchschlafen, obschon der Bus zum Trainingscenter um acht Uhr zwei abfährt. Mutterschaft lässt vieles in einem anderen Licht erscheinen.

Solange untertags die fordernde Mischung aus praktischen Übungen, Theorieunterricht, Prüfungen und knappen Pausenzeiten und die Präsenz der anderen rollt, ist mein Kopf beschäftigt, doch wehe, ich schreite später unter die Dusche. Dann setzt sofort eine Tirade schlechten Mutter-Gewissens ein, die zu absoluter Hochform aufläuft, sobald auch ich meinen Kopf nur kurz nach der Wettervorhersage aufs Kissen bette. Daran ändern auch die zahlreichen Videotelefonate und virtuell übersendeten Küsse, Herzen und Smileys zwischen dem Engelskind und mir nichts. Im Halbschlaf denke ich an Frau Gegenpartei und frage mich, ob ich überhaupt hier sein darf, so als Mutter? Hat der Rest der Welt am Ende Recht und Flugbegleiterin ist eine egozentrische Weltanschauung und kein Beruf? Ist es gegen die Natur, das Engelskind vorübergehend in die Obhut des Vaters zu geben, um nach fast sechs Jahren unfreiwilliger Arbeitnehmer-Abstinenz das Nötigste zu tun, um der Kündigung zu entgehen und ein Existenzminimum zu sichern? Sollte ich nicht wenigstens lieber jeden Tag unglücklich in irgendein Büro gehen, statt zweimal im Monat in die USA zu fliegen, von wo aus ich dem Engelskind kompensationshalber auch noch konzerndurchtriebene *Elsa & Anna*-Merchandising-Artikel mitbringe? Wenn es dann auch noch passiert, dass ich beim Anblick eines Fliegers Momente der Freude empfinde, erreicht mein Gedankenkarussell Höchstgeschwindigkeit. Am schlechtesten fühle ich mich als Working Mom genau dann, wenn ich mich gut fühle. Am nächsten Vormittag, als unsere *Muttinage à trois* zwischen Feuerlöschcontainern und Seenotrettungsübung hin- und herläuft, und mein *Jürginischer Biederanzug* nach unseren ausgiebigen Kantinenvöllereien unerfreulich in die Schenkel schneidet, thematisiere ich die Sache: »Ach Gott, das basiert doch alles nur auf der absoluten Unwissenheit der Durchschnittsbevölkerung hinsichtlich unserer Berufsgruppe«, lacht Thea laut auf. »Oder glaubst du, deine Kindergärtnerin ist mit unseren fakturierten Teilzeitmodellen, Spesen und Urlaubskonditionen in Disneyworld vertraut?«

»Nein«, gebe ich zu.

»Außerdem musst du dir überlegen, welche enormen Möglichkeiten du durch unseren Job hast – auch in Sachen *neuer Partner*. Bei *der* Frequenz wechselnder Begegnungen mit Gästen, Crews und Hotelpersonal kannst du ja fast gar nicht anders, als dich wieder zu verlieben«, holt Anke ein interessantes Argument hervor und sieht mich durchdringend an. »Oder willst du für den Rest deines Lebens alleine bleiben?«

So wie sie *Rest deines Lebens* sagt, klingt das ziemlich bedrohlich, allerdings kann ich mir nach meinen noch andauernden krafttraubenden Befreiungsschlägen von Herrn Machtkontrolle nicht vorstellen, noch einmal eine partnerschaftliche Gemeinschaft einzugehen, oder maximal eine rein emotionale und körperliche, jedenfalls keine häusliche mehr. Geschweige denn Kinder, deren Lebensverlauf von unserer Beziehung abhängt, und die jemand mutwillig von mir trennen könnte. Dafür habe ich einfach zu viel Vertrauen eingebüßt.

Thea erfasst meine Skepsis und lächelt. »Keine Sorge, du wirst neue Erfahrungen machen. Bessere! Ich weiß, wovon ich rede.« Fröhlich enthüllt sie, dass sie insgesamt vier Kinder von zwei Männern hat, drei vom selben, und sie mit ihrem jetzigen Freund in Frankreich lebt, da dort eben nicht dieser ganze Zirkus mit Rabenmutter und Kitaplatz herrsche. *Cirque de la mère Allemagne*, grinst sie ironisch.

Voller Inbrunst erzählt sie uns, wie sie vor fünfzehn Jahren auch mal in Bad Tölz verheiratet war und das Ganze schnell in die Brüche ging. Damals habe sie ihren einjährigen Sohn noch vor jedem Einsatz zu ihren Eltern nach Paderborn geflogen, und sich selbst dann wieder zurück zum eigentlichen Dienstantritt nach Teuerstadt. Ich staune über diese Wahnsinnsleistung. Doch trotz dieser Umstände habe sie sich davon nie ihr Leben nehmen lassen. Und das war gut so! Denn inmitten eines schmutzigen Scheidungskrieges, in dem sie letzten Endes sogar das alleinige Sorgerecht bekam, lernte sie im *Wingsclub*, einer berühmt-berüchtigten Bar in Shanghai, Thore, den Kapitän einer schwedischen Cargo-Airline kennen (von dem sie erst überzeugt war, dass er ihr K.O.-Tropfen ins Glas getan hatte). Heute lebt sie mit ihm und ihrem Kids-Quartett vor den Toren von Paris im eigenen Penthouse. Der Älteste ist nun sechzehn, der Jüngste wieder ein Jahr alt.

»Andere Airlines haben auch schöne Piloten« nickt auch Silke vielsagend und gibt zu bedenken, dass sie regelmäßig die Wäsche ihrer Familie mit nach Delhi oder Bangkok nimmt, um mit gebügelten Koffern zurückzukehren und daheim Nettozeit mit ihren Liebsten zu haben. »Alleine das wäre mir den Job wert«, lächelt sie. Und selbst mir kommen wieder Gründe und Vorteile in den Sinn, auch und gerade als Mutter weiter über den Wolken zu arbeiten. Zum Beispiel der abgöttische Stolz des Engelskindes darüber, dass seine Mami ein *Luftengel* ist, der Spaß, den sie vorm Spiegel mit meinem Uniform-Hut hat und die Erinnerung an ihre glänzenden Augen, als wir zum ersten Mal in einem Schminkgeschäft waren, um für meinen Wiedereinstieg einen zeitgemäßen Lippenstift zu organisieren. Alleine diese Erinnerung schon lässt mein Herz hüpfen!

Schnell hatte das Engelskind außerdem durch Spielzeug und Bücher eine sehr genaue Vorstellung davon entwickelt, wo ich bin, wenn ich weg bin, und was ich dann dort tue. Oft spielen wir im Kinderzimmer *Boing Boing, die kleine Boeing*, wobei wir uns gegenseitig die größten Köstlichkeiten aus dem Kaufladen in der First Class servieren, die sich wiederum auf dem *Upper Deck* im Hochbett befindet. Ich denke an die wunderschönen Reisen, die wir schon zusammen gemacht haben – z.B. Sandburgen-Bauen in Miami Beach. Nichts davon wäre mir als normal-sterbliche Angestellte jemals möglich gewesen, weder zeitlich noch finanziell. In meiner aktuellen Situation schon gar nicht. Und dafür bin ich an dieser Stelle einmal mehr unendlich dankbar!

In Anbetracht der lebensbejahenden, bunten und internationalen Lebensentwürfe meiner Mitflugmuttis, stelle ich mir an diesem Abend die Frage, was die letzten zehn Jahre meines Lebens mit mir gemacht haben, lande aber als Antwort bei der Frage, was umgekehrt ich mit den letzten zehn Jahren meines Lebens gemacht habe?

Bin ich nur einem Bild von mir gefolgt, statt mir selbst? Hätte ich mir weniger aus Männern, gesellschaftlichen Zwängen und mir selbst machen sollen? Hätte ich bessere Bausparverträge und längere Studiengänge abschließen, stärkere Rendite und höheres Kapital bilden sollen? Und vor allem mehr *Am-Arsch-vorbei-Feeling*? (Vor allem, falls ich morgen durch die Abschlussprüfung falle ...)

Und dann ist er plötzlich da, der letzte Kurstag. Weinend und mit unserer verdienten goldenen Schwinge am Revers liegen Silke, Anke, Thea und ich uns nach fünf Wochen Nähe, Fernweh, Zweifeln, Sehnsucht, Schweiß und Tränen in den Armen, tauschen Telefonnummern aus und beteuern uns gegenseitig, immer nur einen Flug weit voneinander entfernt zu sein. Dann ist auch dieser Schritt meines Lebens vorbei und ich drücke das vergnügte Engelskind Freitag Nachmittag so fest an mich, wie ich kann. Fast könnte man sogar meinen, Herr Machtkontrolle hätte mich auch vermisst, denn er lädt zum Essen ein.

»Ich bin froh, wenn die Küche heute mal sauber bleibt«, gibt er von sich und ich finde, so ein Rollentausch ist echt nützlich.

Zum Sonnenuntergang sitzen wir wie die ideale Kleinfamilie in einem Biergarten und tun, was alle so tun. Essen, trinken, Nichtstun. Das Engelskind sitzt vergnügt auf meinem Schoß und kriegt gar nicht genug von meiner Schilderung, wie ich von einem sehr hohen Flugzeug herunterrutschen musste. Und dann noch mal. Und nochmal. Ein Hoch auf die Flying Moms!

Wenige Tage später betrete ich zum ersten Mal wieder uniformiert einen Meetingraum und Anke sollte Recht behalten.

Die Cockpitbesatzung stellt sich uns vor Flugantritt höflich vor und bereits nach dem ersten Händeschütteln weicht mir Kopilot Nick, alias *Herr Toyboy*, nicht mehr von der Seite. In Anbetracht seiner ausgeprägten Jugend und der Tatsache, dass er sich auf dem Weg vom Crewbus bis zum Airbus schutzsuchend in meinem Windschatten aufhält, überlege ich, ob dies womöglich auch sein erster Flug ist. Nick hat zarte Gesichtszüge, seidige Locken, einen muskulösen Körper, Augen wie Kristalle und einen Blick wie ein Welpe. Das alles zur Schau getragen unter der schnittigen Mütze eines Linienpiloten.

Ich gebe zu, dass eine gewisse Wirkung auf mich nicht ausbleibt, die ich aufgrund seiner mangelnden Lebensjahre, Gesichtsbehaarung und der Abwesenheit ausstrahlender tiefer seelischer Narben in seiner Aura, jedoch nicht als männliche Anziehung interpretiere. Eher tauchen in mir mütterliche Schutzinstinkte auf.

Neun Stunden später gehen wir in Moskau ins Hotel. Mit den anderen noch etwas essen zu gehen, fällt mir schwer, ich bin fix und fertig und durchgeschwitzt in meiner alten neuen Rolle und will einfach nur flache Schuhe anziehen. Außerdem war ich seit mehreren Jahren nicht mehr nach einundzwanzig Uhr wach. Dann aber mache ich mir bewusst, dass dies einer der wenigen Abende in meinem neuen Leben als *Working Mom* ist, den ich nicht damit zubringen muss, den Geschirrspüler anzustellen und reiße mich zusammen.

In der Hotelbar im obersten Stock sichert sich Nick sofort den Platz neben mir. Unsere Kabinenchefin Donata, ein echtes Kölner Urgestein, entgeht dies nicht. Sofort witzelt sie, ich sei vergeben und stellt die Sache damit offiziell unter einen amourösen Stern. Vermutlich kennt sie nur Rückkehrer aus der Elternzeit, die verheiratet sind. Was ja nicht unlogisch ist. Ich lasse meinen Familienstand unkommentiert und freue mich ganz naiv über andere Erwachsene zum Reden. Leider dreht sich der Monolog des Kapitäns sehr schnell um seinen letzten fieberhaften Infekt in Tokio und seine bahnbrechende Idee, sich Wasabizäpfchen patentieren zu lassen. Da Donata fasziniert lauscht und unser fünftes Crewmitglied noch durch die russische Dämmerung joggt, wende ich mich notgedrungen Nick zu. In seine erwartungsvollen Welpen-Augen hinein offenbare ich wie hypnotisiert mein Alter (eigentlich zur

Abschreckung) – und leider auch irgendwie mein berufliches Doppelleben als Autorin, um andere Themen (technische Vorträge) zu vermeiden. Begeistert rückt Nick noch näher an mich heran – und offenbart auch seine literarische Ader. Aufgeregt berichtet er mir von seinem Blog *On Blogs*, den er seit Neuestem schreibt. Das Wording sei dem Vorgang der Arretierung von Flugzeugrädern auf Blöcken am Gate entliehen, im Fachbegriff *on blocks*. Fatalerweise nicke ich ob seiner sprachlichen Genialität, allerdings auch, um zum Ausdruck zu bringen, dass ich vor der Mutterschaft bereits zahlreiche Jahre im Dienst war und mit dem aeronautischen Vokabular vertraut bin. Was nebenbei nochmals mein Alter illustriert. Nick findet alles an mir einfach nur *nice* und fragt mich dezidiert aus. Über meine ursprüngliche Herkunft, mein lange zurückliegendes Studium der schönen Künste und meine fortgeschrittenen Erkenntnisse in Sachen Liebe und Literaturgeschehen. Und irgendwie fühle ich mich verpflichtet, seine Neugier zu befrieden. Quasi als Ältestenrat. Möglicherweise auch etwas geschmeichelt, denn endlich werde ich wieder in meinen eigentlichen Talenten wahrgenommen. Andere als Eintuppern zumindest.

Nicks Wertschätzung hinsichtlich meiner kreativen Berufung im Allgemeinen und meiner ehemaligen Tätigkeit als Dozentin für kreatives Schreiben im Bürgerhaus in Ibbenbüren im Speziellen, gepaart mit dem Blick auf den nächtlichen Kreml, sinkt meine rhetorische Hemmschwelle langsam dramatisch. Bereitwillig erzähle ich von meinen (eher frustrierenden) Erfahrungen als Schriftstellerin und reiße abschließend das Wissen der alten Griechen im Bereich *Storytelling* an. Bei meiner Ausführung zur Strukturierung erfolgreicher Geschichten in erste, zweite und dritte Akte hört Nick fast auf zu atmen und ich fürchte, dass er gleich mitschreiben wird. Vor fast zwanzig Jahren hätte ich alles dafür gegeben, einmal so angehimmelt zu werden, heute allerdings fühle ich mich, als machte ich mich strafbar. Uns trennen achtzehn biologische Jahre und Lichtjahre an Lebenserfahrung.

Als er versucht, unter dem Tisch sachte meine Hand zu nehmen, winke ich dem Kellner hektisch eine Bestellung zu und sitze Sekunden später mit einer astronomischen Virgin Colada da, die ein schwarzes Loch in mein noch leeres Spesenkonto reißt. Anders als Jürgen bewundert Nick meine alkohollose Disziplin zutiefst, was die Sache unschön verschärft.

Während ich so unerotisch wie möglich an meinem Strohhalm ziehe, berichtet er mir, dass er aus St. Peter-Ording komme und bereits Geige fertig studiert habe, seit seinem siebten Lebensjahr Gedichte schreibe und regelmäßig an *Poetry Slams* teilnehme. Er schätze meine Meinung zu alledem wirklich unfassbar!

Ich spüre, dass dies ein zentraler Moment ist. Eine weitere Chance des Kosmos, mich in Sachen *Grenzen* zu üben und höflich, aber bestimmt *Nein* zu sagen. Gleich hier und jetzt und sofort. Aber Nicks Augen leuchten wie Kometen.

Also denke ich nur klar und bestimmt *Nein* und sage laut und deutlich: »Klar.«

Zu meiner Verteidigung kann ich nur angeben, dass die Vorstellung von Nicks zarter Künstlerseele vor rauer See meine mütterlichen Instinkte potenziert hat.

Resigniert kritzele ich meine Kontaktdaten auf seine Serviette und Nicks Gesicht wird zur Supernova.

»Deine Mailadresse lautet *motherlife-crisis@anbieter.com*?!«

Ich nicke.

»Voll fett genius! Warum habe ich dich nicht früher getroffen?«

Ich kann es nur vermuten: Weil Nick da noch nicht geboren war.

Petra muss Jürgen meine Nummer gegeben haben, oder aber er schreibt mir direkt von ihrem Handy. Beides wäre beiden zuzutrauen. Ich mag Jürgen nicht und ich hasse *WhatsApp*. Selbstredend bekomme ich nun beides zusammen.

Vorsichtshalber speichere ich Jürgen ein – um im Falle eines Anrufes, der mich in einer zeitkritischen Situation erreicht, etwa zwischen Kindergartenabholung und musikalischer Früherziehung, nicht versehentlich ranzugehen. Ich finde, *No* ist ein geeigneter Name. *Dr. No*, wenn man es genau nimmt. Selbstverständlich ist die ganze Aktion schon ein Fehler, denn nun hat Jürgen einen Platz in meinem Leben, wenn auch keinen guten. *Where you place your attention, there you place your* ... Wie recht Sie haben! Leider ist mir dies gerade nicht bewusst, denn Jürgen an sich stellt für mich eine Stresssituation da. Dieser Zustand führt erwiesenermaßen zu einer flachen Atmung und das zu einer Sauerstoffunterversorgung im Gehirn, im Fachbegriff *Hypoxie*. Hypoxie wiederum führt dazu, dass unser Verstand auf Stammhirn umschaltet. In meinem Fall macht sich mal wieder das beklemmende Gefühl breit, keinesfalls unhöflich sein zu dürfen. Ängstlich schiele ich auf Jürgens Nachricht.

Naaaa duuuu? Smiley, Smiley, Smiley, grins, Kleeblatt. Wieder gut in Teuerstadt angekommen???? Smileykofferflugzeugbus.

Den ganzen Tag über liegt mir seine Kontaktaufnahme im Magen, selbst als ich mein Mobiltelefon umgedreht herumliegend positioniere. Jürgens Nachricht verströmt eine so verheerende *Um-Antwort-wird-gebeten-Aura*, dass ich sieben Stunden nach ihrem Eingang unverbindlich antworte, dass alles okay sei und ich hoffe, seine Frau (!) Petra (!), er und Kornelius seien auch wieder wohlbehalten im Alltag angekommen. Beste Grüße.

Für volle zwanzig Minuten habe ich Seelenfrieden und zelebriere die stille Hoffnung, dass Jürgen sensibel zwischen den Zeilen liest und im sachlichen Schriftton meinen Wunsch nach Funkstille erkennt, doch dann ereilt mich eine Schriftform, die mir selbst als Autorin bislang nicht bekannt war: Der *WhatsApp-Roman*. Bestechend ehrlich schreibt er, dass Petra und er sich in puncto Fesselsex absolut uneinig seien und er bei mir hingegen glasklar die lange vermisste hungrige Neugier auf alles spüre. Mit ihm. Schließlich habe er schon viele Frauen kennengelernt und keine sei mir in Feuer, Verstand und voraussichtlich Leidenschaft ebenbürtig.

In Anbetracht dessen, dass ich vor unserem Mallorca-Urlaub lange nicht mehr bei der professionellen Zahnreinigung, beim Sport oder einem Friseur gewesen war, finde ich Jürgens Darstellung meiner Person recht optimistisch. Mit zwei Tagen Abstand schreibe ich zurück, dass ich es sehr bedaure, dass er körperlich nicht die gewünschte Erfüllung in seiner Beziehung finde, aber der Meinung sei, dass er dies besser mit Petra lösen solle als mit mir. Jürgen schreibt prompt zurück, wie ich darauf komme, dass er sexuell nicht erfüllt sei? Davon habe er nichts geschrieben. Sie seien erst kürzlich auf der Düsseldorfer Erotikmesse gewesen, aber Petra dem Thema gegenüber unnötig verschlossen und sie argumentiere schlüssig, dass sie ihn nicht mehr respektiere, sollte er *so etwas* von ihr verlangen. (Ich unterlasse es tunlichst zu fragen, was genau ihm denn vorschwebt.) Ihre hartnäckige Weigerung wiederum würde er natürlich respektieren und könne *dies* nicht von ihr verlangen.

Ich finde, dass beide sich in Sachen Verlangen sehr ähneln.

Jürgens (unbeantworteter!) Leidensweg auf meinem Handy setzt sich noch einige Tage fort und ich erfahre aufreizende Details zu Petras Lieblingsfilmen, Schlafgewohnheiten, ihrer angeblichen Fixierung auf Kornelius und es steht außerfrage, dass Jürgen ein Mann ist, dessen inneres Kind sich massiv zurückgesetzt fühlt, weswegen er als erwachsener Mann zwangsläufig mit seinem eigenen Sohn um die Gunst der Mutter/Partnerin konkurriert. Ich antworte konsequent nicht mehr und bin froh, dass Jürgen weit weg wohnt, einen aufmerksamen Freundeskreis, eine eng getaktete Kleintierpraxis und eine Ehefrau hat, die nur halbtags arbeitet, seit er ihr eindringlich dazu geraten hat, sich finanziell nicht auf ihn zu verlassen. Allerdings würde er viel mit ihr streiten (Hund anschaffen ja/nein) und wenn er abends nach Hause komme, müsse er immer erst die Küche aufräumen, was ihm ein Gefühl von Unmännlichkeit vermittle. Eine Realität, die keinesfalls an die Qualität seiner täglichen Fantasien mit mir heranreiche. *Herzzwinkersmileyamorspfeilherz.*

Die Vorstellung, dass Jürgen ohne meine Genehmigung nachts neben Petra liegend feuchte Wunschträume von mir hegt, nervt mich. Zu gerne würde ich ihm jeglichen Gedanken an mich verbieten! Ich überlege, ihm unschöne Bilder einer ausgeprägten Schuppenflechte aus dem Dermatologie-Atlas von Herrn Machtkontrolle zu schicken, diese an mir selbst zu beklagen und einen Arzt, eben ihn, zurate zu ziehen, aber ich fürchte, dass er denselben Veterinär-Atlas im Regal hat. Eine echte Lösung muss her!

Derweil wird mein E-Mail-Account durch Welpen-Post von Nick geflutet, der sich ebenfalls seit unserem Kennenlernen vor zwei Wochen äußerst interessiert am Verlauf meines physischen und psychischen Zustands zeigt.

Seine Anhänge laufen nur so über vor Emotionen und Wortspielen, Kurzgeschichten, Lyrik und Essays, Prosa und Poesie. Und da ich zu jenen gehöre, die einen kostenlosen Account mit begrenztem Speicherplatz nutzen, und dabei gerne Werbung ertragen, besteht sofortiger Handlungsbedarf. Zumindest, wenn ich möchte, dass mich weiterhin sämtliche Wohnungsangebote und der Kindergarten-Newsletter der städtischen Affenbande erreichen.

Ich lösche alle Anhänge, die länger sind als fünf Seiten, und schreibe Nick, dass ich mich leider gerade in einer turbulenten

Lebenssituation befinde (Scheidung) und nicht wisse, wann ich dazu komme, seinem Schaffen die gebührende Aufmerksamkeit zu widmen. Leider berücksichtige ich das alte Projektions-Prinzip nicht. Dass Menschen eben immer nur das erfassen können, was ihnen selbst bekannt ist. Sprich, ein vogelfreier Gutverdiener kann eher nicht den Kosmos aus Existenzangst, Müdigkeit und Selbstzweifeln einer Single-Mom aus Teuerstadt im Schichtdienst nachvollziehen. Voller Verständnis bietet er mir deshalb an, dass ich mir seine Werke unter diesen Umständen natürlich auch gerne erst am Wochenende ansehen und lektorieren kann.

Als Zwischenlösung spiele ich ihm den Ball zurück und bitte ihn, mir haargenau dazulegen, unter welcher Fragestellung ich seine Sätze überhaupt lesen soll, welche Ziele er als Autor verfolgt und wie ich ihn im Idealfall dabei überhaupt unterstützen könne. Drei Stunden später erhalte ich seine Antwort in Form eines ausschweifenden Gedichts, dessen Botschaft im Wesentlichen darauf hinausläuft, dass er sich eine reine Bewertung in Form von Schulnoten wünscht. *Am liebsten zwischen eins und zwei, grinssmileydaumen.*

Ich sehe es ein: Ich muss Jürgen sagen, dass ich nichts von ihm will und Nick, dass ich nichts für ihn tun kann. Klipp und klar. Aber wie? In diesen Dingen (Direktheit) kenne ich mich einfach nicht aus, stattdessen verschafft sich wieder einmal meine innere Mutter Gehör. *Was soll der Herr Soundso von dir denken, wenn du so bist?* Tja, zumindest bin ich mir meiner blockierenden Glaubenssätze bewusst, das ist doch schon mal was.

Als das Engelskind und ich uns mit zwei überteuerten Kugeln Eis, genauer Fenchel-Orange und Lavendel-Olive in der Waffel von der Trendeisdiele, nachmittags auf dem Spielplatz von Superviertel einfinden, sticht mir Herr Lederjacke ins Auge.

Im Gegensatz zu allen anderen Eltern, die wahlweise passiv auf ihre Handys starren oder ihre unterschwelligen Aggressionen beim Tischtennis ausleben, spielt er mit einem Fünfjährigen. Und ist wirklich ganz im Moment. Liebevoll regelt er einige alterstypische Konflikte hinsichtlich des Ballbesitzes unter den Kindern und schnell sieht eine Traube junger Seelen und Talente – Jungen wie Mädchen – inbrünstig zu ihm auf. Was er ihnen gibt? Aufmerksamkeit und Präsenz. Kurz, sich.

Schnell hat er den gesamten Bolzplatz im Griff und schafft es, die Altersgruppe der Drei- bis Sechsjährigen so zu einen, dass auch die Jüngsten verstehen, dass Fußball ein Mannschaftssport ist und der Ballbesitz wechselt. Herr Lederjacke ist ein wahrer Menschenmagnet und Leader. Dabei strahlt er braungebrannt und tiefenentspannt mit dem Wetter um die Wette. Seine Grübchen haben die vierzig schon überschritten und mit seinen Bluejeans und Segelturnschuhen stellt er eine unwiderstehliche Mischung aus zu vermutender geistiger Reife und optischer Jugend dar. In einer Diskothek hätte ich ihn als Womanizer identifiziert, hier aber, zwischen Dinkelstangen, Sandschaufeln und Klettergerüst wird meine Menschenkenntnis biologisch verzerrt. Jedenfalls finde ich ihn gleich gut.

Allerdings weiß ich aus schmerzhafter Erfahrung zwischen vierter Klasse, Schüleraustausch und Partnerbörse auch, dass solche Männer für mich unerreichbar sind. Und vermutlich ohnehin vergeben. (Achtung: Ein ringloser Finger heißt gar nichts!)

So sitze ich träumend im Schatten und feuere das Engelskind an, das schon wieder ein Tor schießt und strahlt.

Kurz darauf macht Jürgen Ernst. Lange Rede, kurzer Sinn habe er nächsten Monat eine Fortbildung im Bereich *Osteopathie für Reptilien* in Teuerstadt gebucht – so wäre Petra nicht beunruhigt.

Man (wer ist eigentlich man?!) könne sich im Anschluss im Hotel Innenstadt treffen, er habe sich dort bereits nach Day-Rates erkundigt. Mir gefriert das Blut in den Adern. Fatalerweise reagiere ich jedoch nicht, indem ich Jürgen sage, dass eher die Hölle zufriert, als dass ich mich mit ihm in die Horizontale begebe, ich also nicht will, sondern beschreibe meinen fordernden Alltag als Mutter, der mir für *solche Aktivitäten* keine Zeit lässt. »*Sie senden die falschen Signale*«, höre ich Frau Verhaltenstherapie in mir, doch ehrlich gesagt fürchte ich Jürgen. Einen gekränkten Jürgen mag ich mir gar nicht erst vorstellen, daher erscheinen mir Ausreden zunächst als die klügere Lösung. Doch je detaillierter ich werde, desto mehr bemüht sich Jürgen um Lösungen für mich und bietet schlussendlich an, das Engelskind bei Bekannten von sich unterzubringen, damit ich in den Genuss freier Zeit mit ihm käme. Mir ist klar, dass es jetzt nur noch einen Ausweg für mich gibt …

»Wenn du den triffst, ist alleine das schon wieder das falsche Signal«, beurteilt auch Elena meine Strategie, Jürgen in einem öffentlichen Raum nochmal persönlich zu treffen, mit gelben Zähnen und grauem Haaransatz anzustrahlen, und zu sagen: *Danke. Aber nein, danke!*

»Aber es wäre doch eine Mutprobe?« erläutere ich meinen ihr unverständlichen Ehrgeiz, die Sache mit Jürgen von Angesicht zu Angesicht zu beenden. »Ich will mir endlich aneignen, Leuten zu sagen, was ich denke. Ganz ohne Angst!«

»Na schön. Aber ich rufe dich nach zwanzig Minuten an und simuliere den Bereitschaftsdienst deiner Airline.«

»Okay, aber bitte sag nicht wieder, ich müsse sofort wohin, wo es gar keinen Flughafen gibt.«

»Minnesota?«

»Buenos Aires.«

Ausgestattet mit Elenas Rückendeckung treffe ich Jürgen nahe dem Tiermedizinischen Institut von Teuerstadt, in dem seine Weiterbildung stattfindet, in einem extra ungemütlichen Fast Food-Laden, bei Tageslicht und Menschenmassen, und erläutere in ausgefeilten Ich-Botschaften, dass ein *Betrug* (bedeutet ihm Petra denn gar nichts?!) einfach kein annehmbarer Daseinszustand für mich ist. Und überhaupt bräuchte ich ihn wenn, dann ganz für mich alleine. Mit dem allergrößten Bedauern und der allergrößten Wertschätzung, versteht sich. Jürgen versteht das überhaupt nicht. In seinem Universum ist er sogar sehr stolz darauf, gerade nicht von Petra zu erwarten, dass sie alles in einer Person sein müsse. Und *das* dazu auch noch. Ihr die erniedrigende Erfahrung einer sexuellen Überforderung zu ersparen, nennt er tatsächlich *Liebe*.

Ich gebe offen zu, dass Jürgens Theorien derartig schräg sind, dass mir bei ihm gelingt, was mir sonst nie im Leben gelingt: Zuhören, das Gegenüber ausreden lassen. Was zweifelsfrei die Krönung meiner falschen Signale darstellt (gut, dass Elena und Frau Verhaltenstherapie nicht dabei sind). Jürgen beruhigt mich und betont, dass er ja gar keine Affäre mit mir wolle, denn dies könne ich ja geographisch gar nicht leisten. Und eine fremde Beziehung, so etwas würde er Petra niemals antun!

Ich bin verblüfft.

»Aber was schwebt dir dann vor? Ein One-Night-Stand?«, frage ich nach, nur aus Neugier.

Angewidert schüttelt Jürgen den Kopf.

»Eine Affäre«, klärt er mich auf, »ist regelmäßig. Ich würde dir eine Zeit vorgeben, zum Beispiel jeden Montag um achtzehn Uhr, zu der wir uns treffen. Immer zu diesem Zeitpunkt würde ich dann Sex einfordern.«

»Du würdest es *einfordern*?«

»Ja, natürlich. Wir haben ja dann einen stillen Vertrag! Ich würde eine Affärenmailadresse einrichten und ein Affärenkonto, auf das wir beide monatlich einzahlen. Für Hotelbesuche, Eintrittsgelder in Swingerclubs und so weiter. Was ich will, ist eine Freundschaft mit Sex. Die Begriffe One-Night-Stand und Beziehung sind dir aber klar, oder?«

Ich starre ihn an, dann breche in schallendes Gelächter aus. Das Denken dieses Menschen ist so absurd, dass es jegliche Mechanismen meines Schattenkindes durchbricht.

»Jürgen«, fällt mir die Wahrheit auf einmal ganz leicht. »Ich lade dich herzlich ein, nichts einzufordern, sondern Frauen zu verführen. Wenn überhaupt! Aber keinesfalls mich.«

Bestimmt stehe ich auf, greife nach meiner Tasche und schreite in Würde von dannen. In einer Art, die beiderseits keine Fragen mehr offen lässt und ohne mich umzudrehen, versteht sich. Euphorisch brülle ich Elena um dreizehn Minuten nach Jürgen ins Ohr, dass ich endlich frei sei. Von ihm und davon, nicht mein wahres Ich zu sein. Ich spüre, dass dies die Feuerprobe war – für ein unbeschreiblich erlösendes Gefühl namens Authentizität, das mich von hier aus in meine zweite Lebenshälfte begleitet und nie mehr verlassen soll. Selbstliebe on! (Tja, Jürgen, das gilt nun auch für dich ...)

Wieder zu Hause, schreibe ich Nick, dass ich mich bedauerlicherweise überschätzt habe und mein Versprechen, seine Sachen zu lesen, nicht erfüllen könne. Dass ich wünschte, ich hätte bessere Nachrichten für ihn, aber dass ich genau hierdurch eine meiner größten Erkenntnisse im Leben an ihn weitergeben könne: *Ist der Schüler bereit, taucht der Lehrer auf. Ich bin leider nicht seiner. Always happy landings!*

Mit erhöhter Schwingung betrete ich in den nächsten Tagen den Spielplatz und treffe dort auffallend oft auf Herrn Lederjacke, dessen entwaffnendes Lächeln ich nun, mit gesteigertem Selbstwert, endlich erwidern kann. Ich finde mich toll und er mich auch, und die Erfahrung, mich selbstbestimmt abgrenzen zu können, öffnet mich ganz neu für die Nähe einer anderen Person.

Zusammen sitzen wir in der Sonne, die Kinder beide fest im Blick, und Herr Lederjacke erklärt mir, dass *Jasper* gar nicht sein Sohn, sondern sein Neffe sei und sich Familie für ihn noch nicht ergeben habe. Seine Schwester sei diejenige, die für Stammhalter sorge. Drei davon gebe es schon. Weswegen er sie derzeit drei Mal die Woche nachmittags entlaste.

Gordon (sein Vater ist Brite und er ist gegen den Brexit) ist Freelancer und wir führen tiefgreifende Gespräche.

Ich erkläre ihm, dass ich mir so kurz vor der vierzig mehr Gedanken über mein Leben mache als gewöhnlich. Er sagt, dass er dies, mit Mitte vierzig, inzwischen auch tue und leider erst jetzt die nötige Bereitschaft besitze, sich wirklich einzulassen, wie es vergangene Freundinnen aus seinen Dreißigern immer von ihm verlangt hätten. Lebensklug äußert er, dass er, wenn er heute eine Frau kennenlernt, sich nicht mehr frage, ob er auf sie stehe, sondern ob er sich mit ihr auch noch gut verstehe, wenn er mit Kind von ihr getrennt sei.

Im Gegenzug berichte ich ihm von der geheimen inneren Variante meiner selbst als digitale *MOMadin*, die durch Ebooks jede Menge passives Einkommen generiere, und er mir von der Ahnung, seine Lebensaufgabe erwarte ihn irgendwo zwischen den Wellen Patagoniens. Als Fotograf vielleicht, oder bei Greenpeace.

Als ich nach einigen dieser Nachmittage das Sandspielzeug des Engelskindes zusammensammle, nimmt er plötzlich meinen Kopf in seine Hände, sagt, dass es sicher nicht leicht für mich gewesen sei mit den Männern vor ihm – und küsst mich.

Paralysiert gehe ich Minuten später hinter dem Fahrrad des Engelskindes nach Hause (das an der Reifenschaukel von der ganzen Romantik gottlob nichts mitgekriegt hat, im Gegensatz zu den anderen Müttern, von denen eine applaudiert hat).

Bei meiner eigenen Mutter war jeder Verehrer immer sofort der Mann meines Lebens, außer meinem schwer depressiven Klavierlehrer, Herrn Gunther. *Der Mann deines Lebens* war für meine Mutter immer die Lösung. *Wenn du Hunger hast, musst du einen Koch heiraten. Wenn du ein Problem hast, musst du einen Anwalt heiraten. Wenn du eine neue Hüfte brauchst, musst du einen Arzt heiraten.* Vielleicht aber hat sie auch recht und ich habe inzwischen ein zu düsteres Weltbild entwickelt? Wird mir hier etwa der Neuanfang vor die Füße geschmissen und nur mein Herz ist voller Misstrauen? Verhindert am Ende gar noch Herr Machtkontrolle Mr. Right?

Tatsächlich bin ich durch Jürgen verstärkt der Ansicht, dass es keinen Mann auf dem Planeten gibt, der seiner Frau treu ist, und das macht es für mich selbst nicht mehr allzu erstrebenswert, die Frau an der Seite eines Mannes zu sein. Weder als Ehefrau noch als Geliebte, denn dazwischen, so scheint mir, gibt's nichts. Dann aber denke ich an unsere Gespräche, Gordons Art mit den Kindern, den Geruch von Sommer und Lederjacke an ihm, und beginne zu grinsen. Vielleicht *ist* er der Mann meines Lebens? Jener, der mir den Glauben an Bindungen zurückgibt. Jener, der es mir erlaubt, ich selbst zu sein, und trotzdem in Gegenwart eines anderen? Vielleicht ist das hier ja mein *Wingsclub*-Moment? So wie bei Thea? Keinesfalls will ich eine Frau sein, die sich für den Rest ihres Lebens selbst im Weg steht! Und aus einer miesen Erfahrung heraus die Guten übersieht?

Drei Playdates, einmal Einkäufe rauftragen, einen Ausflug in den Bergtierpark plus Kino mit Essen später, lasse ich mich auf eine rauschende Liebesnacht mit Herrn Lederjacke ein – ohne Lederjacke, versteht sich.

Am Morgen danach lächelt Gordon mich verschmitzt an und postiert seine mitgebrachte Zahnbürste demonstrativ langzeitmäßig in meinem Zahnputzbecher. Mein Leben tut, als wäre nichts gewesen.

»Wie schön, dir begegnet zu sein«, haucht er mir verheißungsvoll ins Ohr, und beim gemeinsamen Frühstück, während das Engelskind bei seinem Vater ist, lasse ich sogar ruckzuck wieder den Gedanken an gemeinsame Ikea-Nachmittage zu, vielleicht sogar noch ein Baby!

Achtundvierzig Stunden heile Welt später teilt mir Herr Lederjacke per SMS mit, dass Sabrina, seine langjährige Freundin, schwanger sei, und nur sechs Wochen später sehe ich auf *Gesichterbuch*, dass die Blitzschwangerschaft Zwillinge hervorgebracht hat, die er in Händen hält.

Wenigstens Elena sieht es sportlich: »Er war einfach der Mittelsmann – du musstest mit einem anderen schlafen, um den Bann von Herrn Machtkontrolle zu brechen!«

Nach zwei Wochen Depression, drei Packungen Kleenex und ausgiebigem Selbsthass vergebe ich mir das Prinzip Hoffnung. Immerhin war ich noch einmal fähig zu glauben, dieser Prinz löste meine Probleme.

In der Konsequenz packe ich alle Prinzessinnenbücher des Engelskindes in eine Kiste, die *erlernte Hilflosigkeit** propagieren. Und erzähle fortan aus dem Stegreif Geschichten, in denen sich Schneewittchen ein eigenes Business mit den angestellten Zwergen aufbaut und Cinderella UN-Botschafterin wird. Und als mir

---

* Mitte der 60er Jahre von Martin E. P. Seligman entwickelter, kognitiv-behavioristischer Ansatz zur Erklärung der Ätiologie der Depression. Ihm zufolge werden Menschen depressiv, wenn sie der Ansicht sind, in ihrem Leben keine Kontrolle zu besitzen und zudem für diesen Zustand der Hilflosigkeit selbst die Verantwortung zu tragen: die Wahrnehmung der Kombination aus Hilflosigkeit und Selbstbeschuldigung bedingt die Störung. Comer, R.J. (1995). *Klinische Psychologie*. Heidelberg: Spektrum.

das Engelskind voller Stolz mitteilt, dass es auf dem Geburtstag von Herrn Machtkontrolle als Kellnerin dabei sein dürfe, sehe ich ihm fest in die Augen und betone, dass es dort ganz sicherlich auch noch etwas anderes sei: Ehrengast nämlich!

Auf unserem neuen, Gordon-freien Spielplatz erreicht mich eine letzte Anthologie von Nick via Handy, in deren Mittelpunkt thematisch ein blutendes Herz steht, das in sich selbst ertrinkt, und eine letzte Sprachnachricht von Jürgen.

Er informiert mich, dass es im Team seiner Praxis eine sehr an ihm interessierte Helferin gebe, blonder und jünger als Petra und mit ihrer eigenen Sexualität weit mehr im Reinen als ich, weshalb ich mir keine Sorgen um ihn mache solle. Er hoffe, dieses Wissen würde mir helfen, besser mit meiner vertanen Chance zurechtzukommen. Ich unterlasse jegliche Resonanz, denn ich habe einmal gelesen, dass Stalker jede Art von Kontakt positiv werten. Selbst, wenn man sie anschreit, sie sollen sich zum Teufel scheren, wird dies als Zuwendung begriffen. Stattdessen stelle ich mich zum ersten Mal in meinem Leben vor den Spiegel und spreche einige persönliche Affirmationen. *Nichts vermag mich so zu fesseln wie mein eigenes Leben. Ich darf meine Talente für mich selbst einsetzen. Ich bin erwachsen und mein Leben hängt nicht mehr von der Zuneigung anderer ab, mein Bauchgefühl liegt immer richtig.*

Dabei erinnere ich mich an den Artikel eines Psychologen, in dem stand, dass unser Bewusstsein bis zum siebten Lebensjahr später unser erwachsenes Unterbewusstsein sein wird. Faszinierend, oder? Im Kinderzimmer malt das Engelskind einen Regenbogen in Chakrenfarben und ich sage ihm, wie talentiert es sei und wie wunderschön, und dass es sich nur mit Menschen zu umgeben brauche, die ihm guttun und mit niemandem spielen müsse, den es nicht möge, oder wenn es nicht wolle. Und dass es überhaupt gar nicht lieb sein müsse, sondern einfach so, wie es sei. Amüsiert sieht es mich an.

»Aber Mami, das ist doch normal!«

13. UND TÄGLICH GRÜSST DAS KITATIER

An einem schönen goldenen Herbsttag nähern sich das Engelskind und ich mit dem Rad und gemischten Gefühlen dem Tor der städtischen Affenbande. Wir sind die Einzigen, die nicht darauf angewiesen waren, dass das Engelskind taggenau ab dem ersten September eingewöhnt wird, sondern zum Start auf den fünfzehnten des Monats ausweichen konnten. Frau Kita konnte unmöglich alle zwanzig Kinder der neu eröffneten Pavian-Gruppe gleichzeitig aufnehmen, insbesondere nicht die Dreijährigen, für die nach der hier externen Krippe alles gänzlich neu war, und brauchte daher flexible Eltern. Und wieder einmal hatte sich unter all den Spitzenverdienern nur mein Beruf geeignet, um nach den Sommerferien kurzfristig noch meinen restlichen Jahresurlaub anzufragen. Nun ist der weg, wir aber da!

Einerseits sind wir stolz wie Bolle, andererseits macht sogar mir diese Veränderung Angst. Es ist ein Neubeginn, aber auch ein Wagnis. Wird ab hier wirklich alles besser? Jedenfalls bin ich bereit, alles dafür zu tun! Wir werden uns so gut es geht integrieren, fließend teurisch lernen, die besten Schleichwege durch die SUVs auskundschaften, und uns an die Sommerfeste und Hofflohmärkte der Anwohner halten. Und als Erstmaßnahme, um Zugang zur Loft-, Stuck- und Bio-Bevölkerung zu bekommen, habe ich uns zum Musikunterricht angemeldet. Denn nebenbei lautet meine

Hoffnung: Kennen wir hier erst mal genug Leute, fliegen uns die Wohnungstipps unter der Hand nur so zu, bis zum Auszug aus der Weiterstraße ...

In punkto kindlicher Frühförderung habe ich mit dem Engelskind zwar schon in Vorort schlussendlich ein Jahr lang mit bunten Tüchern, lauten Rasseln und indianischen Klängen um einen Teppich getanzt, aber irgendwo muss unser Socializing ja anfangen. Natürlich habe ich versucht, zur Abwechslung hier einen Platz im Kinderturnen, Ballett, beim Schwimmen oder im Capoeira zu kriegen, allerdings gibt es für jede Form organisierter städtischer Aktivität eine Warteliste. Für das Ponyreiten im Voralpen-Outback sonntags gibt es sogar eine Warteliste auf die Warteliste. Damit mich kein Anruf erschreckt, dass beim Zwergen-Voltigieren jetzt was frei ist, wenn ich eines Tages herzkrank meinen Rollator schiebe, verzichtete ich höflich auf den Eintrag. Meist bekam ich auf meine Anfragen ohnehin erst gar keine Antwort. Zur Probestunde beim Jazzdance wurden wir eingeladen, allerdings nur, um dann in voller Feen-Montur von der durchführenden Dame vor Ort entrüstet abgewiesen zu werden, da sie davon leider nichts wisse. So bin ich froh, nun einen Restplatz bei *Musik-Mareike* ergattert zu haben – in einem versteckten Hinterhof-Yoga-Studio gleich um die Ecke zwischen Weiterstraße und Affenbande.

Mareike war in der Entwicklungshilfe tätig und schon in der ersten Stunde ist es auch mir eine Freude zuzusehen, wie viel Spaß eine Bande Kinder mit einer simplen Trommel, acht Händchen, und darauf herumhüpfenden Kieselsteinen haben kann. Was für ein Kontrast, mitten im mit Spielzeugläden überladenen Superviertel!

Leider begleiten außer mir nur Kindermädchen, Au-Pairs und Großeltern den Kurs, so dass meine Hoffnung auf andere Mamas enttäuscht wird. Und einmal mehr wünschte ich, Frau Gegenpartei und Frau SamSs könnten sehen, dass hier einzig die Schtuadess eigenhändig Zeit mit ihrem Kind verbringt.

Als das Engelskind selbstbewusst sein Fahrrad in der herbstlichen Morgensonne parkt und das Kinderschloss abschließt (der Code ist *Sonne, Sonne, Stern*, aber wir zwinkern uns immer laut *Sonne, Boot, Bär* zu, damit niemand drauf kommt), meldet sich dennoch das schlechte Gewissen. Mute ich dem Engelskind, mit dem zweiten Wechsel seiner Tagesstätte in so jungen Jahren, doch zu viel Veränderung zu? Umstandshalber antworte ich mir selbst: Alle Umbrüche haben ja letztlich nur eines zum Ziel: Stabilität. Und wer sagt überhaupt, dass etwaige negative Konsequenzen einer Scheidung allein auf der Mutter lasten? Der Kindsvater ist doch genauso für den unerfreulichen Hergang der Dinge verantwortlich – und mögliche seelische Schäden beim Kind! Tatsächlich möchte ich selber nichts lieber als endlich zur Ruhe zu kommen, Herr Machtkontrolle hingegen ist schlicht wieder nur seinen Bedürfnissen gefolgt – und das Engelskind muss weiter mit seinem schnarchenden Vater und jetzt auch noch einem Autobahnzubringer in einem Raum nächtigen. Niemals hätte er sich der frustrierenden urbanen Wohnungssuche ausgesetzt. Er möchte es einfach gerne nahe haben zur Praxis und nach der Arbeit ins Weite sehen. Ziemlich kurzsichtig, wenn Sie mich fragen.

Als wir, zur Feier des Tages mitsamt eines neuen Einhorn-Regenbogen-Brotzeit Rucksacks, durch den Eingang der Einrichtung schreiten, erinnere ich mich einmal mehr an die Scheidung meiner eigenen Eltern. Zwei Dinge haben mich damals geprägt: der Auszug meines Vaters, plötzlich und fast unmerklich mit einem weißen Lieferwagen (nicht schön), und die Folgeerscheinung, dass die unangenehme Atmosphäre bei uns zu Hause augenblicklich verpuffte, wodurch meine Mutter aufblühte wie Rosen im Sommer (sehr schön). Primär nahm ich sogar nur das wahr, da ich fortan mit ihr und meinem kleinen Bruder alleine lebte. Aus (bio-)logischer Sicht ist das klar – denn die Existenz und Entwicklung jedes Kindes hängen maßgeblich von der ersten Bezugsperson ab. Derjenigen, die das Kind nährt. Wer würde da nicht gerne sehen, dass seine Quelle von Zuneigung, Kleidung und Obdach – zumeist eben die Mutter – gut in Schuss ist?

Ich weiß noch, wie ich sie in dieser Phase ständig beobachtet habe, zum Beispiel vom Kindersitz aus im Auto, und ihre Gesichtszüge im Rückspiegel immer weicher wurden. Ihre Entwicklung nach der Trennung gefiel mir – und vor allem beruhigte sie mich. Da ihre Sorgen verschwunden waren, hatte sie auch spürbar mehr Kapazität für uns Kinder. Allerdings gehörte meine Mutter auch zu den glücklichen Erben zweier Mehrparteienhäuser und unsere Umgebung änderte sich nicht. Auch die Frage, wer auszieht, stellte sich meinen Eltern nicht.

Genauso forschend wie ich einst meine Mutter, sieht das Engelskind nun mich an, und will das Einhorn gleich mal tatkräftig selbst in dem bunten Flur aufhängen. An der Garderobe finden wir ihren Namen und ihr Zeichen (ein Löwe!). Dann stehen wir etwas verloren im Gruppenraum. Fröhlich gehe ich auf die Erzieherin zu, stelle uns vor und will sie mit einem festen Handschlag begrüßen, doch leider ist sie schwer abgelenkt von der eintrudelnden Klientel, mit all ihren tagesformabhängigen Zipperlein und Nöten, und ein brüllendes, tretendes Kind auf ihrem Arm vereitelt jeglichen Handschlag. Immerhin weiß sie, wer wir sind, aber jetzt ist eindeutig nicht der richtige Zeitpunkt. Wir verkrümeln uns abwartend in eine Ecke, das Engelskind setzt sich auf meinen Schoß und wir sehen zu, wie sich etwa sieben Jungen auf dem Bauteppich raufen. Ein auffallend großer Junge, Matteo, gibt den Diktator des Faustrechts. Mädchen sind hier stark in der Unterzahl, aber das muss ja nicht schlecht sein. Zwei Jahrzehnte später wünscht man sich sowas ...

In einer anderen Ecke steht eine Kiste voller Stofftiere, ansonsten ist der Raum ziemlich karg und die Farbe blättert von den Wänden. Sofort wird deutlich, dass hier wesentlich weniger Geld regiert als in der ebenfalls städtischen Villa Vorort. Während in der gut betuchten Gegend einkommensabhängig Monatsbeiträge ab sechshundert Euro die Regel waren, muss dieser Kindergarten mit geringeren Mitteln auskommen. Und mir ist das äußerst sympathisch. Als echtes Ruhrgebietskind freue ich mich am Ende eines Kita-Tages schon darüber, *wenn der Kopp vom Kind noch dran is*. Ein echtes Pferd zu St. Martin, ein Bällebad mit Rutsche und eine zweisprachige Kita-Köchin, die Dinkel-Bratlinge zubereitet, sind natürlich ziemliche Kracher, aber ob eine glückliche Kindheit davon abhängt, wage ich zu bezweifeln. Oft kommt es mir vor, als wäre ausgerechnet mein Vater, der als Kriegskind und Halbwaise zwischen Trümmern aufwuchs, in Hinterhöfen zwischen Schwarzkohlen Fußball spielte und im Sommer kopfüber von einer Brücke in den Rhein-Herne-Kanal sprang, der zufriedenste Mensch, den ich kenne.

Was mir in der Affenbande von Anfang an auffällt, ist, dass die Kinder gut in großen Gruppen zusammenspielen, viel Freiheit haben und sehr selbstständig sind. Mangels Materialien herrscht hier kaum gezielte Bespaßung und der Ton ist pragmatisch, was die Kreativität zweifelsfrei fördert. Vielleicht wird das Engelskind hier gar Klassiker wie *Fangen* und *Verstecken* kennenlernen? Im Flur gibt es eine riesige Tafel, an der die Drei- bis Sechsjährigen malen können, ein großzügiges Außengelände (eine echte Rarität in Teuerstadt!) und drei Schaukelpferde unterschiedlicher Größe im Vorraum, die schon Augen und Ohren eingebüßt haben, aber das Durchsetzungsvermögen der Kinder trainieren (*heute gehe ich auf das größte!*).

Interessiert beobachtet das Engelskind die neuen Kinder, Spielsachen und Vorgänge in seiner Umgebung, bevor die Erzieherin zum Aufräumen mahnt, die tobenden Sprösslinge in ihre Stammgruppen zurückschickt und die Neonröhren ausknipst. Ein sanftes Lichtspiel an der Decke zeigt an, dass der Morgenkreis nun beginnt. Das Engelskind und ich setzen uns in zweiter Reihe dazu und plötzlich muss ich heulen. In so einem neuen Kindergarten kommen ja auch bei Erwachsenen gerne alte Gefühle auf – meiner Meinung nach übrigens der Grund, warum besonders Krippeneltern so extrem angespannt sind (Pscht. *Es ist immer nur man selber*).

In meinem eigenen Kindergarten früher (der kurzerhand einfach so hieß wie die Straße, in der er sich befand) wurde meist gleich hinter mir abgeschlossen, was ich heute verstehe, damals aber schrecklich fand und mich eingesperrt fühlte. Trinkflaschen gab es nicht und so mussten wir in Sachen Durst immer nass geschwitzt bis zur Mittagspause warten, in der es zum Essen pappsüßen Hagebuttentee gab – weswegen ich heute einige Inlays und Kronen besitze. Meine Erzieherin damals war mir so unheimlich, dass ich mich nicht einmal traute, in ihrer Gegenwart eine Schleife zu binden, obwohl ich es längst konnte, und als entwicklungsverzögert galt. Einmal vergaßen meine betagten Großeltern, mich abzuholen und ich wandte mich an eine fremde Mutter, ob sie mich vielleicht nach Hause bringen könne.

Alles das wird dem Engelskind selbstverständlich nicht passieren, also reiße ich mich zusammen, wische mit dem Ärmel im Augenwinkel herum und klatsche betont enthusiastisch das Marienkäferlied. Nach der anschließenden Brotzeit, die das Engelskind bereits in neugieriger Gesellschaft an einem der kleinen Tische einnimmt, findet sich endlich Gelegenheit, ein paar Worte mit der Erzieherin zu wechseln.

Sie heißt Mila, kommt aus der Tschechei und das Tollste an ihr ist, dass sie mich tatsächlich für voll nimmt. *Elternkompetenz* nennt sie das. Laut pädagogischem Konzept der Affenbande soll die Eingewöhnung hier im Tempo des Kindes stattfinden, und das hinge maßgeblich davon ab, wie schnell ich berufsbedingt die volle Buchungszeit brauche. Als einer der wenigen Menschen auf der Welt geht Mila nicht mit der üblichen Mischung aus Abneigung und Neugier auf meine exotische Job-Mischung ein, sondern nimmt sie wohltuend unaufgeregt zur Kenntnis – mit dem Fazit, dass ich also nicht unter Zeitdruck stehe. Wir beschließen gemeinsam, dass ich mich, nach eigenem Ermessen, jeden Tag ein bisschen mehr zurückziehen und ein wenig länger entfernen werde – mit klaren und ehrlichen Worten dem Kind gegenüber. Mila schätzt, dass das Engelskind schon in rund vierzehn Tagen regulär kommen und gehen können wird. Und Frau Kita, die gerade hereinkommt, weist darauf hin, dass manche Kinder trotzdem erst nach einem Jahr so richtig ankommen. Prompt geht es mir besser – hier gibt man uns die Zügel selbst in die Hand! Vergleichsweise denke ich an die entsetzlichen und entmündigenden Stunden in der Hübschviertel-Krippe zurück, in denen das Engelskind in seiner ersten Eingewöhnung ever nahezu gewaltsam von meinem Arm gerissen und die Tür zwischen uns zugeschlagen wurde, aber auch an meine Freundin Dunja, deren Kinder bis zur Grundschule ausschließlich bei ihr zu Hause bleiben, um sie vor dergleichen zu bewahren. Sie selbst befürchtet inzwischen, dass sie deshalb nun doch bald große Probleme im Schulalltag kriegen werden, der für sie dann gänzlich neu ist, was aktuell wiederum die Auswahl einer besonderen und möglichst liberalen Schule nach sich zieht. Oder den Umzug ins Ausland – zum Home- oder Roadschooling. Und leider kann ich bestätigen, dass man sich mit Dunja keinen einzigen Satz lang unterhalten kann, weil sie entweder versucht, ihre Große zum Schweigen zu bringen oder ihren Kleinen zum Reden zu animieren. Dinge, die sich unter Kindern ja ganz gut selbst regulieren. Auch heute weiß ich nicht, was richtig ist und was übertrieben, aber ich beschließe für mich und unser Leben: Was schmerzt und sich unnatürlich anfühlt, werde ich nicht mehr machen. Wenn Mutter (und bei uns allen voran auch der Vater) und Kind an Krippenvormittagen weinen, kann was nicht stimmen!

Um dem Engelskind, entgegen meiner Erinnerungen, augenblicklich positiven Rückhalt zu geben, besinne ich mich wieder auf die Gegenwart und das, was mit dem heutigen Tag geschafft ist: Unser Rückzug in die City! Mit einer Wohnung *und* einem Kitaplatz gleich nebenan, im Superviertel von Teuerstadt. Ganz offiziell! Darauf darf ich stolz sein. Uns soll es hier *langfristig* gut gehen und so darf jede Veränderung ruhig eine Anlaufphase haben. Mit Rückschlägen und Zweifeln, bis uns alles vertraut ist.

Die Fahrradfahne im Wind (Sonne, Boot, Bär, zwinker) wuchtet das Engelskind, nach seinem ersten Vormittag in der neuen Kita, stolz sein kleines Gefährt die hohen Bordsteine heimwärts hinauf. Zur Belohnung halten wir noch kurz beim Bäcker auf ein Rosinchen und alleine der Umstand, dass hier alles wieder in *Walking Distance* ist, durchströmt mich mit Glück. Kein Auto ist mehr nötig und kein elendiger Fußmarsch, um aus der Einfahrt des freistehenden goldenen Käfigs über die Felder zum Bahngleis voller aschfahler Pendler in Richtung Zivilisation zu kommen.

Am Nachmittag werden wir den Szene-Spielplatz erkunden und schon morgen früh, wie es sich anfühlt, wenn das Engelskind auf dem Gehsteig fährt und ich auf der Straße strample – wie alle anderen. Meine gute Laune überträgt sich augenblicklich auf das Engelskind und unter ihrem Fahrradhelm stellt sie fest, was ihr Kinderherz wissen muss für heute: *Mami gut, alles gut.* Mutterglück ist Kindeswohl, so ist das nun mal.

In den nächsten Tagen beschließe ich, wieder aktiv das Thema *Wohnungssuche* anzugehen. Die Zeit rennt uns davon, denn obwohl das Engelskind tatsächlich schnell eingewöhnt war, habe ich noch immer Mühe, Anschluss zu finden.

Die restlichen Eltern scheinen chronisch im Panik-Modus, entweder aus Sorge ums Kind oder um pünktlich zur Arbeit zu kommen, und haben keinerlei Zeit, ein paar Worte zu wechseln. Schmallippig begegnen sie uns auch hier täglich, ohne dass eine Verbindung entstünde. Auch unsere Buchungszeit – bis vierzehn Uhr – ist diesbezüglich undankbar, da die meisten Kinder bis zwölf oder siebzehn Uhr bleiben und ich bei Abholung keine anderen Eltern zu sehen bekomme. Wenn Feierlichkeiten wie Nikolaus oder der Laternenumzug anstehen, bleiben die Tafeln, auf denen man sich für Salate und sonstige Aufgaben eintragen soll, gähnend leer. Erst in letzter Minute – und stets erst nach der Androhung von Frau Kita, diese Anlässe leider teilnehmerbedingt ausfallen lassen zu müssen – erbarmen sich ein paar Seelen. Herr Machtkontrolle und ich immer voran. Alle sind schwer beschäftigt, z.B. mit der Jagd nach Baugrundstücken, der Zeugung weiterer Kinder, Geheimtipps für verfügbare Nachsorge-Hebammen und dem Insider-Handel von Krippenplätzen für Ungeborene. Vor allem aber damit, eine Mittagsbetreuung und Hortplätze für ältere Geschwister zu ergattern, die nächstes Jahr in die Schule kommen – wie ich Gesprächsfetzen z.B. ehelicher Telefonate entnehme. Ich ahne, dass dieser Zustand (Betreuungshysterie) in den nächsten Jahren auch für uns so schnell nicht wieder endet.

Was mich besonders befremdet, ich aber schon aus der Villa Vorort kenne, ist, dass morgens nicht nur nicht gegrüßt wird, sondern mein pro-aktiver Gruß von anderen Erziehungsberechtigen gänzlich übergangen wird. Auch hier grüßen, wenn überhaupt, nur die Männer. Was mir noch bösere Blicke von Frauen einbringt. Das treibt sogar meine Lebenseinstellung *wenn du etwas bekommen möchtest, gib es zuerst* empfindlich an ihre Grenzen. Alle wirken auf mich gehetzt, getrieben, gefrustet und aggressiv.

Immerhin kommt es kurzfristig zu einer menschlichen Interaktion mit Matteos Vater, der seinen Sohn grundsätzlich zu spät bringt und dann unter Druck setzt, die nicht vorhandene Zeit zu kompensieren. Der Junge soll sich dann in Rekordtempo seine Pantoffeln anziehen und keine lästigen zeitverzögernden Gefühle vom Übergang *Papa-Kita* zeigen, bevor sein Vater ihn einhändig durch die Pavian-Tür schiebt, hinter der Lichtspiel und Morgenkreis schon in vollem Gang sind. Da ich zu diesem Zeitpunkt meist noch kurz das Garderobenfach des Engelskindes aktualisiere (Alles da? Stopper-Socken? Gummistiefel und Matschkrabbelhose gefüttert/ungefüttert? Wohin zum Teufel verschwinden immer die ganzen Haarspangen?!), bekomme ich mit, wie sein Vater Matteos um seinen Hals geschlungenen Arme unerbittlich losmacht. Betroffen krame ich in der Wechselwäsche des Engelskindes und er nickt mir förmlich zu. Wahrscheinlich nur aus schlechtem Gewissen. Überhaupt sind hier die Väter am Ruder, Mütter morgens sind eine Rarität.

Ein kleiner verschworener Trupp scheint sich schon länger und in einem anderen Zusammenhang zu kennen (Rennrad-Clique?), und unfreiwillig schaffe ich es immerhin, in ihre Wahrnehmung zu rücken – als ich das Engelskind notgedrungen einmal in Uniform in die Kita bringe. Um, eigentlich wie alle anderen, ausnahmsweise direkt von dort aus zur Arbeit zu fahren.

Schon am nächsten Tag erhalten das Engelskind und ich eine telefonische Einladung von Herrn Kindergartenvater zum sechsten Geburtstag seines Sohnes Tom, eine Anfrage von Ben-Nick-Karl-Papi, ob ich nicht im Elternbeirat mitmachen möchte und einen Zettel von Lola-Daddy im Löwenpostfach, der am ersten Dezember-Wochenende mit ihr Ski fährt. Ob wir nicht mitkommen wollen?

Das Engelskind und Lola, ein stilles Mädchen, das auf mich immer sehr intelligent, aber todunglücklich wirkt, sind nicht gerade befreundet, aber natürlich freuen wir uns. Nur irgendwie kommt es mir doch komisch vor, mit dem Mann einer anderen über Nacht alleine zu zweit auf eine Skihütte zu fahren (Vorsicht ist die Mutter der Jürgen-Kiste!). Tut mir leid, aber da bin ich altmodisch, auch wenn Sie nun schimpfen, dass die Emanzipation also an mir scheitert. Trotzdem hätte ich vielleicht zugesagt, aber am Wochenende ist das Engelskind ja bei Herrn Machtkontrolle, beide freuen sich immer sehr darauf, und solange dieses Modell währt, kann ich auch nur freitags bis sonntags fliegen, um so überhaupt auf ein paar hundert Euro im Monat zu kommen. Sprich, die Wochenenden sind unantastbar. Kurz überlege ich, Herrn Machtkontrolle auf die Hütte zu schicken, aber um unser neues Mutter-Kind-Sozialleben aufzubauen, erscheint mir das ebenfalls wenig zielführend. So wünsche ich höflich Ski heil!

Wenigstens kann ich nun Lola-Mama in der zweiten Dezember-Woche ansprechen und face-to-face bedauern, dass es *diesmal* leider nicht geklappt habe. Und siehe da, es geschieht: Sie fügt mich zu einer *WhatsApp-Gruppe* hinzu (vielleicht gerade, weil ich ihrem Mann abgesagt habe?) und so kommen wir, fünf Mädchen-Mamas insgesamt, plötzlich zusammen durch den Winter.

Geschlossen gehen wir zum Schlittschuhlaufen und auf den Weihnachtsmarkt und eines milden Nachmittags, Ende Februar, schmeiße ich eine kleine Party in der Weiterstraße, die schon unsere Auszugsparty darstellt. Alle kommen, die Mädchen spielen friedlich im Kinderzimmer, mit glitzernden Röcken und kleinen Bechern voll Popcorn, und wir Mamis sitzen in der Küche, bei Waffeln und Kaffee. Es dauert nicht lange, da fangen die ersten Mütter an, nach den Girls zu sehen, und zerstören die autonom spielende Gruppe, indem sie vermeintliche Bedürfnisse ihrer Kinder abfragen: *Möchtest du etwas trinken? Hast du Hunger? Willst du nicht mal aufs Klo gehen?*

Und einmal mehr kann ich zusehen, wie wir Frauen uns selbst unnötig Arbeit machen. Anschließend gehen wir in den Hof hinunter und pusten Seifenblasen, was das Zeug hält. Und einen kleinen Moment lang, seit Ewigkeiten, bin ich glücklich. Doch wieder ist es nur ein kleines Intermezzo, ein Glückskrümel, der schneller wieder schmilzt als der fair gehandelte Rohrohrzucker im Popcorn ...

Lolas Eltern hatten von Anfang an Probleme mit Frau Kita, melden sie kurzerhand ab und fahren Lola nun täglich mit dem Rad eine Stunde in einen Waldkindergarten. Mias Eltern haben eine Wohnung gekauft, in einem entlegenen Stadtteil von Teuerstadt, und werden umziehen, Paulina ist ständig wochenweise bei ihren Großeltern und Violas Eltern kriegen noch ein Kind und ziehen zu den Schwiegereltern an die See. Sogar Matteos Familie will sich verändern. Man munkelt, dass seine Mutter Heimweh nach Italien habe. Und dann wird es noch schlimmer, denn das Personal-Karussell der Erzieher geht los ...

Erzieherin Schwanger aus der Gorilla-Gruppe kehrt nicht zurück, da sie selbst keinen Betreuungsplatz für ihr Kind findet, Erzieher Pendler möchte den weiten Weg nicht mehr auf sich nehmen und gibt die Wohnungssuche in Teuerstadt endgültig auf, und Erzieherin Make-up-Artist, die erst so glücklich umgeschult hatte, war so enttäuscht darüber, dass an ihrem Geburtstag keiner ihrer Kita-Kollegen ihren mitgebrachten Obstsalat gegessen hatte, dass sie kurzerhand gekündigt hat – und bis zu ihrem letzten Arbeitstag krank ist. (Das weiß ich aus zuverlässiger Quelle von Viola-Mama, die sich die Mühe gemacht hat, Erzieherin Make-up-Artist bei Merlot und Mozzarellabällchen am heimischen Herd zu befragen, während wir nie eine Gegeneinladung erhielten.) Ich verstehe die Welt nicht mehr und das Engelskind auch nicht. Für uns beide ist Mila ein Leuchtturm.

Doch leider bricht ausgerechnet sie sich beim Wandern den Fuß und wird nun auch für mindestens sechs Wochen ausfallen. Ich beneide Frau Kita nicht, bewundere sie aber dafür, dass sie unter diesen Arbeitsbedingungen nicht auch das Handtuch wirft. Sie leitet die Affenbande seit zehn Jahren und ist Kummer wahrscheinlich gewohnt.

Anfang März sitze ich wieder alleine auf dem Spielplatz und schieße mit dem Engelskind und einem *Elsa & Anna-Ball* ein paar Tore. Herr Lederjacke läuft stumm grüßend vorbei und ich lasse keinen Zweifel daran, dass er für mich Luft ist. Eine Mutter reicht ihrem Sechsjährigen ein Taschentuch, der ungeniert neben mir Kacka macht. Und wie so oft spielen nicht die anwesenden Kinder miteinander, sondern jeweils ein Elternteil mit seinem Kind, und ich frage mich, warum das, was mir zeitlebens so leichtfiel, jetzt so hart ist? *Freunde finden.*

 In meiner Kleinstadt ergab sich alles irgendwie automatisch. Unter Erwachsenen wie unter Kindern. Die Eltern nutzten die Stammkneipe am Eck und überhaupt hatte man in den Achtzigern noch nicht allzu viele Optionen. Die Gesellschaft war weder digital noch mobil, der Türkei-Urlaub im Sommer das Highlight. Die Leute wechselten Wohnorte, Jobs und Partner eher selten, geschweige denn Schule oder Kita. Außer einmal, als die Eltern meiner Freunde Maya und Jan-Peter über Kreuz die Partner tauschten. Aber auch von denen zog keiner um. Der Freundeskreis meiner Eltern blieb seit der Tanzstunde 1956 stabil und selbst unsere Nachbarn, die Hunde hielten, hatten diese ganz selbstverständlich immer bis zu deren natürlichem Tod. Aber vielleicht herrschte in Großstädten schon immer so viel Fluktuation? Oder es liegt an meiner Generation und Lebensphase?

 Früher zwischen zwanzig und dreißig, heute zwischen dreißig und vierzig, gründen die meisten eine Familie. Und sofern diese intakt ist, bestenfalls über zwei Generationen, spielt sich darin alles ab. Das war auch bei uns so, trotzdem waren meine Eltern parallel nach außen hin offen, herzlich und involviert. Oder ist das Bundesland schuld? Aus meinem kommen Leute wie Hape Kerkeling, Ralf Möller, Klaus-Peter Wolf, Horst Evers und Cornelia Funke und zeigen: Dort ist man humor-, phantasievoll und offen. Hiesige Familien scheinen mir hermetisch abgeriegelt und wie soll ich meinem Kind Stabilität bieten, wenn es entweder heißt *Zutritt verboten* oder die, die wir kennen, sich ständig verändern? Macht es überhaupt Sinn, mich dieser Idee zu unterwerfen – dem Alltag? Mich zu quälen, mit Schuhkarton-Grundrissen, absurden Mieten, merkwürdigen Kursen und Leuten, die – seien wir ehrlich – kein gesteigertes Interesse an uns haben? Um das zu kreieren, was selbstverständlich sein sollte: ein Dach über dem Kopf, Freundschaften, die Möglichkeit, Geld zu verdienen und ein Nest fürs Engelskind, in dem es groß wird? Ein vertrautes Netzwerk, in dem gleich die Straße runter jemand wohnt, zu dem das Engelskind im Notfall nach der Schule gehen könnte? Nicht nur an den Wochentagen, an denen ich das Engelskind in die Affenbande bringe, um dann zu Hause die Stunden bis zu ihrer Rückkehr abzusitzen, habe ich Zweifel daran. Selten habe ich mich so anders gefühlt als alle anderen, so unwillkommen und alleine – mit meiner romantischen Idee von Gemeinschaft. Auch im Erwachsenenalter. Hier heißt es offenbar gar nichts, wenn die Kinder dieselbe Kita besuchen. Außer uns braucht scheinbar keiner Kontakte, alle sumpfen in ihrem Mikrokosmos aus Ehe und Schwiegereltern herum. Fasching (Karneval!) ist kein fröhlicher Anlass, um miteinander zu feiern, sondern eine Gelegenheit mehr, einander kritisch im Umgang mit den Kindern zu beobachten. Nur eben mit einem Glas Sekt in der Hand.

Zutiefst sehne ich mich nach dem Gefühl zurück, als meine Eltern mit anderen Eltern auf der Kohle-Halde saßen, immer verfügbar bei Verletzungen oder Konflikten, ansonsten aber puristisch das Leben genossen. Hier ein Bier, da eine Bratwurst und dort eine Anekdote. Und wir Kinder die Gelegenheit genossen, völlig unbeobachtet herumzustromern. Freiheit für alle! Etwas Ähnliches herzustellen scheint hier und heute nicht möglich. Die Themen sind unablässig Ängste und First World Problems – als wäre der Austausch von Luxusleiden ein Volkssport. Oder die einzige Möglichkeit, sich zu verbinden. Die schlimmsten Lehrer, Kinderärzte, Horte und Schulen kenne ich schnell und sprenge die Gesprächsrunde gerne, indem ich frage: »Und? Was gibt's Positives?« Beliebt mache ich mich damit nicht. Trotzdem gebe ich den Standort Superviertel/Teuerstadt noch nicht auf! *If you can make it here, you can make it anywhere!*

Aber warum muss ein Mann nach der Scheidung nichts für eine erfolgreiche Veränderung tun? Dafür, um in der Nähe seines Kindes zu bleiben? Warum gelten für ihn keine Auflagen wie für mich die Fünfzig-Kilometer-Regel? *Er kann machen, was er will*, hat Frau SamSs kürzlich nochmal betont.

Warum tut er nichts außer arbeiten, bringen und holen – und immer sorgen die Frauen für alles darüber hinaus? Wieso kann Herr Machtkontrolle einfach Praxis und Wohnung als fixe Standorte vorgeben, und ich muss zusehen, wie ich mich diesen Gegebenheiten anpasse? Das Engelskind auch. Das ist doch ungerecht – und utopisch! Hallo, Sechzigerjahre!

Kurz überlege ich, meine berufliche Betreuungs-Abhängigkeit zu durchbrechen. Doch meine Konzernzugehörigkeit bei der DAX-notierten Superairline aufzugeben, die mir im schlimmsten Fall auch nur eine Mini-Teilzeit im Monat ermöglicht und etliche Tage zu Hause im Falle eines kranken Kindes, scheint mir nach wie vor Wahnsinn. Warum stehe ich vor dem Nichts, während sich für ihn rein gar nichts ändert? Zumal Herr Machtkontrolle, als Selbstständiger mit Kohle und Auto, so viel mehr Möglichkeiten hat, die Stellschrauben zu justieren als ich als Angestellte in Teilzeit. Ebenso gut könnte ich sagen, dass ich ab jetzt am Flughafen wohne, da ich nach der Landung aus Hongkong zu müde bin, um noch Fahrten auf mich zu nehmen (was stimmt, und mit dem Auto wirklich ein Risiko darstellt). Um sein Kind zu sehen, müsste er sich dann nach den Tagen richten, an denen ich fliege. Kurz stelle ich mir vor, ihn geschwängert zu haben und schwuppdiwupp, hätte er nicht mehr in die Praxis gekonnt, bis ich es wieder erlaube.

So komme ich, wie oft in dieser Gedankenschleife, letztlich darauf zurück, dass ich – im Gegensatz zu Herrn Machtkontrolle und den Aussagen von Herrn Paartherapeut – dank der deutschen Gesetzgebung abhängig bin davon, dass ich dem Engelskind den Vater so oft als möglich zugänglich machen will. Herr Machtkontrolle hat solche emotionalen Ansprüche leider nicht. Für ihn wäre die Welt auch ohne mich völlig in Ordnung. Das Engelskind lebte bei ihm, seine tierischen Patienten würde er sich dann plötzlich in den Kitazeiten einbestellen, und, falls es eng wird, hat er genug Kohle für Personal, einen privaten Kindergarten oder ein Internat sowieso. Und irgendwie findet sich bei ihm auch immer eine treue Seele wie Frau Gegenpartei im Umfeld, die dem Herrn Doktor ihre Hilfe anbietet.

Kurz, er braucht mich nicht und lässt die Mutterrolle (meine) nach wie vor unberücksichtigt. Ich aber habe umgekehrt Skrupel.

Think positive!, ermahne ich mich selbst. Bevor ich mir eine neue Strategie überlege, schöpfe ich hier erst mal alles aus. Vielleicht waren die ersten Kontakte bloß ein holpriger Anfang – und es ist Zeit, einen Gang hochzuschalten? Zum Beispiel, indem ich mehr Verantwortung übernehme? Die Idee von Ben-Nick-Karl-Papi, dem Elternbeirat beizutreten, ist gar keine schlechte. Vielleicht bringt das den Durchbruch? Leute, die sich engagieren, glauben schließlich an was und verfolgen dauerhaft ihre Ziele. Und die Wahl ist schon in den kommenden Tagen, gleich im Anschluss an den Elternabend.

Zuvor gebe ich eine Anzeige auf und gestalte ein Flugblatt, das ich im Kindergarten verteilen möchte. Wenn so viele wegziehen, muss doch für uns mal was frei werden, oder? Mia-Mama weiß noch nicht, wann sie ausziehen, dies hinge von der Fertigstellung ihrer Neubau-Wohnung ab. Trotzdem gibt sie mir schon mal den Kontakt der Ansprechpartnerin bei der Hausverwaltung. Höflich und mit allen Referenzen maile ich ihr – und bekomme wieder einmal gar keine Reaktion. Nach ihrem tatsächlichen Auszug wird Mia-Mama mir erzählen, dass die Dame von der Hausverwaltung, Frau Korrupt, die Wohnung ihrer eigenen Tochter und deren Lebensgefährtin gegeben habe.

Ich inseriere in der Süddeutschen Zeitung und staune nicht schlecht, dass mein Zweizeiler (Solvente Autorin + Festanstellung m. Kind su. 2-3-ZKB in 80XXX) einmalig achtzig Euro kostet. Dazu die Chiffre-Gebühr, die sich wenigstens lohnt – denn herum kommt dabei nichts, außer den Angeboten einiger Männer, uns wieder zu vervollständigen, darunter bekennende Fußfetischisten, und einige Exposés schwer vermittelbarer Immobilien in Dresden, Mintraching und Hasenbergl.

Meine versammelten Hoffnungen ruhen nun also auf dem Handzettel, der vor mir auf dem Computer flimmert. Doch er widerstrebt mir. Mein eigenes Hochglanz-Autorenfoto strahlt mich an, über mich selbst als Mieterin lese ich, was ich als Schriftstellerin alles errungen habe (glauben Sie bloß nicht, das bringt Schotter, das dachte ich auch mal! Nicht einmal zur Buchmesse war ich je eingeladen), und dass ich gelegentlich auch als VHS-Dozentin arbeite. Und wieder einmal finde ich, dass der solide Beruf der Schtuadess massiv unterschätzt wird. Das Geld kommt netto und regelmäßig und die Frage *Was soll ich im Büro anziehen?*, stellt sich nie.

Doch die stolze Frau in mir fragt sich wieder einmal, warum ich heute mehr denn als Kind von anderen Menschen und ihrem Wohlwollen mir gegenüber abhängig bin. Mit fast vierzig Jahren habe ich mir nie etwas zuschulden kommen lassen, war seit dem Abitur fleißig, pünktlich, adrett und zuverlässig. Und alles, was ich damit will, ist, meinem Kind ein Zuhause zu bieten. Ohne mich dazu im Detail zu meinen Lebensumständen zu äußern. Warum muss ich mich dazu so schrecklich anbiedern, obwohl jeder Vermieter mit mir letztlich Gewinn macht?

Ein Mietvertrag ist nicht einmal ein gleichberechtigter Deal *Geld gegen Wohnung*, sondern genau genommen immer ein Verlustgeschäft für den Mieter. Am Ende des Mietverhältnisses wird jeder Cent von mir weg sein, und der Vermögensaufbau des Vermieters gestärkt. Der Mehrwert liegt, in jungen Jahren zumindest, vielleicht noch in der Flexibilität, wieder ausziehen zu können. Unternehmerisch betrachtet aber ist das Zahlen von Miete Unsinn, wobei speziell für jemanden wie mich, der lieber ins Leben investiert – in Reisen, gutes Essen und schöne Erlebnisse mit dem Engelskind und der ungern an einem Ort ist – Besitz vom Naturell her auch wenig erstrebenswert ist. Außer eben, um passives Einkommen zu erzielen (lesen Sie unbedingt mal *Money* von Toni Robbins oder *Cashkurs* von Dirk Müller alias Mr. Dax). Die Kaufpreise in Teuerstadt sind natürlich so hoch wie die Mieten, woanders aber geht die Rechnung auf.

Die komplette City ist luxusstagniert und deshalb bin ich eine Art akademische-Hartz-IV-Empfängerin (nichts gegen Sozialhilfe-Empfänger!). Aber in dieser Stadt versteht man den Begriff *Inflation*. Erst Unsummen sind etwas wert. Wer leben will, muss

Geld für sich arbeiten lassen und nicht für Geld arbeiten gehen. Paulina-Mama bestätigt das unabsichtlich.

Beim Holen des Engelskindes bittet mich Frau Kita, Osternester zu ihr zu bringen, die Paulina-Mama heute planmäßig von ihrer Haushaltshilfe füllen lassen will, aber vergessen hat mitzunehmen. Mit der noch leeren Fracht betreten das Engelskind und ich einen typischen Teuerstadt-Altbau (Fischgrätparkett, Stuck, bodentiefe Fenster) und Paulina-Mama begrüßt mich mit der Nachricht, dass sie keine Zeit habe, ob wir was trinken wollen? Ich wage nicht, mich neben meine *halbeApfelschorlewirteilenunseinedankereichtschon* zu setzen, aber kann mir den Frage-Quickie nicht verkneifen, wie sie ihre Wohnung, ein Prachtstück in der Größe der Stallungen von Paul Schockemöhle, bekommen haben? Die Miete schätze ich auf dreitausend warm. Paulina-Mama zuckt mit den Achseln. Die hatten sie schon immer. Erst die Eltern, jetzt sie. Manchmal stehe sie leer. Je nachdem, wer aus der Familie gerade Lust habe, darin zu wohnen. Sie habe übrigens von meiner Suche im Viertel gehört. Den Fall hatte sie zwar im Leben noch nicht, aber das könne doch nicht so schwer sein! Befremdet runzelt sie die Stirn und blättert mit perfekt manikürten Shellac-Nägeln in einem goldenen Timer. *Mist, jetzt hat ihr Mann Torben schon wieder den Fahrer, dabei braucht sie ihn.* Und ich weiß, ganz egal, welche Antwort ich ihr gebe, Frauen, die Fragen stellen wie ihre, werden Antworten wie meine niemals verstehen.

Noch ein paar Tage lang bringe ich es wieder nicht übers Herz, das Flugblatt *Zuhause gesucht!* zu verteilen. Auch, weil ich es insgesamt gruselig finde, wie freizügig Menschen aus purer Not inzwischen mit ihren Fotos und privaten Daten umgehen, um eine Wohnung zu finden. Zum Beispiel auf Ebay-Kleinanzeigen. Da zeigen Pärchen ihre intimsten Urlaubs- und Familienfotos, schildern ihre Hobbys, loben das Verhältnis zu ihren erfolgreichen Geschwistern und Chefs, betonen, dass sie keine Instrumente spielen, keine Haustiere haben, nicht rauchen und überhaupt nur selten atmen. Da nutzt ja der ganze Datenschutz nichts!

Natürlich gibt es immer einen, der es macht – aber auch einen (bis alle), der mitmacht.

Zum ersten Mal in meinem Leben verspüre ich jenes Gefühl, das in der Natur dafür sorgt, dass Fischarten zur Aufzucht ihrer Brut wieder in heimische Gewässer zurückkehren: Heimweh.

Nach einem sommerlichen Stausee, dem Rhein-Herne-Kanal, alten Schloten, verrußten Fassaden, leuchtenden Rapsfeldern, herzlichen Menschen voller Selbstironie und dreistelligen Mieten. Sehnsucht nach Nordrhein-Westfalen! Genauer, dem Ruhrpott. Ich bin nicht von hier und gehöre hier nicht her und auch, wenn kaum jemand in Teuerstadt noch aus Teuerstadt kommt – vielleicht spüren sie alle es doch: Ich bin eine *Zugroaste*. Und auch in den Adern des Engelskindes fließt hälftig Pottblut. Wie gerne würde auch ich mein Kind im Schutz der heimischen Zechen, Radwanderwege, Balkon-Kunstrasen und Pommesbuden aufziehen!

Dann ist Elternabend.

Nachdem Herr Machtkontrolle freundlicherweise auf das Engelskind aufpasst, damit ich zum Elternabend unseres Kindes gehen kann (sein Gesicht ist erwartungsvoll, aber dafür bedanke ich mich auf gar keinen Fall!), sitzen rund zwanzig Eltern an einem langen Tisch in der Pavian-Gruppe. Wie vermutet bin ich – als Einzel-Mutter – ein Exot. Weder gibt es ein einziges homosexuelles Paar, noch jemanden in anderer Situation als klassisch verheiratet. Natürlich sind nicht alle Eltern in doppelter Ausführung anwesend, aber der Familienstand zeigt sich in der Vorstellungsrunde. Die meisten sind Ärzte, Ingenieure, Anwältinnen. Oder allgemein irgendwas Leitendes. Schnell stehen zwei Themen im Vordergrund: Dass die Vierjährigen bereits Nagellack tragen (stimmt, das Engelskind wählt gerne die quietschgelbe Nuance *Biene Maja*), die daraus resultierende unverantwortliche, da verfrühte Sexualisierung des Kindes, und das Anliegen einer eher korpulenten Mutter, die Kindergeburtstage halbjährig zusammenzufassen, um die Gabe von Kuchen und Muffins zu diesen Anlässen auf ein Minimum zu reduzieren (*es ist immer nur man selber ...*). Bei der traurigen Vorstellung, dass dieses jährliche Highlight eines jeden Kindes mit Thron, *Happy-Birthday*-Gesang und natürlich Geburtstagskuchen zu einem Halbjahres-Termin gebündelt werden soll, wird selbst mir, trotz meiner traumatisch überzuckerten Hagebuttentee-Kindheit, ganz elend. Der Vorschlag wird erstaunlich lange diskutiert, setzt sich aber letztlich nicht durch.

Frau Kita führt souverän durch den Abend, schönt die Personalsituation und erklärt, was mit einem anderen Betreuungsschlüssel eigentlich so alles auf dem Programm stehe. Die Eltern bemängeln, dass ihre Kinder nicht ausreichend stimuliert würden – man könne doch mal ins Museum? Einmal mehr beneide ich Frau Kita nicht darum, wie diplomatisch sie mit allen, teils unglaublichen Vorstellungen umgehen muss. Da werden Dinge gefordert, die ich nicht einmal als Erwachsener je erlebt habe. Und ich bin wirklich viel rumgekommen.

Einige Eltern wollen mittags eigenes Essen anliefern und nicht akzeptieren, dass dies – leider – aus Gründen der Lebensmittelhygiene nicht geht (was mich an einen Vorfall erinnert, bei dem eine Kollegin in der Adventszeit stolz selbstgemachte Flugzeug-Plätzchen an die Passagiere verteilte. Und irgendwie fanden es auch fast alle gut, außer dem Hygienemanagement.)

Um viertel nach neun beendet Frau Kita den Spuk und weist darauf hin, dass man sich nun der Wahl des Elternbeirats stellen müsse. Um die auf den Kinderstühlen eingeschlafenen Pobacken aufzuwecken, führt sie hierzu in die Turnhalle hinüber, wo augenblicklich Ben-Nick-Karl-Papi übernimmt. Er ist der Einzige, der sich offensiv mit Frau Kita duzt, vermutlich ein Bonus, der ab dem dritten Kita-Kind greift. Der alljährliche Wahl-Vorgang, der dann zum neuen Kitajahr nach den Sommerferien in Kraft tritt, scheint ein bekannter wie unbeliebter Vorgang zu sein, denn sofort reißt eine Mutter abwehrend die Arme hoch und ruft nicht mehr als ein Schlagwort in den Raum: »Doppelbelastung!« Andere singen grinsend im Chor: »Einschulung!«

Damit ist ein Großteil potenzieller Kandidaten bereits ausgeschieden und nur die neuen Eltern schauen neugierig nach vorne, wo Ben-Nick-Karl-Papi erklärt, dass das Amt total Spaß mache, gar nicht viel Arbeit sei und außerdem wolle er noch ein bisschen Werbung machen. Für das Projekt *Schrebergarten* in einem abgelegenen Stadtteil von Teuerstadt. Da könne man hinfahren und Tomaten anpflanzen. Wer noch?

Drei Mütter lassen sich schließlich aufstellen, und meine mutig in die Höhe gereckte Hand ist die vierte. Da es weder Protest noch Enthaltung gibt, ist unser Quartett einstimmig die Schnittstelle zwischen Eltern und Kita. Nur eine Mutter merkt spitz an, dass alle weiblichen Mitglieder Pavian-Mütter seien, und die Gorillas somit nicht repräsentiert würden. Da aber leider niemand etwas gegen diesen Missstand unternimmt (sie schon gar nicht), bleibt es dabei: Carmen, Ella, Nadine und ich bilden, unter der erfahrenen Leitung von Ben-Nick-Karl-Papi, das Gremium.

Noch auf dem Heimweg informiert mich klingend und surrend mein Handy, dass ich in die *WhatsApp-Gruppe EB NEU* aufgenommen wurde. Und schon am nächsten Morgen soll ich auf diesem Kanal meinen ersten Rüffel erhalten – denn die anderen haben nach der Wahl noch was vorbesprochen (wovon ich nichts wusste), und außerdem musste ich ohnehin nach Hause, damit Herr Machtkontrolle wieder ins Grüne fahren kann (wie schaffen es andere Eltern immer, nach dreiundzwanzig Uhr wach zu bleiben?!).

Als First Lady der städtischen Affenbande schleiche ich leise zur Tür rein und setze Herrn Machtkontrolle, der fernsehend auf der Couch liegt, über alles Wissenswerte, von Senat bis Spinat, in Kenntnis. Seine bemerkenswert gelassene Einstellung zu allem: »Cool, du hast DMAXX.«

14. EAT, PRAY, CHILD

Noch vier Wochen, dann müssen wir raus.

Ich gebe nicht auf, aber die Checkliste *Achse zu Wohnung und Praxis von Herrn Machtkontrolle, Kita-Nähe, ÖPNV-Anbindung und Urbanität für mich*, ist immer dabei. In der Stadt bin ich zwar nicht weniger alleine als im Umland, aber zwischen Buchladen, Trend-Eisdiele und den stark frequentierten Glascontainern an der Ecke macht es sich nicht so bemerkbar. Und im Vorbeigehen gegrüßt zu werden ist etwas, dass ich mir in Superviertel hart erarbeitet habe. In Cool- oder Schickviertel würden wir wieder von vorne anfangen und ich möchte zumindest, dass die Umgebung draußen fürs Engelskind gleichbleibt.

Doch unter jeder Postleitzahl dasselbe Elend:

Achtzig Quadratmeter – perfekt für den Single! Nur an Einzelperson! Großzügige Drei-Zimmer-Wohnung für Individualisten. Befristet, möbliert, reserviert. Verkauft. Bitte nicht mehr schreiben – wir haben über hundert Zuschriften!!!!! Kruzifix, dann nimm es doch aus dem Netz, wenn es weg ist! Angeber. Vielleicht sollte ich noch andere Quellen nutzen als *Immobilien-Schau, Livingscout und Budenportal*? Ich bemühe das Schwarze Brett meiner Uni (eher studentisch), das Schwarze Brett meiner Produktionsfirma (eher vermögend), das Black Board von Superairline (eher im Ausland), die Zeitungen (eher nichts), Facebook (eher Freaks), wg-gewollt (eher Fakes). Meist bekomme ich gleich nach meinen Anschreiben eine Mail, dass es sich bei dem Inserat um Betrug handelt und ich keinesfalls dreihundert Euro an *Schwestern Union* überweisen solle. Ich installiere eBay-Kleinanzeigen auf meinem Handy, um vor dem Auszug noch ein paar Sachen loszuwerden. Je weniger wir haben, desto günstiger wird die Rechnung der Firma Umzug.

Wenn es nach mir ginge, ich also wüsste, dass unsere materiellen Habseligkeiten noch Verwendung finden bei Menschen, die sie wirklich brauchen, würde ich sechzig Prozent meines Besitzes verschenken. An den meisten Dingen hängen Erinnerungen – nicht einmal an die Ehe, sondern meine Zeit noch davor. Drei erwachsene Leben habe ich schon geführt – als Werbetexterin, Film-Studentin und Schtuadess.

Damals dachte ich noch, ich müsste in Flughafennähe leben und bezog die Erdgeschoss-Wohnung einer Neubausiedlung in Flugdorf. Doch schon bald bekam ich meine erste Portion Nachbarschaft zu spüren: *Die Anlage* (die unsichtbare Armee!) wandte sich in einem offenen Brief an mich. Die farbige Lichterkette zu Weihnachten im Fenster erinnere an ein Freudenhaus, der Rollladen dürfe nach zehn Uhr nicht mehr unten sein (Erkerfenster, Hochsommer, direkte Sonneneinstrahlung, Hitze!), und des Weiteren fühle *man* sich massiv beeinträchtigt durch meinen Radiowecker, der um vier Uhr morgens angehe und *die Nachbarskinder veranlasste, die Lala zu hören*. Bei allem Verständnis für meinen *Lebenswandel*, den *die Anlage* bereits aufbringe, aber das alles gehe so nicht.

Seinerzeit befand ich mich in einem Vollzeitarbeitsverhältnis und war rund zweiundzwanzig Tage im Monat gar nicht da. Und ansonsten, was soll ich sagen? Für Bauträger Billos Trockenbau-Leichtbauweise ohne akustische Barrieren kann ich nichts.

Immerhin erging es einer Lehrgangskollegin von mir nicht besser, die im Nachbarort durchstarten wollte – pflichtbewusst hatte sie sich erdreistet, samstags Flurwoche zu machen und die Fenster zu putzen, da sie bis Freitag und wieder ab Sonntag im Dienst war, und war hierfür offiziell abgemahnt worden. Diese Aktivitäten seien am Wochenende, nach christlichem Verständnis, unzulässig. Ein anderes Mal hatte sie ihr Auto vor der Garage geparkt, statt darin, weil sie vom Einkaufen kam und später nochmal zum Sport ausrücken wollte, was ebenfalls einen Schandfleck darstellte. Das Kfz müsse *in* der Garage stehen. Als sie – zum Ausgleich zu den Menschenmassen im Flugzeug – noch weiter raus neben einen Kuhstall ins Nichts zog, musste sie den Eigentümern wiederum Wegerecht an ihrem Klarglas-Badezimmerfenster vorbei einräumen, damit diese ihr Kruzifix in ihrem mitgemieteten Gartenanteil pflegen konnten. Das Letzte, was ich von ihr gehört habe, war, dass sie in British Columbia lebt.

Als bei mir in Flugdorf schließlich zwei Handwerker um sieben Uhr morgens, aus reiner Neugier, das Rollo meines Schlafzimmers von außen nach oben schoben, und auf meinen nahezu unbekleideten Körper starrten (um alle Klischees zu bedienen war auch mein damaliger Freund, ein Pilot, zugegen), reichte es schließlich auch mir. Damals war ich sehr froh gewesen, dass die Küche eine Lieferzeit von über drei Monaten gehabt hatte und war fluchtartig in die – seinerzeit noch bezahlbare – Stadt gezogen, wo mich die professionelle Hausverwaltung der Schnuckelwohnung mit angemessen distanzierten Armen empfing (stimmt, Flugdorf hatte ich ganz verdrängt). Leider auch *Herrn Rentner* über mir, der hartnäckig versuchte, an den Wochenenden mit mir Wandern oder Skifahren zu gehen, bis ein Bandscheibenvorfall ihn stoppte.

In der Weiterstraße packe ich die erste Umzugskiste mit Sachen, die wir im restlichen Jahr nicht mehr brauchen (Fondue-Set, Karnevalsluftschlangen, Weihnachtsdeko) und erreiche einen nostalgischen Punkt, an dem ich plötzlich genauso weit zurücksehen kann wie hoffentlich noch nach vorne in meinem

Leben. Der Anblick einer Tasse (*Abi 98!*) wird zur Zeitreise – und nicht immer möchte ich mehr zurück. Mein IHK-Zeugnis und Fotos meiner WG in Münster, die Abschiedskarte meines Werber-Teams in Hamburg, meine Bordkarte zum Assessment-Center von Superairline nach Bremen, der Bescheid meiner Uni, dass ich aufgenommen bin und das Fotoalbum unserer Hochzeit machen mir bewusst, dass ich keine zwanzig mehr bin. Aber wie heißt es gleich: *Es kommt nicht darauf an, wie alt du bist, sondern wer du im Alter bist.*

Frau Kita habe ich noch nichts von der Problematik Eigenbedarf erzählt und auch deswegen ist es gut, dass ich noch auf den Handzettel für die Kita-Postfächer verzichte. Schließlich sind wir schon durch unseren letzten Wohnungswechsel stigmatisiert. Umzüge in Teuerstadt sind ein Makel, gleich einem Vorstrafenregister. Vor allem für Menschen, die seit zwanzig Jahren in derselben Wohnung leben, und, mit Verlaub, dazu gehört auch Frau Kita. Verwitwet hat sie die kleine, aber feine Eigentumswohnung ihres Mannes übernommen. So wie viele langjährige Bewohner des Superviertels hat sie keinen blassen Schimmer davon, was um sie herum passiert – und dass sie inzwischen bei zwanzig Quadratmetern auf einer halben Million sitzen, essen und schlafen. Ohne Meldeadresse in Kita-Nähe jedenfalls wird auch sie unseren kostbaren Platz nicht dauerhaft aufrechterhalten können. Und das sind, je nach Einschulung, immerhin noch zwei bis drei Jahre. Wir brauchen also bald eine Lösung – am besten innerhalb der umliegenden sechs Straßen.

Glücklicherweise ist das Engelskind ein Kann-Kind, das heißt, es hat erst im Spätherbst Geburtstag und kann somit schon mit fast sechs in die Schule gehen – oder erst ein Jahr später. Das verschafft uns Zeit. Denn ich finde, zur Grundschule muss unser Wohnsitz dann wirklich sitzen. Wow, in diesem Jahr wird das Engelskind bereits fünf!

Während ich zwischen Umzugskiste und Computer einmal mehr feststelle, dass meine stille Hoffnung und Notlösung, *Airbnb*, preisbedingt flachfällt, erreicht mich eine E-Mail.

Der Verwalter des Ehepaars Zauberhaft fragt, ob er *Frau Tochter* meine Nummer geben könne. Sie müsse ihren Einzug vorbereiten und habe die Wohnung einige Jahre nicht gesehen, renoviert schon gar nicht, seit der Bruder daraus ausgezogen sei.

Natürlich stimme ich zu und schon kurze Zeit später erreicht mich – leider per *WhatsApp* – die erste Nachricht von Frau Tochter. Zeitlich schweben ihr einige Abendtermine nach zwanzig Uhr vor und ich muss darauf hinweisen, dass so ein Engelskind um die Zeit schon im Bett ist. Alternativ schlägt sie den späten Samstagnachmittag vor, was ich ebenfalls mit wenig Begeisterung zur Kenntnis nehme, da ich abends einen Nachtflug habe und zu dieser Zeit noch mal schlafen möchte. Aber es hilft nichts.

Pünktlich am Wochenende steht Frau Tochter auf der Matte, guckt, ist wenig erfreut über das doch sehr alte Badezimmer, verzieht kritisch das Gesicht ob der Aussicht auf die Häuserwand gegenüber, kratzt ein bisschen am Putz herum und betrachtet skeptisch die riesige Therme in der Küche. Irgendwie hatte sie das alles größer in Erinnerung, sagt sie. Das verstehe ich gut – ein häufiges Phänomen, wenn man bei der letzten Betrachtung noch klein war.

Sie stellt mir ein paar Fragen, zum Beispiel ob das Viertel (wie heißt das hier nochmal?) *gut* sei, wie man Strom und Gas anmelde, ob es Telefon und Internet gebe und, ob ich nicht eine Woche eher ausziehen könne. Schon bei der Frage alleine bekomme ich Panik und erbitte Bedenkzeit. Dann erzählt sie von ihrem letzten Urlaub auf Bali und, mit skeptischem Blick auf die Küchenzeile ihrer Eltern aus den Siebzigerjahren, wie fantastisch das Essen in Indonesien sei. Pancakes, tropische Früchte. Nach einer Stunde wird es für mich zeitlich eng und ich bedaure, dass ich mich nun zum Dienst fertig machen müsse. *Am Wochenende?!*, will sie mir nicht recht glauben. Ich beiße mir auf die Zunge, um keinen Scherz darüber zu machen, dass Instagram sonntags ja auch nicht zu hat.

Am nächsten Morgen, zurück aus Ankara, bekomme ich schon die nächste Nachricht. Wann eine weitere Besichtigung möglich sei? Frau Tochter werde mit einer Freundin einziehen und diese würde sich die Wohnung auch gerne ansehen. Seufzend willige ich ein und rase drei Tage später morgens von der Kita erst mal wieder nach Hause, statt mich in der Staatsbibliothek in die Schreibarbeit zu stürzen. Frau Freundin sieht Frau Tochter unglaublich ähnlich und stellt sogar die gleichen Fragen. Ich erkläre nochmals, dass ich das Telefonkabel kostenintensiv ziehen lassen musste, nun aber Festnetz und Internet existiere. Allerdings müsse man auch das beim jeweiligen Anbieter anmelden. Sie fragen, was man sonst noch beachten müsse bei so einer Wohnung. Es ist ihre erste.

Nach einer verbalen Führung durch den Kosmos von Meldebescheinigung, Nebenkosten und GEZ, messen sie die Zimmer aus. Frau Freundin fragt mich, ob der Lattenrost bei ihrem bestellten Bett mit dabei sei und ich möchte mich da lieber nicht festlegen, da ich bezüglich der *Möbelbestellung fremder Leute* so gar nicht im Bilde bin.

Als ich später, um punkt viertel vor zwei, in der Affenbande auftauche, um artig dem Rundschreiben gerecht zu werden, dass sowohl Eingangstor als auch Abholung bis zum Ende der Buchungszeit *abgeschlossen sein sollen* – bittet mich Frau Kita in ihr Büro. Meine sofortige Sorge um das Engelskind erweist sich – Halleluja – als unbegründet. Dafür kommt ein anderes Problem auf: Ich könne doch so toll schreiben. Ob ich nicht Lust habe den Elternguide zu überarbeiten? Obwohl ich nicht weiß, woher ich die mentale und zeitliche Kapazität für diese unbezahlte

Überraschungsarbeit nehmen soll, nicke ich brav. Ich wollte mich ja mehr engagieren. Und bin so froh um den Platz. Auch Frau Kita freut sich, allerdings brauche sie das Ergebnis dann bald. Sie müsse den Text noch mit der Geschäftsstelle abstimmen und den neuen Eltern ausreichend früh vor den Sommerferien aushändigen. Nächste Woche? So, wie sie mich darstellt – als professionelle Autorin, die das doch mit links mache – (die Leute denken ja oft, ich habe ein Diplom in Glückwunschkarten-, Traueranzeigen- oder Postkartentexten) – und mit Hinblick auf meine politische Glaubwürdigkeit als Teil des EB NEU, nehme ich den Stapel Papier, den sie mir hinhält, widerstandslos von ihr entgegen – mit dem aktuellen Elternguide, Anmerkungen, Wünschen und *Formulierungs-No-Gos*.

Während das Engelskind mir auf dem Heimweg von den Aufregungen des Kita-Tages berichtet (Matteo hat sie geschubst und überhaupt ist er immer so fies!), höre ich eine Reihe von Whats-App-Nachrichten auf meinem Handy eintrudeln. Mit lautem *Pling pling pling surrr surr surr* haben Frau Tochter und Frau Freundin weitere Fragen, zum Beispiel, ob sie schon nächste Woche ein paar Sachen vorbeibringen können? Wie das auf unseren fünfzig Quadratmetern, mit meinen Koffern, meiner Arbeitskleidung, dem Kinderzimmer des Engelskindes, den Umzugskartons und den Restbeständen eines doppelstöckigen Mietshauses in Vorort aussehen soll, dafür reicht nicht einmal meine Fantasie aus. Ich überlege, wie ich freundlich und plausibel ablehnen kann und antworte, dass ich eine Kautionszahlung geleistet habe (immerhin über dreitausend Euro) und somit bis zur Wohnungsübergabe auch für etwaige Schäden (Kratzer im Parkett) hafte. Insofern wäre es lieb, wenn sie den Bezug der Wohnung auf ihren offiziellen Einzug vertagen würden. Das Handy schweigt verstört, dann geht es weiter. Frau Tochter und Frau Freundin fragen, ob dann *wenigstens* die Lieferung des Bettes bereits erfolgen könne. Falls sie nicht den Termin am Donnerstag, vor meinem Auszug am Sonntag Ende des Monats nähme, verlängere sich die Lieferfrist um eine volle Woche. Sie würden dazu auch gar nicht mehr selber vorbeikommen müssen, sondern mich die Annahme des Möbels, zwischen acht und zwölf Uhr vormittags, ungestört alleine durchführen lassen.

Ob Frau Tochter und das Ehepaar Zauberhaft tatsächlich blutsverwandt sind? Unvorstellbar.

Ärgerlich wende ich mich meinen E-Mails zu, um mich erstmal zu sammeln. Was auch nicht gerade Ruhe reinbringt. Denn dort bittet mich Herr Hausverwalter, den anhängigen Aufhebungsvertrag schnellstmöglich auszudrucken und ihm per Scan zurück zu mailen. Leider habe ich keinen Scanner und bitte ihn, dies auf dem Postwege tun zu können. Dies gehe leider bei ihm nicht, da er sich in seiner eigenen Immobilie in Italien aufhalte, gern aber per Fax. Ein Fax habe ich leider ebenso wenig und in den Copyshop in Studentenviertel schaffe ich es beim besten Willen nicht auch noch. Ich habe ja noch nicht einmal eine Umzugsfirma! Angeblich handele ich damit in meinem eigenen Interesse, denn ohne Aufhebungsvertrag dürfe keine Weitervermietung erfolgen, und aufgrund von Frau Freundin würde wieder ein regelrechter Miet- und Untermietvertrag geschlossen. Falls dies wiederum nicht zeitnah erfolge, könnten die Damen wieder abspringen. Alles müsse korrekt ablaufen.

Pling pling pling surr surr sur. Frau Tochter und Frau Freundin haben sich derweil mit den Thema *Ablöse* vertraut gemacht. Ich habe doch neulich angeboten, die Lampen und Rollos dran zu lassen? Die würden sie jetzt doch gerne nehmen, weil man ja sonst reingucken könne und nichts sehe. Beides sei sehr störend, insbesondere, da sie nun die ersten Tage auf einer Matratze ohne Lattenrost verbringen müssten. Ich verstehe, dass sie ohne Kenntnis des Begriffs gar nichts verstanden hatten und wiederhole mein

Angebot gerne: Lampen und Rollos sind neu, schon angebracht noch dazu, Internet und Festnetz waren nicht sofort kündbar, und laufen noch einen Monat – wenn Sie wollen, schon für sie beide – weiter, und es sei mir tatsächlich möglich, ganze fünf Tage eher auszuziehen. Da wir an einem zwölften eingezogen waren und ich ebenfalls taggenau die Miete beglichen hatte, rechne ich mir die Sache aus. Ein einzelner Tag in der Weiterstraße kostet immerhin 41,66666666667 Euro. Wenn ich die Damen eher reinlasse, könnte ich zum Umzug noch etwas Geld sparen. Das bedeutet für mich Stress pur, aber ich kann es schaffen!

Ich beschließe, ihnen Rollos, Lampen und mein unfreiwilliges Starter-Paket Internet & Telefon zu schenken, runde die Miete sogar ab und schlage ihnen schlichte zweihundert Euro vor, also einhundert Euro pro Nase, inklusive der heiß ersehnten Bettenanlieferung noch am Donnerstag, vorm Monatsende! Während ich meinen Vorschlag per E-Mail sende, schreiben Frau Tochter und Frau Freundin mir parallel von ihren separaten Handys. Sie haben vergessen, die Deckenhöhe auszumessen. Ob ich das bitte schnell machen könne? Sie seien gerade im Baumarkt. Und sie bräuchten Fotos der Steckdosen und Fernsehanschlüsse, die sie in beiden Zimmern brauchen, aber nur in einem vermuten. Zu meiner E-Mail Sie möchten die Sachen und auch eher einziehen, werden dafür aber keinesfalls zahlen. Immerhin gehöre die Wohnung ihren Eltern. Dieser *Move* von mir sei wirklich absolut *not nice*.

Ich weiß nicht, was ich sagen soll – und lasse es daher auch. Da ich nun konsequent schweige, wiederholen Frau Freundin und Frau Tochter ihre Anliegen per WhatsApp, SMS und E-Mail und rufen mich noch ein paar Tage lang abwechselnd an. Herrn Hausverwalter informiere ich, dass ich bis hierher gerne behilflich war, mich nun aber im Sinne aller auf meinen Auszug konzentrieren müsse. Schließlich solle alles zeitnah und korrekt ablaufen.

Den Aufhebungsvertrag per Scan erhalte er anbei. Herzlich, bis zur Wohnungsübergabe am Montag, den fünfzehnten April.

Herr Verwalter bedankt sich, dass ihm das auch sehr recht sei, da er sonst vorzeitig vom Gardasee hätte zurückkommen müssen.

Nachdem das Auszugsdatum unmissverständlich klar ist, suche ich eine Umzugsfirma. Nach den Kratzern der Spedition Tigerstark brauche ich eine neue. Leider. Denn im Gegensatz zu den meisten anderen bot sie die Möglichkeit einzulagern und darauf sind wir, falls sich nicht binnen der nächsten nunmehr vierzehn Tage etwas Neues ergibt, dringend angewiesen.

Ich google rauf und runter und erinnere mich an die Aussage von Mia-Mama, dass sie die Firma *Weit weg & ums Eck* für ihren Umzug ins Eigenheim beauftragt haben. Ich telefoniere mit einer sehr netten Dame im Sekretariat und tatsächlich bieten auch sie eine Kooperation mit einer Lagerfläche an, allerdings auf maximal drei Monate begrenzt. Laut Kostenvoranschlag soll alleine der Auszug aus dem zweiten Stock ohne Aufzug knapp achthundert Euro kosten, plus einhundertzwanzig Euro Straße sperren, was in der Weiterstraße unbedingt notwendig sei. Ich erteile den Auftrag – und vertraue darauf, dass wir bis zu den Sommerferien eine neue Bleibe haben werden.

Eine Woche und die üblichen unbeantworteten vierzig Wohnungsanschreiben später bekomme ich langsam kalte Füße. In acht Tagen werden wir wieder wohnungslos sein und Herr Machtkontrolle würde zwar das Engelskind, aber nur sehr ungern mich bei sich wohnen lassen, wie er lächelnd bekannt gibt. Und nochmal mag ich keine entfernten Bekannten fragen. Schweren Herzens verteile ich den Handzettel, nicht aber in der Kita, um unseren Platz nicht zu riskieren.

Beim Abholen betrachte ich das Engelskind, das mir emsig ein paar Kunststücke im Außengelände vorführt. Es ist bei Frau Kita wirklich sehr glücklich – und war es auch in der Villa Vorort. Wo immer es hinkommt, findet es Freunde und schaut, was es Tolles zu entdecken gibt, und auch Mila ist wieder da. Frau Kita hat sich mit ein paar Leiherzieherinnen durchgeschlagen, aus dem personellen Notfallpool der Kindergartenkette. Als ich zum Gehen rufe, sammelt das Engelskind unaufgefordert drei Spielzeuge ein – und dann geschieht es. Matteo kommt aus dem Nichts und zieht ihm von hinten eine Plastikschaufel über den Kopf. Ich rase hinzu und höre gerade noch, wie Matteo dem Engelskind abrundend mitteilt: »Morgen schlitze ich dich auf.«

Trotz meiner Ankunft am Tatort weicht Matteo keinen Zentimeter zurück. Vielmehr sieht mich der Sechsjährige an, als kriegte ich auch gleich aufs Maul. Rütli-Kita – mitten im Superviertel von Teuerstadt!

Da auf dem Gelände das Betreuungspersonal die oberste Staatsgewalt hat, jedoch keinerlei Reaktion zeigt, verlege ich mich darauf, das Engelskind zu trösten, das statt Opfertum erfreulicherweise eine gesunde Wut entwickelt. Schnell sind wir uns einig: Matteo ist ziemlich dumm, denn morgen ist Samstag und kein Kindergarten, das wird er bei seiner dämonischen Planung schon noch bemerken. Das ganze Wochenende allerdings, das gebe ich zu, habe ich doch ein wenig Angst vor Montag, Morgenkreis und Matteo. Doch in der folgenden Woche, unserer letzten in der Weiterstraße, ist der arme Junge krank. Ein Virus. Ich nenne es *Morbus Karma*.

Bis Herr Machtkontrolle an diesem Freitag wegen einer verstauchten Degu-Pfote ausnahmsweise erst später am Nachmittag zur Kindesabholung erscheint, beheben wir den Schreck mit dem Magen und backen Waffeln. Zwischen Waffeleisen und fein säuberlich gestapeltem Umzugsgut starre ich auf ein paar alte Reiseführer. Florida, Elsass, Riesengebirge. Wie könnte ich aus unserer Wohnungsnot eine Tugend machen? (Oder, wie Jürgen immer zu sagen pflegte, *Aus der Not eine Jugend*.)

Alles kann man umdrehen, andersrum betrachten. Positiv statt negativ sehen, als Herausforderung, nicht als Problem. Da bin ich mir sicher. Gefangenschaft als Obdach verstehen, Obdachlosigkeit als Freiheit.

Reiseführer. Essen. Airbnb. Das ist es! Warum nicht unsere missliche Lage im Ausland überbrücken? Auf Bali? Wo ja schon ganz andere ihre Lebenslösungen fanden. Urlaub statt Miete!

Aufgeregt frage ich den eintreffenden Herrn Machtkontrolle, ob ein Urlaub – nur Kind und ich, versteht sich – okay für ihn sei und versüße ihm die Antwort mit einer duftenden Waffel. Natürlich lässt er es sich nicht nehmen, mich bis Sonntagabend zappeln zu lassen, stimmt dann aber zu. Die Rennbahn-Saison habe begonnen und er sei nun ohnehin mit den Galoppern beschäftigt. Als erstes beantrage ich unbezahlten Urlaub, was bei meinem aktuellen Dreißig-Prozent-Modell nicht allzu sehr ins Gewicht fällt. Allerdings ist damit nicht nur ein Verdienstausfall verbunden, sondern auch, dass der Arbeitnehmer die Firmenanteile an Kranken- und Rentenversicherung für diese Zeit selbst trägt. Und das ist verdammt teuer! Doch alles zusammen immer noch günstiger als der Alltag in Teuerstadt.

Gespannt warte ich auf das Go – im Gegensatz zu Frau Kita hat Superairline gerade Personalüberhang und so klappt es! Vier Wochen Mutter-Kind-Bonding warten auf uns! Ein Monat in einer anderen Welt. Einer, in der wir kein Problem sind, sondern Abenteurer.

Frau Kita erkläre ich unsere Pläne und merke, dass sie sogar froh ist, wenn ihr Betreuungsschlüssel durch unsere Abwesenheit noch vor den Sommerferien steigt.

Am morgigen Samstag rückt die Firma *Weit weg & ums Eck* an, in Form dreier kräftiger Herren, die mir gleich eingangs erklären: »Russen tragen, Polen malen.«

Dann verscheucht der Fahrer per Polizei zwei Autos, die trotz der offiziellen Straßensperrung im Parkverbot stehen. Als sie abgeschleppt werden, fühle ich mich mies. Natürlich habe ich für den Platz heute bezahlt, aber irgendwie ist das alles Wahnsinn. Für alle. Die kleinen Straßen, die riesigen SUVs und Umzüge wegen Eigenbedarfs. Zu viel, zu voll, zu unsinnig, zu teuer.

Vier Stunden später ist es geschafft.

Da die Firma *Weit weg & ums Eck* nur eine Rechnung stellen will und nicht zwei, soll ich bezahlen, wenn wieder ausgeliefert wird. Dann aber bar. Meine Sachen hätten sie ja als Pfand. Igor schiebt mir für Runde Eins einen unleserlichen Zettel zur Unterschrift unter die Nase, dann sind sie weg – und ich bleibe bei schönstem Frühlingswetter mit Putzzeug, Spachtel-Material, Farbe und Pinsel für die Schönheitsreparaturen zurück, die ich mühselig mit einer Bus-Odyssee aus dem nächsten Baumarkt herangeschafft habe.

Da es Herrn Verwalter mit drei Frauen zeitgleich in der Wohnung vermutlich zu anstrengend wäre, und er möglicherweise auch die Spannungen spürt, hat er Wohnungsübergabe und Wohnungsübernahme freundlicherweise mit einer halben Stunde Abstand terminiert. Italienisch sonnengegerbt betrachtet er die Wohnung – und ist platt. Alles sieht aus wie neu und noch besser – sogar die Fenster habe ich frisch geputzt und die Becken poliert. (Das Rhododendron-Trauma sitzt tief.)

Zum letzten Mal leere ich den Briefkasten, der noch lange hätte unserer sein sollen, bevor der Nachsendeauftrag (Kosten!) – notgedrungen – mal wieder Herrn Machtkontrolle trifft. Darin finde ich zwei Schreiben: Die Kopie des nun auch vom Ehepaar Zauberhaft unterschriebenen Aufhebungsvertrags mit Briefmarke und Poststempel (Herr Verwalter ist wirklich korrekt) und ein gelbes Schreiben vom Amtsgericht. Neugierig und mit einem ungunten Gefühl öffne ich es.

Herr Machtkontrolle hat die Scheidung eingereicht.

Ohne ein Sterbenswort. Wow. Nebenbei ist es wahnsinnig unklug, wenn der Vermögende einreicht. Als bisheriger Geringverdiener hätte ich Verfahrenskostenhilfe bekommen und die ganze Geschichte würde für alle günstiger kommen, aber jeder muss wissen, wofür er sein Geld ausgibt.

Als ich das Engelskind an diesem Montag mit den Briefen in der Tasche zum letzten Mal von der Weiterstraße aus von der Affenbande abhole, um danach umständlich zu Herrn Machtkontrolle zu fahren, der sich nach Sichtung unserer verbindlichen Flugbuchung bereiterklärt hat, dass ich bis dahin doch auch noch bei ihm nächtigen dürfe, überreiche ich auch Frau Kita den neuen Eltern-Guide und sie freut sich.

Bemüht arglos, aber mit dünner Stimme, frage ich das Engelskind nach der Wiederbegegnung mit dem gesundeten Schaufelschreck Matteo. Mit leuchtenden Augen sieht es mich an. »Den heirate ich!« Wie auch immer sie es gemacht hat, er frisst ihr jetzt aus der Hand. Von ihr kann ich was lernen.

Zwei Tage später habe ich die Kaution in voller Höhe zurück auf meinem Konto und eine Karte des Ehepaars Zauberhaft in der Hand, das sich sehr für den außergewöhnlich guten Zustand der Wohnung bedankt. Ich schreibe zurück, dass es für uns eine wunderbare Zeit war und wünsche auch ihnen von Herzen alles Gute. Es gibt sie noch – die lieben Leute.

Die nächsten Tage mit Herrn Machtkontrolle verlaufen harmonisch, doch fast täglich fragt er, wann wir jetzt nochmal fliegen? Ich beruhige ihn, dass ich nicht vergesse, dass wir in Scheidung sind und plötzlich wieder mit ihm zusammenwohne. Aber das Engelskind freut sich. Für eine Weile ist seine Zerrissenheit zwischen Mama und Papa aufgehoben, auch, wenn ich klar formuliere, dass das vorübergehende Zusammenwohnen nichts an unserer Trennung als Liebespaar ändert.

Und dann geht es endlich los – über Bangkok nach Denpasar. Und man stelle sich vor: Nach drei Wochen langweilt sich Herr Machtkontrolle und kommt nach.

15. #MIETTOO

Sagen wir so: Die unverhoffte Urlaubszeit mit Herrn Machtkontrolle als platonische Familie hat die Dringlichkeit der Wohnungssuche noch erhöht.

Nach der Rückkehr stellen wir uns letztmalig einem gemeinsamen Projekt: dem Verkauf der überzähligen Dinge aus den gemeinsamen Haushalten Hübschviertel und Vorort auf dem Flohmarkt, insbesondere der Babysachen (an denen Herr Machtkontrolle stoisch festhält). Ich schaffe es immerhin, seinem Keller Babywippe (ohnehin sehr umstritten in puncto motorische Entwicklung) und Baby-Bay zu entlocken, die auf eBay Kleinanzeigen weggehen wie warme Semmeln. Außerdem den Fuhrpark des Engelskindes inklusive Laufrad, das wir als Notfallkauf angeschafft hatten. Herr Machtkontrolle und ich entstammen der Generation *Stützräder* und auch das Engelskind hatte unfallfrei seine Balance auf vier Rädern gefunden, bis Herr Kinderarzt uns aufklärte, dass dieser hinderliche Zwischenschritt heutzutage nicht mehr nötig, sondern gar schädlich sei. Unter Herrn Machtkontrolles Skiausrüstung ziehe ich diverse Krabbeldecken hervor, die sich jedoch nur noch fürs Katzenhaus im Tierheim eignen, sodass unsere Ehe wenigstens auf diese Weise nachhaltig ist.

Zwischen Händlern und Hüpfburg an unserem Stand angekommen, räuspert sich Herr Machtkontrolle gewichtig. Ach, übrigens habe er neulich die Biene kennengelernt. Online. Und die Biene sei *ganz, ganz toll*. (Ich bin ja nicht senil.) Sie wohne in Vorvorort und er wolle sie kommenden Freitagabend treffen, da sie zwei Kinder habe und nur dann könne, wenn ihre Kids beim Ex-Partner seien. Eigentlich habe er da ja das Engelskind, aber ob ich es nicht doch nehmen könne, sonst könne er ja nicht ausgehen.

Auf Patchwork noch vor der Scheidung bin ich nicht vorbereitet und zögere mit einer Antwort, sodass Herr Machtkontrolle zu einem vorwurfsvollen Plädoyer ansetzt:

»Ich habe dir ja auch deine Affäre ermöglicht.« Klar, dass das jetzt wieder kommt.

»Ich hatte keine.«

»Aber du hättest. Und das hätte ich dir ermöglicht.«

»Wie denn das?«

»Durch unsere Heirat. Ohne Ehe kein Ehebruch.«

Die Logik von Herrn Machtkontrolle erinnert mich an Jürgen. Und so reagiere ich auch: »Entschuldige bitte, ich muss Elena anrufen.«

Gerade mit Philipp beim Rafting, lacht sie sich scheckig.

»Aber das ist doch super! Damit hast du eine Betreuungsperson mehr, wenn du fliegst. Vermutlich sogar qualifizierter als dein Ex.«

Tatsächlich ist so eine Vorvorort-Biene für mich ein Geschenk mit Sofort-Effekt: Mehr Zeit mit dem Engelskind! Ohne Herrn Machtkontrolle.

Euphorisch winke ich es unter den Flohmarkttischen aus einem Pulk Vorortkinder heran und teile ihm mit, dass es Freitagabend beim Kindsvater, der den DVD-Player behalten hat, eine Pyjama-Party geben wird. Mit Arielle und Popcorn. (Und hoffe bloß, dass Herr Machtkontrolle dann nicht mit der Biene nach Hause kommt und behauptet, ich sei der Babysitter.)

Als ich am Samstagnachmittag, nachdem wir reichlich eingenommen und noch mehr für Kaffee und Luftballons sowie neues Kindszubehör ausgegeben haben (Anschaffungen ziehen Anschaffungen nach sich), öffnet mein Handy eigenmächtig eBay Kleinanzeigen für mich, zeigt aber keine Verkäufe an, sondern gibt den Blick auf den Teuerpark frei. Durch ein geöffnetes Fenster sehe ich hinaus über die Wipfel des begehrten Naherholungsgebietes von Teuerstadt gleich der Upper East Side via Central Park.

Zweieinhalb-Zimmer-Wohnung in Superviertel, frei ab Juli, Kinder willkommen!

Sofort habe ich einen Bezug zu der Aussicht. Der Quadratmeterpreis liegt mit vierzehn Euro nur knapp über dem des sozialen Wohnungsbaus in Teuerstadt und von Schwestern Union lese ich nichts. Während Adrenalin in meine Adern schießt, tippe ich eine Blitz-Bewerbung und bin dabei vollkommen ehrlich. *Take us or leave it!* Ich beschreibe meine Jobs und die Situation, klicke auf *Senden* und warte. Minuten später sehe ich, dass die Wohnung deaktiviert ist – und weitere fünf, dass ich unter jenen bin, die zur Besichtigung kommen dürfen. Freitagabend, genau um neunzehn Uhr acht. Soll Herr Machtkontrolle ruhig daten, ich schaffe mein Leben auch mit Kind!

Die nächste Woche in häuslicher Post-Bali-Gemeinschaft lässt sich nur noch überstehen, weil Herr Machtkontrolle weiß, dass er ein Date hat, und ich, dass ich eine Besichtigung habe. Nur eine Querstraße von der Weiterstraße entfernt.

Ich manifestiere fleißig und wähne mich in dem Gefühl, schon dort zu wohnen. So sehr, dass ich Mitte der Woche gedankenverloren mit dem Engelskind von der Kita aus nicht zur Bushaltestelle Richtung Vorort laufe, sondern in die Querallee 7. Als lebten wir bereits dort. Das Engelskind ist begeistert.

»Cool, da ist ja eine Schaukel im Hof!« Neugierig sehe auch ich durch den Zaun des Grundstücks. Tatsächlich, von einem

Baum herab hängen zwei Stricke mit einem Brett, daneben ein kleines Tor zum Fußballspielen. Vielleicht finden wir hier endlich Ruhe und Frieden?

Ich google im Bundesland-Atlas den Schulsprengel – es ist eines der letzten Häuser an der Grenze der Supergrundschule. Es wäre einfach perfekt!

Dann endlich ist es Freitag.

Neugierig steige ich mit dem Engelskind an der Hand die Treppen des Hauses hinauf und treffe auf Herrn Hausverwaltung. Freundlich steht er in der Tür der Wohnung mit Balkon im dritten Stock, und grinst zu mir hinab. Sofort überkommt mich ein ungutes Gefühl, aber ich verdränge es schnell. Für hinderliche Emotionen lässt mir der aggressive Mietmarkt keinen Raum.

In der Wohnung riecht es nach Spaghetti Vongole und eine Italienerin wie aus dem Bilderbuch, mit elegantem Haarknoten, rot-getupfter Schürze und Kochlöffel, winkt uns herein. Um sie herum toben zwei Kinder und das Engelskind verdrückt sich sofort hinter meinen Rücken, als der Junge sie ansieht. Ich konzentriere mich auf Herrn HV, der uns durch die Wohnung führt. Sie ist zu schön, um wahr zu sein. Gut geschnitten, Unmengen Stauraum durch Einbauschränke und das halbe Zimmer so groß, dass es ein richtiges Kinderzimmer abgibt. Als die Dame des Hauses die Nudeln abgießt, lächelt sie schüchtern, dass sie gerne noch fünfhundert Euro Ablöse für *La Cucina* hätten. Ich nicke ungläubig. Und dann stehe ich am Fenster mit Parkblick, das Engelskind auf meinem Arm. Hier sehe ich uns spielen, sitze dort in Gedanken am Schreibtisch, esse mit dem Engelskind nach der Schule zu Mittag und hier sind wir glücklich. Hier will ich endlich ein richtiges Zuhause schaffen!

Als wir die Treppen wieder hinuntergehen, teilt mir Herr HV mit, dass wir uns bereits unter den finalen drei Bewerbern befinden. Und als wir am Treppenabsatz ankommen, steht dort schon die nächste sympathische Familie. Mutter, Vater, Kind – in dem Fall Baby – und mich überkommt ein schlechtes Gewissen. Dürfen das Engelskind und ich in Teuerstadt überhaupt so viel Platz beanspruchen?

Aber dann denke ich an die Weiterstraße zurück und die Enge und das Chaos. Entgegen der Kategorien auf Immo-Schau: Auch wir zwei sind eine Familie! Und als solche brauchen wir eine vernünftige Raumaufteilung. Alles das ist hier gegeben. Und trotzdem sieht es merkwürdig falsch aus, als das Engelskind nun die letzten Stufen zur Eingangstür wieder hinabspringt.

»Wohnen wir jetzt mit Matteo zusammen?«, fragt sie mich.

»Wie kommst du denn darauf?«, staune ich.

»Na, das war doch seine Wohnung!«

Wer hätte das gedacht – nur ein Kindergartenfach weiter, wäre der Handzettel ideal platziert gewesen ...

Während ich Anfang der Woche sehnsüchtig auf Bescheid von Herrn HV warte und Herrn Machtkontrolle betrachte, der seit dem Treffen mit der Biene glüht wie eine Supernova, neigt sich das Kindergartenjahr seinem Ende zu. Die Sommerferien stehen vor der Tür und einmal mehr ziehe ich Bilanz. Auch wenn unsere Wohnsituation sich noch immer holprig gestaltet, so ist inzwischen ein volles Kitajahr in Superviertel um. Und es war allemal besser als die Zeiten in Vorort. Das Engelskind liebt die Affenbande mindestens genauso wie die Villa Vorort und trotz der ganzen Fluktuation haben sich endlich zwei, drei Freundschaften herauskristallisiert, auch für mich.

Als ich das Engelskind abhole, und Mila die vor Vergnügen kreischenden Kinder aus Gorilla- und Paviangruppe in der Sommerhitze mit dem Gartenschlauch abspritzt, hält mir Frau Kita ein paar Formulare hin. Eins betrifft die Einwilligung beider

Elternteile zur Zeckenentfernung, ein anderes die gewünschten Buchungszeiten fürs nächste Jahr und eines die Abrechnung derselben. Warum sich die Berechnung des Monatsbeitrags 2018 auf die Einkommensverhältnisse in 2015 stützt, erschließt sich mir nicht. Da ich im neuen Kalenderjahr wieder mehr fliegen werde als die bisherigen dreißig Prozent, die – unter normalen Wohnverhältnissen – die Zeiten des Engelskindes bei Herrn Machtkontrolle ohnehin unterbieten, will ich abends das nächste Jahr mit ihm besprechen. Wir müssen vordenken, da Kitajahr und Kalenderjahr nicht gleich sind. Die Buchungszeit kann einmal jährlich zum Herbst gewechselt werden, meine Teilzeit einmal jährlich zum neuen Jahr. *Falls* es dann ab Januar mal vorkommt, dass ich auch unter der Woche fliege und er das Engelskind abholen müsse, könne er dies nur leisten, wenn es bis siebzehn Uhr täglich gebucht sei. Ich bespreche mit Frau Kita, ob es möglich sei, vielleicht nur den Montag so lange zu nutzen, aber dies geht leider nicht. Ganz oder gar nicht. Sie kann nur Halb- oder Ganztagsplätze vergeben, darüber hinaus verläuft die Vergabe in Kategorien von zum Beispiel sechs bis sieben oder acht bis neun Stunden täglich. Mischformen seien unzulässig. Herr Machtkontrolle reagiert wie immer pragmatisch.

»Dann buch doch einfach immer bis siebzehn Uhr, aber du holst sie einfach schon um zwölf oder zwei oder drei, wenn du da bist.«

»Aber damit blockiere ich Kapazität und nehme vielleicht einer anderen Familie den Platz weg«, gebe ich erbost zurück.

»Außerdem ist das Betrug und ich kriege den Ärger.« Dann könne er mir auch nicht helfen.

Letzten Endes wird das Engelskind kompromisshalber fürs Jahr nach den Sommerferien täglich bis sechzehn Uhr gebucht, was mich ärgert, da ich diese lange Zeit täglich nicht benötige, wenn ich an zwanzig Tagen im Monat da bin, und Herr Machtkontrolle, als sein eigener Chef, sich vielmehr umgekehrt gelegentlich danach richten könnte, seinen Arbeitstag abzukürzen. Und natürlich erhöht sich der Monatsbeitrag nebenbei drastisch. Aufgrund dessen, dass Herr Machtkontrolle und ich bis zum Ende des Trennungsjahres in Kita-Augen noch gemeinsam veranlagt sind, darf ich also nun den Höchstbetrag zahlen. Ich verdiene damit ein paar hundert Euro netto in Teilzeit, aber zahle mit Essens- und Spielgeld knapp zweihundert Euro für die Kita, meine kostspielige Fluguntauglichkeitsversicherung (ein *Must* in meinem Beruf) mit knapp zweihundert Euro und buttere den Rest meines Verdienstes in Fahrtkosten zum Flughafen. Bei Streik oder einem Notarzteinsatz, der den ÖPNV auf dieser Strecke regelmäßig lahmlegt, kostet ein Taxi zu meiner Arbeitsstätte dann achtzig bis hundert Euro. Ich rechne aus, dass ich alleine diesen Monat für minus fünfzig Euro dreimal um drei Uhr aufgestanden bin. Puh!

Zeit, auf Erspartes zurückzugreifen, denn der gesamte Unterhalt, inklusive Kindergeld, wurde bislang 1:1 durch die Miete verschlungen, in der zukünftigen Wohnung in der Querallee müsste ich sogar noch zweihundert Euro drauflegen bei tausendfünfhundert Euro Miete. Die Scheidung als solche wird auch noch Geld kosten und der zwölfmonatige Trennungsunterhalt steckt in den bisherigen Umzügen. Die Ergebnisbeteiligung von Superairline, die dieses Jahr ausgeschüttet wird, greift leider nur bei Voll- und Teilzeitmitarbeitern. Wer im Rekordjahr zu Hause war, so wie ich, geht leer aus. Nun stehe ich dumm da – und das betrifft letztlich das Leben des Engelskindes.

Ich kaufe mir das fantastische Buch *Don't worry, be Mami*[*] von Sandra Runge. Darin räumt die Mutter, Bloggerin und Ju-

---

[*] Runge, Sandra: *Don't worry, be Mami.* Juristisches Know-how rund um Schwangerschaft, Geburt und Elternsein, Blanvalet 2017.

ristin mit den größten Scheidungsirrtümern auf und endlich bekomme ich Fakten.

Zum Beispiel, dass das Engelskind nach dem Scheidungsurteil bei mir versichert sein muss, damit ich Anspruch auf Lohnfortzahlung habe, wenn Superairline mir ihr großzügiges Kontingent freier Tage gewährt, um beim kranken Kind zu Hause zu bleiben. Ebenfalls etwas, das Herr Machtkontrolle, als Selbstständiger, nicht leisten kann oder würde. Aber weil er Arzt ist, musste das Engelskind bislang bei ihm privat versichert sein.

Ich erläutere ihm diesen Umstand, aber erhalte keinerlei nennenswerte Reaktion. Und ohne seine Einwilligung kann ich daran nichts ändern. Dafür hat auch er Neuigkeiten für mich: nämlich, dass er Urlaub gebucht hat. Mykonos für zwei, für drei Wochen! In einer Woche. Er und das Engelskind, nicht die Biene (leider, da die sich nach den Fußballturnierterminen ihrer Kinder richten müsse). Seine Urlaubsplanung ist eine Mitteilung, keine Frage, und so frage ich Frau SamSs, ob ich dies akzeptieren müsse? Immerhin sei das Engelskind erst vier Jahre alt und ehrlich gesagt mache ich mir besonders Sorgen zum Thema Wasser, denn es kann noch nicht schwimmen. Seit Herr Machtkontrolle kürzlich versucht hat, das Engelskind heimlich ohne Kindersitz zu befördern, weil er den irgendwo ausgebaut und vergessen hatte, ist mein Vertrauen in ihn nicht gerade gestiegen. Gottlob war ich meinen Instinkten gefolgt und mit runter zum Auto gegangen, wo alles aufflog.

Außerdem leite ich Frau SamSs den Scheidungsantrag von Herrn Machtkontrolle weiter (wieder ein Stammkundenstempel im Copyshop), in dem unsere aktuellen monatlichen Einkommensverhältnisse aufgeführt sind und dass das Engelskind grundsätzlich bei mir lebt. Beides stimmt und beruhigt mich.

Das Sekretariat von Frau SamSs schlägt mir einen Telefontermin vor, für den ich pünktlich und ungestört zu Hause am Telefon sitze – und ruft dann nicht an. Stattdessen meldet sich eine Stunde später ihre Assistentin. Frau SamSs sei verhindert, würde sich später melden und, gerade als ich ins Bett will, tut sie es auch. Um halb neun. Ob es jetzt passe? Sie sei noch in der Kanzlei. Aus zuverlässiger Quelle (von ihr selbst) weiß ich, dass Frau SamSs selber Mutter eines Dreijährigen ist. Und während ich, die ach so unstete Schtuadess, eigenhändig das Engelskind mit Drachengeschichte ins Bett gebracht habe, frage ich mich, wer von uns Frauen besser dran ist? Frau SamSs mag familiär und finanziell nie in so eine Lage geraten wie ich, wird aber auch nie die Art Mutter sein, die ich bin – mit so viel Zeit für ihr Kind.

Als Frau will ich keine anderen Frauen verurteilen, eigentlich überhaupt niemanden, und doch fällt es mir schwer, mich von jemandem beraten zu lassen, der seine Mutterrolle so ganz anders lebt als ich. Und plötzlich bin ich ein bisschen stolz. Dass Herr Machtkontrolle und ich es – trotz allem – letztlich immer hingekriegt haben, das Engelskind außerhalb der Kita selbst zu betreuen. Bis jetzt. Obwohl Fremdbetreuung generell ja nicht schlecht ist, aber eben oft aus der Not geboren. Heute fehlen die familiären Strukturen, in denen die Großeltern mit im Haus leben und einfach immer jemand da ist.

Trotz meiner Post soll ich ihr nochmal sagen, worum es jetzt eigentlich geht, und Frau SamSs bestätigt einmal mehr, dass ich keinerlei finanziellen Anspruch habe, außer Kindesunterhalt laut Düsseldorfer Tabelle, und meine Minusrechnung korrekt ist. Auf meine Urlaubsfrage geht sie nicht ein, sondern ermahnt mich, ich solle den Kindsvater lediglich bitten, mir alle zwei Tage eine SMS aus den Ferien zu schicken, ob alles okay sei. Ansonsten könne er sich kontrolliert fühlen. Warum die Gefühle von Herrn Machtkontrolle bei meiner Anwältin gegenüber meinen und denen des Kindes mal wieder oberste Priorität genießen, verstehe ich nicht. Aber ich schlussfolgere, dass ich lange Trennungen von meiner

Tochter auch in diesem Alter also wohl oder übel schon akzeptieren muss.

Wenige Tage später sind Herr Machtkontrolle und das Engelskind weg, mir blutet das Herz, aber endlich bekomme ich Nachricht von Herrn HV. Es gebe nur noch einen Mitbewerber, ob ich Zeit habe, gleich heute nochmal vorbeizukommen? Eigentlich hatte ich gänzlich anderes im Sinn, als nochmal dort anzutanzen (Nebenjobs suchen), aber Wohnungssuche geht vor, also steige ich in Bus, U-Bahn und Tram Richtung Stadt. Zwei Stunden später stehe ich auf der Matte. Vielmehr sitze im Wohnzimmer von Herrn HV.

Gewichtig blättert er in einem Aktenordner und zieht den Mietvertrag zu Objekt 78/555/93 heraus. Abgeheftet darunter sind die Bewerbungsunterlagen von Matteos Familie.

»Die lasse ich ungerne gehen«, sinniert Herr HV und wie er es sagt, gruselt es mich ein bisschen. Es hat was von *Hotel California* von den Eagles, und dem Songtext *You can check out any time you like, but you can never leave.* Dann sieht er mich durchdringend an. »Wie sehr willst du die Wohnung?«

Mir ist nicht ganz wohl bei der Sache. Das *Du*. Das Wohnzimmer. Das alles. Aber die Parameter sprechen für sich. Eine bezahlbare Traumwohnung mit darstellbarer Küchenablöse zum nächsten Ersten. Ohne großes Tamtam. Herrn HV reichen allen Ernstes meine Arbeitgeberbescheinigung über das Anstellungsverhältnis allgemein und mein Händedruck, bei dem er jedoch noch zusätzlich meinen Oberarm umfassen muss, was mich noch skeptischer macht.

»Nun, es wäre für uns wirklich toll, nicht das Umfeld wechseln zu müssen«, winde ich mich höflich heraus und Herr HV nickt.

Er habe ein gutes Gespür für Menschen, sagt er, und schiebt mir den Mietvertrag unter die Nase. Ist die Wahl nun also auf mich gefallen? Ich räuspere mich verlegen und – obwohl ich einerseits vor Freude zerspringe – hält mich gleichzeitig etwas zurück. Natürlich will ich die Wohnung und bin dankbar, aber möchte nicht Männchen machen dafür. Dann reicht er mir einen Stift. Staffelmiete. Ansonsten scheint alles Standard. Keine besonderen Klauseln, drei Monate Kündigungsfrist. Die üblichen Schönheitsreparaturen. Bedenkzeit habe ich nicht, aber was soll schon schiefgehen? Ich unterschreibe und Herr HV grinst, dass er bald mal zum Anstoßen vorbeikommt.

Wir haben ein unmöbliertes, großes, unbefristetes Zuhause!

Leicht bedrückt erzähle ich Elena von dem Treffen, die mich für bekloppt hält. Ich erkläre, dass ich jetzt Parkblick habe, mich aber nicht richtig freuen kann, irgendwie. Dass alles faktisch perfekt sei, aber emotional irgendwie ambivalent. Dass mir Herr HV irgendwie zu close ist, zu touchy.

»Ach, der steht halt auf dich«, winkt sie ab. »Ich würde das als Mittel zum Zweck sehen. *HV* steht ja nicht für Horrorvermieter!«

Und wenn doch? Ausgerechnet diese Wohnung soll tatsächlich zum Schüsselerlebnis werden und endgültig werde ich lernen, ab sofort immer und bedingungslos nur noch einer Sache zu vertrauen: meiner Intuition.

Vorerst aber setzt erneut der Nestbautrieb ein.

Ich sage mir, dass alles so sein soll – und Herr Machtkontrolle genau jetzt mit dem Engelskind unterwegs ist, damit ich ein Heim für uns schaffen kann. Eine richtige Überraschung, wenn sie zurück sind. Denn aufgrund der Entfernung zu Vorort werde ich Herrn Machtkontrolle bei mir schlafen lassen müssen, wenn ich nun auch mal wochentags fliege, und das Engelskind in Kita und später Grundschule muss. *Nestmodell* nennt sich das in der Scheidungsliteratur. Die Eltern flattern rein und raus, aber die

Kulisse für den Nachwuchs bleibt gleich. Im Prinzip gut, wenn der andere Elternteil dabei nicht in meinen Kissen schnarchen würde. (Ich bin noch immer dabei, Herrn Lederjacke energetisch daraus zu reinigen.)

Mit unglaublicher Kraft reaktiviere ich für unseren dritten Umzug in Superviertel die Firma *Ganz weit weg & ums Eck* und nenne ihnen die Auslieferungsadresse. Noch einmal erhalte ich einen Kostenvoranschlag, der sich auf maximal vier Stunden beläuft und mit sechshundert Euro zu Buche schlägt.

Am Einzugstag kommen die Männer pünktlich und brauchen nur dreieinhalb Stunden. Es ist schwere Arbeit, keine Frage, aber als sie fertig sind, will Igor von mir insgesamt zweitausendzweihundert Euro. Mir bleibt der Mund offenstehen. Ich argumentiere, dass doch pro Stunde abgerechnet wird, schaue in den KVA, den alten Zettel und auf meine Uhr. Zuzüglich Runde eins, Straße sperren, An- und Abfahrtskosten und einem Trinkgeld über sechzig Euro für die drei, komme ich auf höchstens tausendachthundert Euro. Telefonisch lasse ich mir den Chef geben, der mir sofort droht, die Polizei zu rufen, wenn ich den Betrag nicht umgehend bezahle. Der (superbreite) Hausflur sei schwierig gewesen, mehr Möbelstücke als kalkuliert (dieselben wie vorher), die Hitze groß und seine Männer bekämen von ihm ja ebenfalls sehr viel Geld. Der Russe und seine zwei Mannen, je zwei Meter groß und einen breit, stehen mir gegenüber und von ihrer ostslawischen Freundlichkeit, als ich ihnen noch Kaffee und Kekse reichte, ist nichts mehr übrig. Igor schnappt sich meinen Laptop (Finger weg, meine Existenzgrundlage!) und zittrig radle ich zur Bank und händige den Männern das Geld aus. Mehrfach frage ich danach wenigstens eine offizielle Rechnung an, werde aber keine bekommen.

An diesem Tag lerne ich, dass man ruhig mal die Polizei kommen lassen kann (vor allem dann, wenn man selber kein Verbrecher ist) und eigentlich ich alle Macht hatte, nämlich das Geld. Ich hätte einen Teil bezahlen und für den strittigen Teil eine Rechnung verlangen können. Hätte. Hätte. Fahrradkette. Annette Hätte (ich nur meinen Mädchennamen behalten. Und überhaupt.) Aber wissen Sie was? Ich hatte Schiss. Angst! Und habe mir zum ersten Mal im Leben einen Mann gewünscht, der mich vor solchem Scheiß beschützt und die Dinge für uns regelt. Aber wenn ich den gehabt hätte, hätten solche Typen es wohl erst gar nicht versucht. Kein guter Start für die Querallee 7 ...

In den nächsten Tagen nehme ich Möbellieferungen in Form von Kinderbett mit Rutsche und Regenbogenteppich entgegen (Kosten) und finde mich bald in einem Kinderzimmertraum aus sonnengelb und marienkäferrot wieder. Endlich haben wir Platz! Die ganze Wohnung strahlt Liebe und Wärme aus und ich kann es nicht erwarten, dass das Engelskind wiederkommt – um hier abends mit ihm zu kuscheln.

Herr Machtkontrolle meldet sich selten und wenn, dann nur mit beunruhigenden Fotos vom Jetski-Fahren und offener Schwimmweste oder Reiten auf riesigen Pferden. Das Engelskind immerhin sieht gut aus, braun gebrannt und fröhlich, mit Eis und Mini-Disko, aber folgte ich meinen wahren Gefühlen statt den Auflagen der deutschen Justiz, würde ich sofort zu ihm fliegen. Seit es weg ist, schlafe ich kaum und verdammt mies, weil ich glaube, das Engelskind weinen zu hören und Alb träume habe, dass es ertrinkt und ich nicht da bin, um es zu retten.

Nach Woche zwei bin ich drei Kilo leichter, doch das Engelskind kehrt wohlbehalten zurück. Halleluja! Unser neues Leben kann losgehen – auch, wenn ein Vermieter auf der Couch (hartnäckig erinnert Herr HV an den Sektempfang) und ein Ex-Mann im Bett offenbar der Preis sind.

Nach den Sommerferien teile ich Frau Kita stolz unsere neue Adresse mit und ihr ist sofort klar, dass es Matteos alte ist. *Ach, das ist ja lustig – da hatten Sie Glück!* Kann man so sagen. Doch bevor ich ihr Büro verlasse, fragt sie mich, ob ich nächsten Montag schon etwas vorhabe. Ich überschlage kurz: jede Menge. Vor allem Arbeit. Wieso? Sie habe da ein Anliegen – und ich sei genau die richtige Person dafür und würde so gut passen! Ich ahne Schlimmes, bin aber neugierig. »Würden Sie den Ganztags-Ausflug der Gorillas begleiten?«, strahlt sie mich an. »In den Zoo?«

Ich stehe Zoos wirklich sehr kritisch gegenüber und fühle: Ich kann nicht. Neben schreiben, Schichtdienst, Umzugsnachwehen (Ummelden, Internet), Kind und Scheidung auch noch als Eintags-Erzieherin zu arbeiten, schaffe ich nicht. Gleichzeitig bin ich traurig, dass Stunden ohne bezahlte Arbeit für mich undenkbar geworden sind – denn eigentlich liebe ich Kinder und würde Frau Kita und ihr Team gerne unterstützen. Als ich schweren Herzens verneine, nickt sie verständnisvoll, dass sie noch andere Eltern fragen werde, aber die seien alle so beschäftigt, dass sie fürchtet, dass der Ausflug ausfalle. Um eine sichere Unternehmung abzuwickeln, fehle es ihr schlicht an Personal. Tatsächlich frage mich aber, wie das überhaupt in Sachen Versicherung und Aufsichtspflicht für die Erwachsenen aussieht. Was, wenn mir ein Kind auf die Straße läuft oder ins Krokodilbecken fällt? Ist es legal, Eltern in einer städtischen Einrichtung einzuspannen? Tatsächlich muss der Ausflug letztlich ausfallen und ich fühle mich schuldig. Immerhin geht es nicht nur um einen Exkursionstag – es geht um Kindheitserinnerungen, die die Gorilla-Kinder jetzt nicht haben werden. Anderseits wirken Paviane und Gorillas beim gemeinsamen Freispiel am Montag alles andere als enttäuscht über einen weiteren Sonnentag in Schlüpper und Matschepampe in der Kita …

In unseren neuen salonfähigen Räumlichkeiten nimmt unser Sozialleben endlich Fahrt auf. Hingebungsvoll malt das Engelskind unsere Adresse auf die Einladungskarten zu seinem fünften Geburtstag. Die Nachbarskinder, ihre ganz alten Freunde aus der Krippe im Hübschviertel, die mittelalten aus der Villa Vorort und ihre neuen aus der Affenbande – alle kommen!

Im Rahmen einer rauschenden Party sitzen zehn Vorschulkinder an unserem ausgezogenen riesigen Esstisch rund um eine mehrfarbige Einhorn-Torte, toben durchs Kinderzimmer, rascheln mit Luftschlangen und Geschenkpapier und stellen sich brav zum Topfschlagen und Schaukeln im Hof an. An diesem goldenen Herbsttag mit noch sommerlich sanften Temperaturen einen sich Vergangenheit, Gegenwart und Zukunft. Und einmal mehr finde ich, dass Wechsel auch Bereicherung sein kann. Bindungen entstehen nicht zwangsläufig dadurch, dass man immer am selben Ort ist, sondern dadurch, dass man auf die richtigen Menschen trifft. Und wenn ich die Bande so betrachte, stelle ich fest: Wir haben von überall die Liebsten mitgenommen! Und das Engelskind die Gewissheit: *Egal, wo ich hingehe, dort warten schon Freunde darauf, mich kennenzulernen.*

Was auf mich leider nicht zutrifft. Denn auf mich wartet der EB NEU ...

16. HOUSE OF KITA

Die erste Sitzung Anfang Oktober wird gleich um acht Uhr morgens anberaumt. Noch zeitiger als unser regulärer Morgenkreis-Start um acht Uhr dreißig. *Politics doesn't sleep.* Das bedeutet, dass ich das Engelsind noch früher als sonst abgeben muss – schon in der Frühschicht ab sieben Uhr dreißig. Weil wir ja immer erst ab halb neun gebucht sind, bin ich unsicher, ob das zulässig ist und erscheine daher pünktlich, aber lieber erst um genau eine Minute vor acht Uhr in Frau Kitas Oval Office.

Das Engelskind hat das noch frühere Wecken auch ohne Kenntnis der Uhr bemerkt und gemotzt, und auch mein Körper meckert. Im Laufe der Jahre hat er sich eine innere Zeitzone angeeignet, die international funktioniert, weswegen ich nie unter Jet-Lag leide. Jahrelang schlief ich in den USA durch und in Europa aus. Nun aber prallt dieses Sein auf den innerdeutschen Hamsterrad-Rhythmus, das pathologische Nine-to-five und mir bislang fremde Lebensmottos wie *Schaffe, schaffe, Häusle bauen, der frühe Vogel fängt den Wurm, Morgenstund hat Gold im Mund*, usw.

Entsprechend knittrig und mit Augenringen ziehe ich mir eine Sitzgelegenheit heran – und kompensiere mein physisches Tief mit Tatendrang und bester Laune. Leider sind alle normalen Stühle schon vergeben und so nehme ich mit dem Bibo-gelben ergonomischen Sattel-Hocker von Frau Kita vorlieb, der mein Becken unschön nach vorne kippt und ständig seitlich wegrollt.

Es gibt Filterkaffee und Leitungswasser und parallel zum Morgenkreis bildet der EB NEU einen kommunikativen Stuhlkreis.

»Guten Morgen!«, strahle ich in die Runde. Und ernte angewiderte Mienen. Immerhin Frau Kita nickt höflich und Ben-Nick-Karl-Papi drückt nervös die Miene seines Kugelschreibers exzessiv rein und raus, der Rest guckt einfach apathisch. Wie so oft habe ich vergessen, dass die Welt außerhalb der Fliegerei aus Menschen besteht, deren Emotionen nur im engsten Familienkreis offenbar werden. Sehnsüchtig denke ich an die *Green School* auf Bali zurück, die das Engelskind und ich mit unserem Scooter besichtigt haben, mitten im Dschungel von Ubud. Ein visionäres Bildungs- und Ökoprojekt von Unternehmer Jon Hardy, in dem alle Anwesenden lächeln und scherzen und an dessen Bambuswänden liebevoll Zitate eingraviert sind:

We learn, we love, we laugh – in this place we grow and grow together. We support each other and live our potential. Thank you, teachers & staff!

Kein Vergleich zur deutschen Eiszeit in Frau Kitas Büro. Carmen sieht demonstrativ auf die Uhr, Ella zupft ihren langen Designer-Rock in Form und Nadine fährt sich breitbeinig mit einer Hand durch ihren Kurzhaarschnitt, während sie ihre gewählte *Ich bin auf der Arbeit, nicht auf der Flucht*-Tasse auf Ex austrinkt. Ich habe das dringende Gefühl, Aufnahmebereitschaft signalisieren zu müssen und krame verzweifelt nach Notizmaterial in meiner Tasche.

»Willst du oder soll ich?«, eröffnet Ben-Nick-Karl-Papi den Dialog Richtung Frau Kita. Geschmeichelt überlässt sie ihm das Wort.

»Schön, dass ihr es einrichten konntet. Vielleicht klären wir erst, wer Protokoll führt?«

Als Neuling fühle ich mich verpflichtet, mich zu melden, aber da ich nicht weiß, wie so ein Ding aussieht, würde ich mich lieber erst an einem Ansichtsexemplar orientieren. Ella nickt herablassend und zieht einen eleganten Füller und ein Klemmbrett voller Villen-Exposés hervor, auf das sie ein leeres Blatt heftet.

Dann fasst Ben-Nick-Karl-Papi die Erfolge des letzten Jahres (Sommerfest, Kasperletheater) zusammen und stellt sich – zum dritten Mal – auch in diesem Jahr wieder als Nikolaus zur Verfügung, Knecht Ruprecht müsse man noch finden (ich finde ja, strafende Instanzen kann man bei Kindern ganz weglassen). Ob es okay sei, dass er auch weiterhin Schatzmeister sei, in der Kasse des EB ALT befänden sich noch einhundertzwanzig Euro und ein Cent, Verwendung fraglich. Keine in der Runde hat etwas dagegen und Ella macht ein Dollar-Zeichen auf ihr Protokoll.

Ben-Nick-Karl-Papi bittet jedes Mitglied des EB NEU darum, ihm ein Foto mit Kind zu mailen, damit er unser Gremium am Eingang aushängen kann, ob Ella das Layout gestaltet?

Unmerklich nickt sie, malt kunstvoll ihre Initialen auf das Blatt und macht einen Vermerk. Ach, du meine Güte – das Logo! EK-Immobilien! *Sie* ist Ella König! *Ich muss Sie bitten aufzulegen. Das Schriftstück, räusper, Miststück* hat selber Kinder! Sofort kommen wüste Verwünschungen in mir hoch, dass diese Frau mit ihrem Nachwuchs, alleine und ohne Kohle, in Teuerstadt sitzt und darauf angewiesen ist, dass Frauen wie sie ihr eine Wohnung geben. Und nein, diesmal kann ich mich auch zu Karmazwecken nicht beruhigen. Blöde Immo-Hexe!

Nadine meint, Ella solle einfach ihr Foto vom Alm-Wochenende neulich verwenden und Ella bietet Carmen an, das eine schöne vom Straßenfest für sie auf ihrer Festplatte rauszusuchen. (Auch als Erwachsene ist es ein ziemlich fieses Gefühl, wenn sich eine Gruppe schon kennt.)

Dann ist Frau Kita dran und bedauert noch einmal professionell-verschwiegen, dass es mit Frau Make-up-Artist leider nicht gepasst habe, ein Ende mit Schrecken statt einem Schrecken ohne Ende, aber letztlich den Kindern zugutekomme. Verkündet, dass die Affenbande im Laufe des kommenden Kalenderjahres neue Spielzeuge von der Stadt gesponsert bekomme und die Prüfung der Pflanzen, die von der Straße hereinranken, ergeben habe, dass diese nicht giftig, der kindliche Verzehr dennoch zu vermeiden sei. Diese beiden letzteren wichtigen Informationen gehörten vorn ins Protokoll – für die Eltern, die nur den Anfang lesen. In ihren Formulierungen bleibt Frau Kita konsequent positiv, sachlich und lösungsorientiert, an ihr ist eine wahre Diplomatin verloren gegangen. Das Thema *Giftpflanzen und wo sie nicht zu finden sind* trifft bei Nadine einen Nerv – sie ist Kinderärztin und hat es täglich mit den Konsequenzen fahrlässiger Eltern zu tun. Details will sie nicht nennen (und ich nicht hören), aber sie sage nur *Waschmittel-Tabs, Feuerzeuge, Fön/Badewanne und Fenster*. Stimmlich hoch emotional, gleichzeitig aber mit ausdrucksloser Miene, setzt sie sich dafür ein, dass die Kita sicherer wird und ich sage lieber nicht, dass das Engelskind kürzlich zu Hause zwei Magneten wie Bonbons lutschte. Als ich es diese ausspucken ließ, innerlich panisch, nach außen hin so bemüht ruhig wie schon im Figürchen-Inferno bei Herrn Paartherapeut, damit es diese nicht vor Schreck verschluckt, meinte das Engelskind lapidar, die seien von Frau Kitas Pinnwand. Da letztlich nichts passiert ist und ich sie einkassiert habe, habe ich kein Drama daraus gemacht. Denn noch wichtiger als Frau Kita zu rügen finde ich, dass das Engelskind selber versteht, dass es solche Dinge keinesfalls in den Mund stecken darf!

Nadine jedoch ist nicht mehr zu stoppen (vermutlich ein eigenes Trauma, *es ist immer nur …*), so dass auf Carmens edler Armbanduhr die halb zehn überschritten wird. Um zehn Uhr werde ich hinter der Brötchentheke erwartet (hatte ich erwähnt, dass ich jetzt einen Nebenjob beim Bäcker habe?). Einerseits finde ich es ja sehr positiv, dass Nadine kein bisschen abgestumpft ist in ihrem Beruf, andererseits frage ich mich, wo die versteckte Kamera ist, als sie allen Ernstes vorschlägt, eine Erzieherin neben dem Klettergerüst abzustellen, die hauptberuflich die Kinder auffängt.

Elegant wie immer erklärt Frau Kita, dass dies zwar ein interessanter Vorschlag, aber zeitnah nicht darstellbar sei. Gerne hätte ich meinerseits einen Vortrag über die ebenfalls dramatischen psychischen Folgen von Überbehütung gehalten, aber vermutlich ist die Art von Frau Kita, es zu handeln, zielführender. *Ernst nehmen, darauf eingehen, abschmettern.* Zehn vor zehn. Wieso muss heute hier außer mir niemand zur Arbeit?! Selbst mit dem Fahrrad wird es für mich langsam eng und so muss ich das Undenkbare tun: Mitten in der Diskussion zu den chemischen Gefahren des PVC-Bodens in den Gruppenräumen und dem Vorkommnis, dass Kinder durch das künstliche Morgenlicht geblendet worden seien, muss ich mich entschuldigen. Es tue mir furchtbar leid, aber ich müsse nun aus beruflichen Gründen gehen. Eine Mischung aus Gleichgültigkeit und vorwurfsvoller Stille macht sich im Raum breit.

»Tja, wenn Sie gehen müssen, müssen Sie gehen«, erteilt mir Frau Kita Absolution.

»Wir machen auch nur noch fünf Minuten«, springt Ben-Nick-Karl-Papi mir bei und ich schenke ihm dankbar ein Lächeln. Und noch als ich mein Rad aufschließe, sehe ich, dass die Gruppe sich auflöst.

Als ich Bienenstich und Hörnchen einsortiere, surrt die WhatsApp-Gruppe des EB NEU penetranter als die Wespen in der Auslage. Sämtliche Einzeldialoge zwischen Carmen, Ella und Nadine, auch zur gemeinsamen Freizeitgestaltung am Wochenende, werden darauf ausgetragen. Ich überfliege sie einäugig und stelle fest: Nichts davon ist für mich relevant, aber das ständige Surren versetzt mich in eine unangenehme Alarmbereitschaft, denn es könnte ja jederzeit etwas dabei sein, das Handlungsbedarf von mir erfordert.

»Einen Schwabinger Bauernlaib«, tönt es dann spitz in mein Ohr und vor mir steht – Carmen.

»Hallo«, sage ich und nun erkennt auch sie mich. Ihr Blick wandert befremdet zwischen meinem Gesicht, meinen Händen und dem Backwerk hin und her.

»Hattest du nicht gesagt, du müsstest zur Arbeit?«

Für einen Moment fehlen mir die Worte. Was bitte glaubt sie denn, was das hier ist? Aber ich ahne, dass im Universum mancher Menschen nur bestimmte Berufsgruppen darunterfallen. Ich lächle bemüht, packe das Brot ein und kassiere.

»Wie heißt es so schön? Wenn du tust, was du liebst, musst du keinen Tag im Leben mehr zur Arbeit gehen!«, reiche ich ihr die Ware.

Als sie weg ist, heule ich ein bisschen.

Knapp zwei Wochen später erhalte ich das Protokoll über den E-Mail-Verteiler des EB NEU. Und eine WhatsApp-Nachricht, die tatsächlich die Gruppe betrifft.

Ben-Nick-Karl-Papi resümiert, dass die letzte Sitzung inhaltlich recht chaotisch ablief. Um ein solches *Desaster* in Zukunft zu vermeiden, müsse man vor den Treffen mit Frau Kita ein Vortreffen organisieren (oh nein, bitte nicht schon um sechs Uhr früh?!). Vielleicht gleich in zwei Wochen, spät abends? Für die Dezembersitzung? Schweißperlen treten mir auf die Stirn, denn ich schaffe unser Leben derzeit nur, wenn ich um neun Uhr im Bett bin – und jeder alleine mit Haushalt und Kind versteht das. Außerdem muss ich dann wieder Herrn Machtkontrolle um seine Dienste bitten.

Telepathisch erkennt Ben-Nick-Karl-Papi meine Lage und schlägt vor, dass wir uns gerne bei mir treffen können! Eigentlich nett, ja, ich weiß, aber ich bin Sternzeichen Krebs. Mein Zuhause ist mir heilig – als private Oase, Rückzugsort und Schutzwall. Mir Ellas, Nadines und Carmens konsequent unzufriedene Mienen in meinem neuen kuscheligen Schneckenhaus vorzustellen, erzeugt bei mir tiefes Unbehagen. Und selbstredend begehren die Schtuadess und meine gute Erziehung in mir auf, so dass ich mich sofort veranlasst sehe, für Ella und Carmen mindestens eine Zweier-Auswahl Säfte und für Ben-Nick-Karl-Papi und Nadine Bier bereitzustellen, kombiniert mit ein paar Häppchen. Nichts Wildes, nur ein paar salzige, fruchtige und süßliche Snacks. Putzen und aufräumen müsste ich natürlich auch. Und vielleicht Blumen aufstellen. Ich bin mir dessen bewusst, dass nicht die Gruppe mir diese Arbeit macht, sondern ich mir – aber würden Sie den *Real Housewives of Teuerstadt* irgendeine Angriffsfläche bieten wollen?

In Form einer *anderen Wahrheit* (wie Frau Gegenpartei sagen würde), bedanke ich mich daher sehr für das Entgegenkommen und erkläre, dass mein fliegerischer Dienstplan leider immer erst am achtundzwanzigsten eines Monats erscheint, also erst Ende November für Dezember, weswegen ich jetzt noch nicht sagen könne, wann ich im Land sei und keinem diese Ungewissheit zumuten wolle. Dann aber natürlich gerne. Nadine erstellt kommentarlos ein Doodle. Da ich mich noch nicht eintragen kann, öffne ich das Protokoll des EB NEU.

In Form einer Tabelle hat Ella alles akkurat festgehalten. Es erfüllt seinen Zweck, zweifelsohne, und viel Arbeit ist es wirklich nicht, aber ein netter Ton, Wärme oder Herzlichkeit transportiert sich mir nicht. Gerade, als ich es wieder schließen will, sehe ich die Kopfzeile des Protokolls:

Sitzung EB NEU Oktober

Protokollführerin EK

Anwesend: Frau Kita, Carmen Meier, Ella König, Dr. Nadine Müller, Ben-Nick-Karl-Papi, Annette Hätte (TEILWEISE).

17. MUTTERWOHL

Mein Kontostand ist inzwischen so tief gesunken wie Atlantis. Meine letzten Ersparnisse sind verbraucht und ich lebe ins Minus, dabei gebe ich außer Miete, Fahrtkosten und Lebensmitteln gar nichts aus (okay, das Haushaltsbuch *Sparen* hat nochmal Geld gekostet). Aber diese Kosten des täglichen Bedarfs übersteigen schlicht meine Einnahmen, und die Umzugs-Mafia hat meinem Jeanssparbuch den Rest gegeben.

In Sachen Kita-Gebühr erscheint es mir immer unsinniger, das Engelskind täglich acht Stunden abzugeben, obwohl ich an so vielen Tagen da bin und nur freitags beim Bäcker arbeite. Natürlich gibt es auch ohne klassischen Job ein paar Dinge, die sich leichter ohne Kind erledigen lassen, aber dafür würden mir täglich zwei Stunden reichen. Oder mal vier und sonst keine, was ja nicht geht.

Auf Bali hatten die Kindergärten vormittags *Early Bird Groups,* nachmittags offene *Come & Play-Programme* und ansonsten war es auch möglich, das Kind nur an drei Tagen die Woche zu den *Little Monkeys* zu geben. Ein sinnvoller Bedarfskindergarten. Ich frage mich: Müssen wir diesen Rhythmus leben? Alltag, Nine-to-five und Wochenenden? Wieso führe ich, fast sechs Jahre später, noch immer ein Leben, das Herrn Machtkontrolles Leben angepasst ist? Noch immer verstehe ich nicht, warum nicht umgekehrt er, an den drei Werktagen im Monat, an denen ich fliege, früher Schluss macht. Nicht für mich und wegen meines Jobs (so natürlich sieht er das), sondern *für sein Kind?* Warum muss stattdessen ich meine gesamte Arbeitszeit auf dreißig Prozent absenken und er sich keine drei Tage im Monat einschränken?! Sollte nicht gerade der Besserverdiener sich limitieren müssen und die Geringverdienerin aufstocken dürfen? Feministische Wutanfälle steigen in mir auf.

Obwohl ich es grundsätzlich wichtig finde, dass das Engelskind unter Kindern ist, finde ich die Philosophie, dass es frühestmöglich in einer Institution sozialisiert wird, damit es sich schon mal an spätere Strukturen (Schule, Uni, Arbeitsalltag) gewöhnt, schwierig.

Erst kürzlich erzählte ich einer Erzieherin und Mutter freudig, dass wir vielleicht vor der Einschulung ein paar Monate reisen werden. Ihr Gesicht entgleiste.

»Machen Sie das auf gar keinen Fall! Sonst fällt Ihrem Kind die Umstellung zu schwer.« Bitte, von was auf was denn? Leben auf leiden? Und was sollte ich ihr antworten? Oh, da haben Sie Recht! Besser, wir bleiben ab dem fünften Lebensjahr konsequent zu Hause, damit das Kind erst gar nicht weiß, was es noch so außerhalb des deutschen Schulsystems gibt? Freilernerfamilien, zum Beispiel. Oder Geschäfte, etwa in Spanien, die erst um zehn Uhr aufmachen und eine Mittagspause namens Siesta einlegen, dafür auf spanischen Marktplätzen schon die Kinder ein ausgeprägtes Nachtleben haben? Wie immer, wenn Menschen, die es nichts angeht, mich auf Dinge stoßen, die ich ihrer Meinung nach ändern sollte – den Einkauf von Kaffeekapseln, meine Frisur oder die Gestaltung der Mutterrolle – lächelte ich dünn: »Danke für den Hinweis.«

Warum gibt es bei uns keinen Nachmittagskindergarten? Mit Gleitzeit? Oder wenigstens einen, der erst um neun Uhr beginnt? Mit ausgeschlafenen Kindern? Die dadurch, ganz nebenbei, ein stärkeres Immunsystem und weniger Infekte einschleppen. In

Frankreich läuft es sogar so, dass man seine Kinder, auch kranke, gar nicht erst zu Hause lassen *kann*. Allerdings verfügt die dortige Crèche auch über qualifiziertes Personal, um fiebrige Kinder zu betreuen. Dagegen ist unser System wiederum liberal.

Superairline hat die Vorteile der Chronobiologie verstanden und empfiehlt seinen Mitarbeitern sogar ausdrücklich, nach Chronotyp, also gemäß ihrer individuellen inneren Uhr und Genetik, dem Biorhythmus, zu fliegen. Und die geringe Krankheitsquote gibt dieser Firmenphilosophie recht. Die Lerchen lieben Frühtouren, Eulen wie ich späte Asienausgänge, einige reisen lieber nach Osten, andere (auch ich) stecken die Nordatlantik-Touren so locker weg wie eine Karussellfahrt. Arbeiten, wenn man fit ist, ausruhen, wenn man müde ist. Das macht richtig Spaß!

Ich persönlich empfinde dies als *artgerechte Haltung*, denn auch der Mensch ist ein biologischer Organismus, aber nicht jeder gleich. Solche wie ich sind getaktet wie Fledermäuse, Uhus und nachtaktive Hamster, die ja auch keiner zwingt, um acht Uhr zu frühstücken oder ihren Winterschlaf zu unterbrechen. Warum also sollte es unter uns Menschen nur Frühstarter geben? Lebten wir unserem Typus gemäß, würden etliche Krankheiten erst gar nicht entstehen, davon bin ich überzeugt. Wer über den Stadtrand von Teuerstadt hinausschaut weiß, dass es inzwischen viele verschiedene Lebens- und Arbeitsmodelle gibt.

Ich persönlich bin übrigens bis zu meinem achtzehnten Lebensjahr niemals umgezogen, habe nie Kindergarten oder Schule gewechselt, meine Eltern hatten ihr Leben lang keine neuen Partner und hangelten sich durch ein durchgehend bürgerliches Vorzeigeleben – und doch meide ich heute akribisch die ewig gleiche Straße, in der ich aufwuchs. Denn diese stets so hochgelobte Stabilität empfand ich schon als Kind als kaum aushaltbare Monotonie und so erdrückend, dass ich schnellstmöglich Schtuadess werden wollte, sobald ich groß bin. Gleichförmigkeit per se macht keine glückliche Kindheit, wenn Sie mich fragen. Erstens kommt es ganz auf das Kind an (das Engelskind zum Beispiel ist da deutlich gesetzter als ich) und zweitens, finde ich, besteht die größte und wertvollste Stabilität aus seelisch und finanziell stabilen Eltern. Beides kann ich derzeit von mir nicht behaupten, wie auch sollte die Fünfzig-Kilometer-Regel eine Globetrotterin zu ultimativem Wohlbefinden und mütterlichen Höchstleistungen beflügeln? Mein Potenzial als Mensch, der seiner Tochter die Welt zeigen kann, liegt brach. Und jeden Tag bin ich traurig, weil ich dieses Paralleluniversum in mir fühle, in dem wir im Außen nicht leben können. Und da argumentiere jetzt ich mal knallhart, ob nicht – zumindest in den ersten Lebensjahren – freie Zeit mit der Mama (und idealerweise auch dem Papa), wenn möglich (!) nicht die wertvollere Konstante im Leben eines Kindes ist, statt schon mit drei Jahren morgens im Kindergarten bei der Anwesenheitsliste aufzeigen zu müssen? Oder haben Sie Ihre Familie nicht mit dem Ziel gegründet, *zusammen* zu sein?

Gerade gestern kam ich von einem Flug zurück und stand vormittags an der Bahnsteigkante der Flughafen-S-Bahn heimwärts. Eine Gruppe Kinder zwischen drei und vier Jahren besuchte den Airport. Artig standen sie in Zweierreihen Hand in Hand hintereinander und die Erzieherin stand vor der Gruppe und schrie ein einzelnes Kind an – namentlich und vor allen anderen. In einem Ton, der mir wie hoffentlich Ihnen nur aus amerikanischen Militär-Filmen mit sadistischen Generälen bekannt ist.

»Johann! Wie gehen wir die Treppe hoch? Weißt du nicht? Nein?! Ich kann dir sagen, warum: Weil du nie zuhörst!«

Die Bloßstellung des Kindes war mir so unerträglich, dass ich fast losweinen musste. Der Blick der Erzieherin traf auf meinen und wenigstens mäßigte sie sich ein bisschen – wurde ihr doch bewusst, dass dies nicht ihr Gruppenraum, sondern die Öffentlichkeit war. Dann setzten sich die Kinder in Bewegung – eine steile Treppe hinauf, von der jede Stufe halb so groß war wie ihre noch kleinen Körper. Einzeln hintereinander erklommen sie den Weg – und ein noch sehr kleines, zierliches Mädchen hatte mit ihrem Rucksack auf dem Rücken besondere Mühe. Die Erzieherinnen vorne und hinten riefen im Chor: »Am Anfang der Treppe lasst ihr euren Partner los, oben greift ihr ihn wieder.«

Für drei bis vierjährige Kinder ein ziemlich komplexer Vorgang, wenn Sie mich fragen, zumal ihnen vom Kindergarten bis zur Treppe zuvor eingebläut worden war, ihren Partner, also ihre Zweierreihe, ja nicht loszulassen. Das kleine Mädchen also konzentrierte sich mit ihren Beinen auf die Metallstufen, die ihr bis zum Knie gingen und hatte nichts anderes im Sinn, als einfach den Weg zu bewältigen und dabei nicht hinzufallen. Doch wieder sah die Erzieherin rot.

»Aurelia, was habe ich dir gesagt?! Hintereinander! Du gehst sofort rein in die Reihe! Du sollst in die Reihe!«

Das Mädchen wusste nicht mal, was den Zorn der Erzieherin erzeugte und die hintere Dame bugsierte sie daher sehr unsanft am Arm nach rechts in die Reihe aus treppensteigenden Einzel-Kindern am Geländer.

Welches Selbstbild, denken Sie, werden Johann und Aurelia entwickeln? *Ich bin schlecht im Zuhören, ich mache alles falsch.* Und fertig sind sie, die unbewussten negativen Glaubenssätze, die von diesem Tag an in ihnen arbeiten werden. Weil sie nicht totenstill und perfekt in der Reihe waren.

Situationen wie diese befeuern meine archaischen Instinkte, die seit der Krippe gegen die tägliche und künstliche Trennung von Mutter und Kind in mir rebellieren, und lassen mich erst recht an der Tagesbetreuung meines Kindes durch überlastete Dritte zweifeln. Und ich unterstelle hier keiner Erzieherin, dass sie keinen guten Job macht. Ihnen gebührt der größte Respekt – wie auch Altenpfleger und Lehrer halte ich sie für die tragenden

Säulen unserer Gesellschaft. Nur sind sie oft selbst am Limit und prägen unsere Kinder gleichzeitig entscheidend, noch *bevor* diese ein starkes Selbst entwickeln und sich gegebenenfalls wehren, oder zumindest ein Bewusstsein dafür entwickeln können, dass manches Image, das andere ihnen auferlegen, nicht mit dem übereinstimmt, was sie wirklich fühlen, denken, beabsichtigen und sind. Kurz, ihr wahres Ich.

Und wenn es für einen Teil der Kinder ein anderes Konzept als Nine-to-five gäbe, wäre ganz nebenbei für Entzerrung gesorgt, denn vielleicht ist auch die eine oder andere Kindergärtnerin eine Nachteule, die ihren Nachmittagsjob genießen und noch besser machen würde? So aber muss also ich warten, bis mich das Kind von der unliebsamen Freizeit abholt.

Aber wie sonst leben? Im Internet gibt es immer mehr digitale Nomaden, auch mit Kind. Ganze Familien, die dauerhaft auf Weltreise sind. Die Eltern sitzen in Thailand am Strand, podcasten und die Kinder spielen. Wie in einem Digital-Dorf, nur in modern. *Laptop-Jobs.* Herr Machtkontrolle hasst hingebungsvoll diese Spezies, der auch ich liebend gerne angehören würde. Den Mieten entgehen sie durch *Tiny Houses* und ihr Online-Business wirft Cashflow ab. Unsere Gesellschaft entwickelt sich immer stärker weg vom klassischen Arbeiten, hin zu *Shared Knowledge* und Schwarmintelligenz. Das Industriezeitalter ist vorbei, das digitale erreicht. Wie Richard David Precht sagt, erschafft jede technische Revolution (Internet) auch eine neue Gesellschaft. Ich muss mein Kind nicht mehr in die *Kleinkinderbewahranstalt* geben, um in die Fabrik zu gehen, wie die Einrichtungen noch zu Zeiten des Begründers, Friedrich Fröbel, ein Pädagoge und Schüler Pestalozzis, hießen, bevor er sie *Kindergarten* nannte und 1840 den ersten in Bad Blankenburg eröffnete.

Auf der *DNX*, der Konferenz der digitalen Nomaden und der *Nomad Cruise*, ihrer Kreuzfahrt, tummeln sich heute zunehmend

Mompreneure, die ihre Bildungspflicht für ihre Kinder durchaus ernst nehmen, sich aber nicht mehr in die deutsche Gebäudeanwesenheitspflicht, genannt Schulpflicht, pressen lassen wollen, die 1919 verabschiedet wurde und bis heute wirkt. Warum auch, wenn Mami stillend unter Palmen Webseiten bauen und Papi als Fotograf vom Wohnmobil aus jobben kann?

Zur Abdeckung meiner Flugzeiten jedenfalls (z.B. nachts und am Wochenende) trägt die klassische Kita nur gering bei und der sich permanent wiederholende Tagesablauf mit seinen statischen Zeitfenstern erstickt in mir jegliche Kreativität als Autorin. Gleichzeitig kann ich meine Freizeit nicht mit Kind nutzen. Und die Arbeitszeit ohne auch nicht, denn morgens um neun Uhr vorm Rechner bin ich so inspiriert wie Brachland. Morgens, wenn ich im Tiefschlaf bin, müssen wir raus, abends, wenn ich zu Hochform auflaufe, ins Bett. Die Kita zwingt uns in einen künstlichen Rhythmus, der uns unter der Woche chronisch müde macht und den Grundstein legt für das typisch deutsche *auf Feierabend, Rente und Wochenenden hinleben*. Um davor und dazwischen nur zu existieren. Um seinen wahren Bedürfnissen dann endlich im Urlaub, auf der Betriebsfeier und in Form von Affären nachgehen zu können. Karl Lagerfeld hat mal gesagt, dass er selbstverständlich weckerfrei lebe. Nicht etwa, weil er reich und privilegiert sei, sondern weil umgekehrt gerade diese Lebensart ihn erst zu Schaffenskraft und Erfolg befähige. Gott hab ihn selig!

Ich bewundere und respektiere wirklich alle, für die sich diese Lebensweise bewährt. Die es lieben, früh aufzustehen, jeden Tag die gleiche Strecke zu fahren oder gar zu pendeln (mein Worst-Case-Szenario), und die es beruhigt, möglichst keine Veränderung zu erfahren. Aber was ist mit uns, den biorhythmischen Rebellen der Gesellschaft? Den Mondkalender-Abhängigen? Die keine Work-Life-Balance brauchen und schon montags leben wollen, um ihre Zeit auf Erden nicht zu unterteilen in Arbeit, Freizeit, Eltern- und Familienzeit, weil das für uns alles eins ist – ein reißender Fluss namens *Leben*?!

Ein Spätkonzept würde, wenigstens von Künstlern und Gastronomen, sicher genauso gut angenommen wie Frühschicht-Deutschland von den Lerchen (wobei ja selbst die über Burnout, Erschöpfung und das chronische Fatigue-Syndrom klagen, sich aber keiner zu fragen scheint, wo das alles herkommt und alle lieber zum Arzt gehen). Mit dem Leistungsargument der Wirtschaftsnation. Dabei spielt die Uhrzeit dabei gar keine Rolle. Im Gegenteil: Wenn ich täglich meinen persönlichen Peak abgreifen könnte, also mein tägliches Leistungshoch in den Nachmittagsstunden, würde ich am Tag sogar mit nur vier Stunden Arbeitszeit als Autorin auskommen! Statt mit neun, von denen ich mich fünf Stunden lang quäle und mit Word anstarren selbst betrüge. Falls Sie das Konzept effizienter Arbeit interessiert, lesen Sie mal Timothy Ferris, *Die 4-Stunden-Woche*.

Kurz, unser jetziges Modell (unter der Woche bei der Mutter, am Wochenende beim Vater), macht lediglich Sinn für die Menschen, die es nicht betrifft. Und ganz nebenbei habe ich es unglaublich satt, den kompletten Alltag schmeißen zu müssen, damit der Kindsvater dann alle Freizeit abgreift. Mami steht für frühes Aufstehen und Fremdbetreuung, Papi für entspannte Stunden, Ausschlafen, Märchenpark und Spaß. Na, bravo!

Meinen Job als Dozentin für Abendkurse in kreativem Schreiben, der deutlich mehr einbringen würde als Bäckerei Maierhuber, musste ich leider sausen lassen, da ich dann wieder private Abendbetreuung für das Engelskind bräuchte – was wiederum nicht in Relation zur Entlohnung stünde.

In all diese Überlegungen platzt auch noch ein Virus aus der Kita, das etwas verursacht, das ich seit fünfunddreißig Jahren nicht mehr hatte: Mittelohrentzündung. Der Super-GAU in der

Fliegerei! Nicht mal mehr Aufzugfahren kann ich und die Krankenkasse zahlt zwar ein Basis-Gehalt, aber weder Flugstunden noch Spesen. Schwupp, liege ich diesen Monat bei nur noch knapp fünfhundert Euro Gehalt für November.

Bestandsaufnahme Ende des Jahres: Als Mutter bleiben mir nur die Stunden zwischen sechzehn und neunzehn Uhr im Alltag mit meinem Kind, an den Wochenenden ist es grundsätzlich bei Herrn Machtkontrolle (was immerhin der Sehnsucht des Engelskindes nach seinem Papi gerecht wird, das mich die ganze Woche über leicht zermürbend fragt: »Wann kommt Papi?!«) Um meine Festanstellung am Leben zu erhalten, bleiben mir im Monat nur wenige Tage, und um als Autorin erfolgreich zu sein bräuchte ich nicht nur Impressionen (andere als das saisonal wechselnde Gemüse im Biomarkt), sondern auch die Kapazität für Lesereisen, Buchmesse, Filmfest und Berlinale. Zumindest, damit es mehr als Taschengeld abwirft.

Auch hier habe ich natürlich schon von Frauen gehört, die sich von ihrer Lebenssituation unbeeindruckt geben, statt ständig zu hadern.

Ich google Heidi mit Tom im Liebesurlaub in Cancun. Aber sie hat auch Mutter Erna, Vater Günther, Hans und Franz – ihre Brüste – und ein Imperium. Und das bei vier Kindern. Ich habe nur eines und könnte nicht guten Gewissens meinen Liebhaber flachlegen, während das Engelskind auf einem anderen Kontinent ohne mich einschläft. Obwohl gerade das auch uns andere Frauen zu entspannteren Müttern machte, siehe Heidis Teint und Body. Frauen wie ich aber können vermutlich nur warten, bis ihre Kinder achtzehn werden, um wieder sie selbst zu sein.

Ich finde das alles, inklusive meiner eigenen widerstreitenden Gefühle aus Potenzial und Biologie, so ungerecht, dass ich heule. Doch trotz allem weiß ich: Die Lösung, um wieder ein glückliches, freies Leben zu führen, nur mit Kind, liegt nicht in der Blauen Grotte auf Capri, sondern in mir.

Nach vierzehn Tagen ist mein Ohr wieder fit, doch wer sich gesund meldet bei Superairline, kriegt planungsbedingt nur noch die Reste. Futsch meine stundenintensiven Touren, da der Kleckerkram. Statt einmal am Wochenende nach Atlanta reise ich zwischen Nikolaus und Weihnachten mehrfach werktags nach Kiew, Moskau und Nishni Novgorod, wozu ich Herrn Machtkontrolle jedes Mal in meinem Bett schlafen lassen muss, was sich in der dunklen Jahreszeit wenigstens für das Engelskind besonders lohnt, da es nicht um halb sieben Uhr Früh bei Eis und Schneeregen mit Herrn Machtkontrolle in Vorort über die Autobahn Richtung Affenbande aufbrechen muss, bevor dieser zurück ins Outback rast, um Punkt acht Uhr dem ersten Vierbeiner die Analdrüsen zu entleeren. Dazu kommt eine freundliche Erinnerung von ihm, die mich kurzfristig implodieren lässt.

»Ich ermögliche dir ja das Arbeiten.«

Oooohm! Den Satz »Ich ermögliche dir ja, so doof zu sein«, atme ich in mich hinein.

Folglich beziehe ich das Bett frisch für den Ex und dann wieder frisch für mich. Klar, dass ich auch noch den Kühlschrank auffülle – denn ich halte die Käsespätzle aus der Gaststätte gegenüber nur für begrenzt einsetzbar im kindlichen Vitaminhaushalt. Herr Machtkontrolle hat leider ausreichend Geld, um einfach immer essen zu gehen, wenn ihm nicht danach ist, einzukaufen oder zu spülen. Warum ich diesen Wahnsinn betreibe? Ganz einfach: Ich möchte, dass es dem Engelskind gut geht. Und dazu zählt für mich indirekt, den Stress seiner Betreuungsperson zu mindern. Denn letztlich mindert es meinen, wenn ich das Engelskind so nachts im Hotelzimmer in Ungarn nicht vor meinem geistigen Auge bei Schneeregen zwischen zwei Lastern eingeklemmt sehe, sondern um sieben Uhr noch in seinem Bettchen weiß – eben in *Walking Distance* von der Kita.

»Ah, so denkst du!«, starrt Elena mich fasziniert an, als ich mit meinen Ausführungen fertig bin. Minuten zuvor hatte sie mir noch vorgeschlagen, mich in die Geschlossene einweisen zu lassen.«

»Ach, Elena, du bist eben keine Mutter.«

»So wie das klingt, lasse ich das auch lieber«, bekennt sie. Während mein Sternzeichen mit einem starken Familiensinn und jeder Menge Häuslichkeit ausgestattet ist, würde sich Steinbock Elena, nach eigenen Angaben, problemlos durch Mexiko vögeln und sich das sogar per Zugewinnausgleich finanzieren lassen, sollte das mit Philipp mal in einem Patchwork-Szenario enden.

Als ich um sechs Uhr morgens aus Stockholm komme und Herrn Machtkontrolle in Art eines Staffellaufes ablöse, mich bis zum Morgenkreis irgendwie wachhalte und in der Affenbande von ausgeschlafenen Erziehern mit Bastelarbeiten übersät werde, dann bis Kitaschluss komatös schlafe, es dann aber nachts nicht mehr kann und wieder um sieben Uhr aufstehen muss, streikt mein Körper. Zum ersten Mal erlebe ich durch die Kollision beider Rhythmen einen nie dagewesenen Jetlag. Mein Körper rutscht in den Katastrophenmodus. Urplötzlich machen sich Migräne, Schuppenflechte und Nesselsucht breit. Dazu eine aufdringliche Schalentierallergie. Weder der Job beim Bäcker noch der Versuch, als Autorin wenigstens kläglich in Sachen E-Book *Bali mit Kind* voranzukommen (mein solider Verlag von vor der Hochzeit hat mich durch die fünfmal verschobene Deadline meines letzten Romans noch zu Zeiten der Friedensstraße zu Recht dann doch aufgegeben), sind mehr zu schaffen. Ich bewältige den Alltag im Zombie-Modus, nicht zu vergessen die ständigen verpflichtenden Online-Tutorials von Superairline. Und wie gesagt: Für alles muss gebastelt werden.

»Ach, und könnten Sie vielleicht mit den Kindern vormittags Plätzchen backen? Sie sind doch so viel zu Hause?«

Als kurz vor Weihnachten der vorläufige Bescheid von Herrn Machtkontrolles Steuerkanzlei eintrifft, wird mir, neben dem emotionalen und gesundheitlichen Irrsinn meiner aktuellen Situation, noch einmal der wirtschaftliche Nonsens bewusst. Obwohl ich in den letzten fünf Jahren vier Bücher veröffentlicht habe, stuft das Finanzamt mein Schreiben schamlos als *Liebhaberei* ein. Vermutlich, weil ich Schreibseminare besucht hatte. Die sind schweineteuer, aber wie, bitte, soll ich besser werden, wenn ich mich nicht ab und zu einer Fortbildung unterziehe?

Eine andere Erklärung dieser niederschmetternden Bilanz ist, dass Steuerzahler in Teuerstadt auch mit einem Gewinn von sechstausend Euro brutto im Jahr als Sozialhilfeempfänger eingestuft werden (da, wo ich herkomme, ist das der Gegenwert eines Eigentum-Schrebergartens).

Beigefügt ist ein Schreiben von Frau Steuerberater, dass, aufgrund unseres Versöhnungsversuches, im Trennungsjahr letztmalig eine gemeinsame Veranlagung durchgeführt werden könne. Versöhnungsversuch? Ich stutze. Und maile Frau Steuerberater, dass ich davon nichts wisse. Und, ob Sie mich – getrennt veranlagt, versteht sich – auch in Zukunft vertreten könne? Denn auch wenn es bei mir nicht viel zu tun gebe, könne ich es leider nicht selbst. Mit Spesen, Koffern, Uniformschuhen und Strumpfhosen bin ich bereits früher an den Formularen verzweifelt, schon ohne Kinderfreibetrag und Umsatzsteuer. Und Frau Steuerberater kennt mich, zahlenmäßig gesehen, ja nun schon. Leider schreibt sie äußerst wortkarg zurück, dass ihre Kanzlei keine Kapazität besitze (mit anderen Worten, ich lohne mich nicht als Mandantin), und bittet mich nochmals um Unterschrift der Erklärung, diesmal mit einer Frist. Sollte ich der gemeinsamen Veranlagung nicht zustimmen, muss sie mich bitten, mir bereits für die jetzige Steuererklärung eine andere Vertretung zu suchen.

Ernüchtert betrachte ich die Tabelle Ehemann/Ehefrau und sehe neben dem sechsstelligen Jahreseinkommen von Herrn Machtkontrolle einen traurigen dreistelligen, rot eingekreisten Minusbetrag unter meinem Namen. Wie kann das sein, wo ich doch rund um die Uhr alles gebe? Bindung und Bilanz jedenfalls vertragen sich nicht und ich bin wütend, frustriert und fühle mich mies.

Erst recht, als Carmen eine WhatsApp-Nachricht über den EB NEU verschickt, dass sich *alle* für die letzte Sitzung des Jahres ins Doodle eingetragen hätten, nur Annette Hätte noch nicht. Stimmt, nun habe ich ja meinen Dienstplan.

Schnell sehe ich den Terminplaner ein – aber auch, dass *alle* (die unsichtbare Armee!) lediglich angegeben haben, dass sie an keinem der Daten können. Außer Ben-Nick-Karl-Papi am zweiundzwanzigsten Dezember. Ich könnte zufällig an jedem der Tage, und klicke sie wahrheitsgemäß an, bevor mir einfällt, dass ich lieber nicht mit Frau Kita und Ben-Nick-Karl-Papi alleine dasitzen möchte. Da meine Anwesenheit die Terminierung allerdings nicht herumreißen kann, beschließt Carmen zu meiner Erleichterung, die nächste Sitzung erst im Januar stattfinden zu lassen, mit vorherigem Vortreffen, versteht sich. Wer könne denn wann? Da ich wieder erst am achtundzwanzigsten Dezember wissen werde, wie mein Januar-Plan aussieht, dieser Umstand aber nun hinlänglich bekannt sein dürfte, wünsche ich allerseits Frohe Weihnachten, schöne Feiertage, einen guten Rutsch und verspreche, mich gleich Anfang des neuen Jahres mit möglichen Terminen einzutragen. Keiner reagiert und kurz vor Heiligabend fühle ich mich so alleine wie noch nie.

Über die gesamten Feiertage habe ich frei bekommen bei Superairline – eine Seltenheit, aber in meinem Fall kein Grund zur

Freude, denn Herr Machtkontrolle beansprucht das Engelskind am ersten und zweiten Weihnachtstag, außerdem an Heiligabend, zum Besuch seiner Schwester und Eltern und zwischen den Jahren, denn da hat die Praxis geschlossen und die Tierklinik übernimmt. An Sylvester sowieso, denn das möchte er mit einem anderen geschiedenen Vater und dessen Tochter feiern. Umstände, durch die ich doch lieber mit einer Crew auf Mallorca säße statt mutterseelenalleine zu Hause. Ich bin traurig, frage mich aber, was das schönste Weihnachten für das Engelskind ist und komme zu dem Schluss: Vermutlich das mit nennenswerter Verwandtschaft. Kurz überlege ich, den Heiligabend schlicht mit Herrn Machtkontrolle zu verbringen, aber meine Seele sagt: Nein, das geht einfach nicht!

Ganz deutlich fühlt es sich da immer noch besser an, notfalls alleine zu sein. Wenigstens ist das authentisch. Den vierundzwanzigsten aber möchte ich mit dem Jesu-Kind verbringen, das ich selbst geboren habe. Und darauf bestehe ich auch! Denn sicher ist ein Weihnachten ganz ohne Mami auch nicht so prickelnd.

Sarkastisch willigt Herr Machtkontrolle ein, wovon ich mich nicht mehr beeinflussen lasse. Außerdem mache ich mich tapfer von allen Bildern intakter Familien aus dem Werbefernsehen frei und jenen um mich herum, die an allen Ecken und Ende ihre familiären Pläne für die Feiertage verkünden – und den Stress beklagen. Wir sind gesund, haben uns und es ist warm. Aus die Maus.

Am dreiundzwanzigsten stapfen das Engelskind und ich durch Superviertel und suchen unseren Tannenbaum aus – *Herrn Nadeletti*. Und als wir die Demeter-Fichte in ihr Netz rauschen lassen (und ich anmerke, dass das doch die Göttin der Fruchtbarkeit sei, der Verkäufer aber beschämt abwinkt), sie zu zweit nach Hause tragen, und die Treppen hinaufwuchten, sind wir beide in Weihnachtsstimmung. Wir tun den ganzen Tag und die halbe Nacht, was wir wollen, und ich koche dem Engelskind das Menü, das es sich wünscht: Pizza, Pasta und selbstgemachtes Apfelschorle-Eis. Und als ich den Moment ganz und gar akzeptiere, mein gegenwärtiges Leben annehme und es plötzlich kalt aus der Küche hereinweht, weil der Weihnachtsmann die Geschenke klammheimlich auf dem Fensterbrett abgestellt hat, entsteht sie auch bei uns: Diese kleine feine Magie namens X-Mas ...

Als das Engelskind die nächsten Tage bei Herrn Machtkontrolle verbringt, verbiete ich mir jegliche Trübsal, beruhige mich mit den obligatorischen drei Teilen Sissi und zwinge mich, positiv ins neue Jahr zu starten und die geschenkte Zeit aktiv zu nutzen. Ich mache ein *Vision Board* mit allen meinen Träumen und Zielen für die Zukunft und bedanke mich, im Schein von Goldregen, Zinselmännern und China-Böllern, beim alten Jahr für alles, was es mir gebracht und mich gelehrt hat. Und um null Uhr ruft die erste alte Freundin aus Amerika an – Happy New Year!

Prost! Zum Mutterwohle.

18. DIE AUS DEM REIHENHAUS TANZT

Überhaupt scheinen in Teuerstadt auffallend viele Leute zu wohnen, die Jobs machen, die sie nicht mögen, um Häuser abzubezahlen, die sie nicht putzen wollen, in denen sie mit Partnern leben, die sie betrügen. So jedenfalls stellt es sich mir dar, als ich die Gesprächsfetzen von Ella, Carmen und Nadine mitbekomme.

Wir sitzen in vertrauter Runde bei Frau Kita, die allerdings noch im Gorilla-Gruppenraum ist, und leider konnte ich auch dieses Vortreffen gleich am siebten Januar nicht wahrnehmen, da ich Anfang des Monats fliegen musste und nach der mütterlichen Weihnachtsdurststrecke froh war, den Abend mit dem Engelskind verbringen zu können. Und mein sechster Sinn sagt mir, dass sich dadurch auch nichts am Gefühl des Außenvorseins geändert hätte – im Gegenteil. Ein bisschen bin ich froh, dass ich nicht auch noch einen ganzen Abend geopfert habe, um mich wie Luft behandeln zu lassen. So wie jetzt.

Als Frau Kita zusammen mit Ben-Nick-Karl-Papi ihr schönes blaues Zimmer betritt, auf dem *Leitung* steht, habe ich diesmal Stift und Block schon parat und melde mich freiwillig fürs Protokoll. Frau Kita nickt mir patent zu und Ben-Nick-Karl-Papi bietet mir seinen Kugelschreiber an, als meiner (vor Schreck vermutlich) versagt.

Nach einem kleinen Intro zu den öffentliche Betreuungseinrichtungen betreffenden gesetzlichen Neuerungen, die Anfang des Jahres in Kraft getreten sind, engagiert sich Nadine mit gewohnt steinerner Miene verbissen für ein neues Projekt: Bakterien sichtbar machen. Damit die Kinder verstehen, *warum* sie sich die Hände waschen sollen. Ella ist dafür, dass die Gruppen Grundrisse zeichnen, statt nur sinnlos zu malen und Carmen regt an, dass die Erzieherinnen mit den Kindern Faschingskostüme aus Altkleidern schneidern. Nadine fragt, ob nicht die Zahnfee auch über Diabetes Typ II aufklären könne.

Frau Kita tritt der Schweiß auf die Stirn und auch mir wird schwindelig bei dem Gedanken, die hitzigen Ambitionen zu einem schlanken Protokoll zusammenfassen zu müssen. Besänftigend schaltet sich Ben-Nick-Karl-Papi ein und erinnert daran, dass dies kein Gremium zur Erarbeitung neuer pädagogischer Leitlinien sei, sondern ein Bindeglied zwischen Betreuern und Eltern. Keinesfalls dürfe der Elternbeirat dazu benutzt werden, eigene Interessen durchzusetzen, dies grenze an Machtmissbrauch.

»Oder was meinst du?« Interessiert sieht er seine rechte Hand, Frau Kita, an.

Schnell stimmt sie ihm zu, erklärt aber, dass es tatsächlich ein Jahr gegeben habe, in dem sich Eltern insofern eingebracht hätten, als dass sie – nach amerikanischem Vorbild – ihren jeweiligen Beruf mit den Kindern durchgenommen hätten. Am *Job-Day*. Dann bekommt sie einen merkwürdig verträumten Blick.

»Haben Sie vielleicht Lust, was über Flugzeuge zu machen in den Gruppen?«

Es dauert einen kurzen Moment, bis ich realisiere, dass die Aufmerksamkeit im Raum auf mich gerichtet ist. Beziehungsweise explizit von mir weg, was mich ja auch unschön in den Fokus rückt. Nadine sieht demonstrativ hinaus ins Schneegestöber, Carmen tippt eilig auf ihrem Handy herum und Ella sieht betroffen zu Boden, von wo sie einen Fussel aufhebt. Ben-Nick-Karl-Papi findet die Idee sofort super und meint, ich müsse dann aber in Uniform kommen. Grins. Ich setze den Stift ab und spule geistesgegenwärtig Übung drei aus meinem Workbook Nein sagen leicht gemacht ab: »Ich überlege es mir.«

Doch wenn ich in die *Wag es bloß nicht!*-Gesichter von Ella, Carmen und Nadine sehe, wird dies das leichteste *Nein* meines Lebens.

Nach der Sitzung bin ich froh, dass ich noch am selben Abend nach Shanghai muss, womit mein Januarplan abgearbeitet ist. Während ich spät nachmittags auf Herrn Machtkontrolle warte und das Engelskind beobachte, das verzückt meine Berufskleidung vorm Spiegel testet, kichernd mit meinen hohen Hacken durch den Flur stolziert, mein Hütchen aufsetzt und mein Halstuch bindet, frage ich mich, warum die *Witches of Superviertel* so abweisend sind. Oder bin ich nur zu offen? Zu herzlich, zu unbefangen, zu wenig Typus Reihenhaus? Es stimmt, so ein Leben wie sie wollte ich nie. Sondern frei sein, die Welt erkunden, lernen, mich entwickeln und lieben. Mit Kind! Und Mann, versteht sich. Im Idealfall. Mit Camper, Boot und Surfbrett, Hund und Motorrad. Aber deshalb würde ich trotzdem niemanden mit einem anderen Lebensentwurf so behandeln wie sie mich. Gottlob ist mir ein solch unterkühlter Umgang miteinander sowohl beruflich als auch privat fremd. Außer aus klischeeüberladenen Highschool-Filmen mit zickiger Mobbing-Clique. Aber musste ich erst fast vierzig werden, um die Bitch-Girls von Superviertel am eigenen Leib zu erfahren?

Dann kommt das Engelskind auf mich zu gestöckelt: »Eine Frage, Mami!«

»Schieß los, mein Engel!«

»Warum musst du auch noch Schtuadess sein? Du bist doch schon eine Mami.«

»Ach, Engelchen. Du bist das klügste Mädchen der Welt!« Glückselig schließe ich mein Kind in die Arme und wünschte, wir alle könnten einfach wir selbst sein. Ohne Berufe und Rollen. So wie früher, wenn man andere Kinder kennenlernte.

»Wie heißt du?«

»Annette.« Damit war alles gesagt.

Als ich aus China zurück bin, steckt das fertige Protokoll der ersten Sitzung des neuen Jahres in meiner Tasche. Statt mich mit dem Rest der Crew ins Nachtleben und auf *Ente acht Kostbarkeiten* in einer Skybar zu stürzen, habe ich meine Notizen brav – und mit Nadines Lieblingswort *a.s.a.p.* (as soon as possible) – zu einem ansprechenden Fließtext verarbeitet. Wenn schon nicht durch Sympathie, so verspreche ich mir die Herzen der Hexen wenigstens durch Fleiß und Professionalität zu erobern. Alle Fakten sind drin, aber da es ja letzten Endes vor allem ein Informationsblatt für die Eltern sein soll, habe ich es mir nicht nehmen lassen, stilistisch ein bisschen gute Stimmung zu verbreiten. Mit Formulierungen wie *wir freuen uns mit den Kindern auf das neue Klettergerüst pünktlich zum Sommeranfang*, statt *Klettergerüst neu, geplant von der Stadtverwaltung für Juni.*

So wie beim letzten Mal Carmen, sende auch ich es vorab an den Verteiler des EB NEU – ohne Frau Kita. Für Anmerkungen, Kritik und Verbesserungsvorschläge. Ben-Nick-Karl-Papi mailt mir einzeln zurück, dass er noch einen kleinen Einschub habe, den er einfügen würde, um es dann an Frau Kita weiterzuleiten. Ob das okay sei? Ich bejahe, denn – bei aller Hingabe und weiblichem Perfektionismus – es ist das Protokoll der Elternbeiratssitzung einer Kita, nicht meine Masterarbeit.

Zehn Tage später ereilt mich, aus heiterem Himmel, ein personalisierter Shitstorm per WhatsApp, außerhalb der Gruppe des EB NEU, von Nadines privatem Account. Ohne *Hallo* oder *Tschüss* und dem Vorwurf:

»Du hättest dich um die zweite Korrekturfassung kümmern müssen! Jetzt sieht es so aus, als hätte ich das Protokoll vermasselt und stehe dumm da!«

Das Überfliegen ihrer Nachricht bringt auch mich aus der Fassung. Ich weiß nicht, ob Sie das Gefühl kennen, alles gegeben zu haben und dann hat doch wieder jemand etwas an Ihrem Einsatz auszusetzen, der sich ohnehin schon über Ihre persönlichen Grenzen hinaus bewegt hat?

Ich antworte ihr mit buddhistischer Nachsicht:

Liebe Nadine, es tut mir leid, wenn es Unstimmigkeiten gibt. Ich hatte das Protokoll zeitnah erstellt und allen geschickt, Ben-Nick-Karl-Papi wollte noch etwas einfügen und es dann an Frau Kita weiterleiten, von euch habe ich keine Rückmeldung erhalten. Gibt es etwas, das ich jetzt konkret tun kann? Viele Grüße, Engelskind-Mami

Sie reagiert nicht mehr (sehr verbreitet hierzulande – pöbeln, aber keine Lösung wollen, pah!), und auch Ben-Nick-Karl-Papi, dem ich eine nette Mail sende mit der allgemeinen Feststellung, dass in Sachen Kommunikation wohl etwas schiefgelaufen sei und ob ich helfen könne, das aktuelle Protokoll nun Frau Kita und den Eltern zukommen zu lassen, hüllt sich in Schweigen.

Als ich ihn Tage später am Tor der Affenbande treffe und frage, ob sich alles geklärt habe, gibt er an, meine E-Mail nicht bekommen zu haben und von gar nichts zu wissen. Dafür eilt Frau Kita auf mich zu und fragt mich, ob ich schon das Protokoll von Nadine gelesen habe? Es sei so anders geschrieben – optimistisch und warmherzig, das sei wirklich eine Gabe, nicht wahr?

Soll ich Ihnen etwas mitteilen? Mir reicht's! Ich hätte gerne ein paar Stunden meiner Lebenszeit zurück, aber vor allem meine Illusion, gemeinsames Engagement verbinde.

An diesem Tag schreibe ich meine erste und letzte Whats-App-Nachricht an den EB NEU. Dass ich selbigen im neuen Kitajahr leider nicht mehr werde unterstützen können. Aus Gründen. Wie erwartet erzeugt auch das keinerlei Reaktion, aber eine Lesebestätigung erhalte ich dennoch. In Form eines riesigen Smileys, mit dem das Foto von mir und dem Engelskind auf Ellas Layout des Gremium-Aushangs am Eingang der Affenbande großzügig schon am nächsten Tag überklebt worden ist.

Am Nachmittag ist mir richtig schlecht – hat mir die ganze Sache doch zu sehr zugesetzt?

Nachdem ich das Engelskind abgeholt habe, steigert sich das flaue Gefühl in meinem Magen hin zu einem merkwürdigen Kribbeln in den Armen, und ich schreibe Herrn Machtkontrolle vom Spielplatz aus eine Nachricht mit der Bitte, heute Nacht sein Handy anzulassen, für den Fall, dass es mir irgendwie schlecht gehen sollte. Ein fast unnötiger Hinweis, hatte ich ihn doch nach der Geburt ein ganzes Jahr lang verzweifelt darum gebeten, sein Kommunikationsgerät nicht jede Nacht anzulassen, mit ins Bett zu nehmen und neben den Kopf des Babys zu legen, oder wenigstens in den Flugmodus zu schalten. Vergebens. Auch ein Wecker, den ich ihm geschenkt hatte, um das Argument zu entkräften dies sei für seinen pünktlichen Tagesbeginn unabdingbar, blieb ohne Erfolg. Sprich, der Mann hat sein Telefon Tag und Nacht an.

Mit Mühe und Not mache ich noch Gespenster-Toast zum Abendessen und bringe das Engelskind mit zittrigen Knien ins Bett, dann durchfluten mich Schauer. Ich schreibe Herrn Machtkontrolle, dass ich mich recht elend fühle und hoffen würde, mich über Nacht zu erholen. Ohne Antwort. Dann schlafe ich ein – und wache um Mitternacht wieder auf. Mein Unterleib wird von Krämpfen geschüttelt und ich übergebe mich in so regelmäßigen Intervallen, dass meine Wehen neidisch gewesen wären. Weder in Delhi noch in Bangkok hat mich etwas Derartiges jemals heimgesucht. Mit letzter Kraft bemühe ich Dr. Google und lande, den Symptomen nach, bei einer Eileiterschwangerschaft, die unter Umständen tödlich endet. Bevor es soweit kommt, versuche ich lieber die Notfallhotline, also Herrn Machtkontrolle zu erreichen. Nicht auszudenken, wenn jetzt das Engelskind aufwacht! Und wie soll ich es morgen Früh schaffen, es zu versorgen und in den Kindergarten zu bringen? Abgesehen davon, dass ich mich nicht einmal mehr vernünftig artikulieren kann, möchte ich nicht, dass es seine Mami in einer derartigen Lage wie der aktuellen sieht, denn das dürfte für ein von mir abhängiges Lebewesen äußerst beängstigend sein.

Atemlos horche ich zwischen Schüben von Erbrechen und nun auch anderen Ausgangsvarianten von Nahrung aus meinem Körper in den Hörer und fasse es nicht: Herr Machtkontrolle hat sein Handy stillgelegt! Der Teilnehmer sei nicht erreichbar. Ausgerechnet heute, explizit entgegen meine Ankündigung, dass ich gegebenenfalls auf ihn angewiesen bin?! Leider hat er weder Festnetz noch Nachbarn, deren Kontaktdaten ich hätte. Von so viel ekelhafter Ignoranz, die ja letzten Endes primär dem gemeinsamen Nachwuchs schadet und weniger mir, wird mir noch übler. Das Erbrechen hört gar nicht mehr auf und ich schreibe eine unschön verzweifelte SMS, die den Ernst der Lage verdeutlicht, aber auch nicht zu dramatisch klingen soll, an fast alle in Superviertel, die ich kenne. Dummerweise hat auch nach knapp dreißig Minuten noch niemand reagiert. Dann wird mir schwarz vor Augen. Irgendwann wache ich wieder auf, liege auf dem Badezimmerboden und realisiere: Hilfe, ich war ohnmächtig!

Angestrengt lausche ich in Richtung Kinderzimmer – das Engelskind schläft. Tausend Gedanken schießen durch meinen Kopf, wie zum Beispiel, dass es überhaupt nicht wüsste, was zu tun wäre, wenn ich hier liege. Weder kann es alleine die Wohnungstür aufschließen oder öffnen (ein komplizierter und in Brusthöhe befestigter Altbaumechanismus), geschweige denn bei den Nachbarn klingeln oder ein Smartphone bedienen – und wen auch sollte es anrufen? Außer den Vater, der das Handy ausgestellt hat.

Ich bekomme Panik und wähle den Notruf.

Mit doch ein wenig übertriebenem Blaulicht trifft kurze Zeit später ein Rettungswagen ein. Ich möchte im Boden versinken, auf dem ich mich ja ohnehin schon befinde. Grundsätzlich bin ich nämlich der Meinung, die *112* ist etwas für Herzinfarkte und Schwerverletzte, aber ich habe höllische Angst, nochmal bewusstlos zu werden, alleine mit Kind in der Wohnung.

Die Notärztin sieht das leider genauso wie ich eigentlich – und schimpft auf mich hinunter, dass es eine Straftat sei, wegen des Norovirus einen Krankenwagen zu rufen. Froh über diese recht harmlose Diagnose, heule und entschuldige ich mich, dass ich alleine mit Kind bin. Sie macht sich nicht die Mühe, sich zu mir auf Augenhöhe zu begeben, aber die zwei Sanitäter in ihrem Windschatten knien neben mir nieder und prüfen meine Vitalfunktionen. Beide lächeln mir freundlich zu und der junge Mann mit dem Klemmbrett teilt der Notärztin mit, dass *systolisch hundertvierzig* schon ein Wert sei, der einen Transport in die Klinik rechtfertige. Die junge Frau neben ihm erfasst empathisch die Gesamtsituation und ermahnt beide zum Leisesein, damit das genannte Kind nicht aufwacht. Die Notärztin zuckt rücksichtslos mit den Achseln und lässt ihr Handy, das in diesem Moment einen Höllenlärm macht, demonstrativ klingeln. Ich jammere flüsternd, heulend und spuckend, dass ich keinesfalls mit ins Krankenhaus kann – wegen des Kindes – und schlicht einen stabilen Kreislauf bräuchte. Genervt und extra laut verlangt die Notärztin bei den Untergebenen nach einer Spritze, dreht mich kurzerhand auf die Seite und zieht mir kommentarlos die Hose runter.

»Was ist das denn?«, will ich mit Blick auf die Riesenspritze wissen, bevor sie mir den Medikamentencocktail verabreicht. Ihr Gesicht gefriert, als hätte noch niemand je die Frechheit besessen zu fragen, was in seinen Körper injiziert wird.

»Antiemetika, Sedativa«, piekt sie gnadenlos zu.

»Was gegen das Erbrechen.«

»Und Schlafmittel«, übersetzt mir freundlicherweise ihre Entourage.

Als sie weg sind, muss ich eines zugeben: Mir geht es schlagartig besser. Gegen vier Uhr früh putze ich sogar mit letzter mütterlicher Beschützerkraft Klo, Waschbecken, Klinke und Boden, um das Engelskind vor Ansteckung zu bewahren. Gegen sieben Uhr früh entfaltet das Schlafmittel dann seine volle Wirkung und fließt wie Blei durch meine Glieder. Irgendwie schaffe ich es, das Engelskind zu wecken, seine Brotzeit zu machen und die dreihundert Meter zur Affenbande zurückzulegen – um dann komatös bis nachmittags ins Bett zu kippen, bis mich drei Wecker daran erinnern, es wieder abzuholen.

Ein Gutes hatte die Sache: Ich weiß jetzt, auch alleine mit Kind kann ich so einiges durchstehen. Von mir aus braucht Herr Machtkontrolle sein Handy nie wieder einzuschalten.

Trotzdem hinterlässt die Episode ein schales Gefühl. Genauer jenes, dass ich vollkommen auf mich allein gestellt bin – trotzdem ich in der Nähe des Kindsvaters wohnen muss und versucht habe, mich wie wild zu integrieren. Doch was habe ich bekommen? Alleinsein, nur mit mehr Aufgaben. Gibt es noch Menschen, die rein um des eigenen Wesens willen mit einem zu tun haben möchten? Ohne dass man etwas für sie tun soll? Oder Teil einer Zwangsgemeinschaft mit ihnen ist? Vielleicht aber ist auch die Lebensphase, in der ich mich befinde, einfach keine, in der Menschen außerhalb ihrer Kernfamilie Bindungen anstreben?

Etwas muss ich ändern, und zwar schnell. An unserer Situation, an meinem, unserem Leben. Sagt auch der Bankautomat, der meine Karte einzieht, nachdem ich Geld für das Schnuppertanzen des Engelskindes abgehoben habe. Wie soll das erst zur Grundschule werden? Die endet um elf Uhr dreißig und Mittagsbetreuung und Hortplätze in Teuerstadt sind in etwa so umkämpft wie der Gaza-Streifen. Herr Machtkontrolle spricht sich schon jetzt für den Ganztagszug aus, aber das wäre dasselbe Drama wie jetzt. An meinen freien Werktagen säße ich zu Hause und müsste immer bis spät nachmittags warten, bis das Engelskind aus der Schule zurück ist, und im Winter sähen wir uns bei Tageslicht gar nicht. Dabei möchte ich doch, dass sie dieselbe Freiheit genießen kann wie einst ich – das nach Hause Gehen in der Mittagssonne mit Schulkameraden bis zur Ecke, oder den unbeschwerten Fahrtwind in den Haaren auf ihrem Fahrrad, das Schulpensum vormittags hinter sich und den Nachmittag verheißungsvoll vor sich. Mit Freibad und Eis am Stiel, ein paar Hausaufgaben und Freunden. Und einem Mittagessen, das ihre Mama gekocht hat. Zur Realisierung dieser Träume fällt mir aber leider nur eins ein: Die kommenden knapp zwei Jahre bis zur Grundschule muss ich nutzen, um so viel Geld wie möglich zu verdienen, um die folgenden vier Jahre finanzieren zu können!

Abends im Bett lese ich mich durch Ratgeberliteratur. *Als Paar getrennt, als Eltern zusammen* und *Eine Woche Mama, eine Woche Papa*. Darin propagieren die Autorinnen aus Düsseldorf und Wuppertal, meiner Heimat, ebenfalls, dass gerade im Trennungsjahr Männer verstärkt die Aufzucht und Pflege des Nachwuchses übernehmen sollten, damit Frauen innerhalb dieses Countdowns finanziell wieder auf die Beine kommen können. Das ist natürlich eine ganz neue Perspektive als der Anspruch auf Dauerpräsenz am Herd.

Und plötzlich habe ich eine Idee. Eine, die sich richtig anfühlt. Nicht augenblicklich, aber im Hinblick auf die kommende Zeit, damit es uns als Mutter-Tochter-Duo langfristig gut geht.

Das Kind muss zum Vater.

Ich unterbreite Herrn Machtkontrolle diese Idee und er ist spontan begeistert. Wir könnten uns ganz anders organisieren – nämlich so, dass es damit allen gut geht. Und unsere Aufteilung mehr Sinn macht. Denn bei ihm decken sich Arbeits- und Kitazeiten. Im Moment aber arbeite er unter der Woche und habe jedes Wochenende das Kind. Es fehle ihm an Zeit für Erholung, Sport und Freunde (eindeutig wollte er *Frauen* sagen). Mir geht es ähnlich, nur anders, siehe oben.

Nachdem er grundsätzlich dafür ist, halte ich Rücksprache mit Frau SamSs, die diesmal pünktlich stattfindet, aber mit dem Intro beginnt, dass sie leider nur zehn Minuten Zeit für mich habe. In denen allerdings sinkt mein Mut wieder rapide ...

Nach einem erbosten »Das finde ich nicht gut!« hält sie mir eine Standpauke. Mir müsse klar sein, dass ich das Engelskind auf diesem Wege verliere, da es zur Grundschule sicher nicht zu mir zurückkehren werde. Ihre Worte machen mir Angst. Was, wenn sie Recht hat?

»Kann man das nicht vielleicht in einer Scheidungsfolgenvereinbarung festlegen?«, hauche ich unsicher in den Hörer.

»Besser wäre, das werde erst gar nicht nötig. Außerdem wird Ihr Kind ein Alter erreichen, in dem es dann vielleicht gar nicht mehr zu Ihnen *will* – und was machen Sie dann?« Geknickt lege ich auf und lasse Ihre Worte nachhallen.

Das Problem mit Dritten, Anwalt hin oder her, ist, dass sie niemals das eigene Leben leben. Egal, wie ich entscheide, am

Ende muss allein *ich* die Verantwortung für die Bindung zwischen meinem Kind und mir tragen, gegebenenfalls auch rechtfertigen und mir vom Engelskind, in seiner späteren Form als Teenager, Mutter und Frau, Vorwürfe anhören. Doch dieses Mal, beschließe ich, soll nicht die Angst mein Berater sein, sondern meine Vision! Und die sagt mir, dass ich in die Beziehung zwischen dem Engelskind und mir vertrauen kann. Ich glaube, sie festigt sich vor allem dann, wenn man sein Kind lesen und auf dessen Bedürfnisse eingehen kann. Und schlichtweg durch Liebe. Ich mag in Zukunft nicht mehr jeden Tag die Brote schmieren, aber ich werde mit ihr jegliche freie Zeit verbringen, reisen, nicht mehr unter Existenzdruck stehen und gesund sein! In Sachen Mutterschaft definiere ich meine eigenen Werte und die lauten, dass ich in Sachen Engelskind nicht mehr nur emotionale Verantwortung tragen möchte, sondern auch finanzielle – und solche für mich.

Dann blättere ich durch den Aktenordner, in dem die zwei Rechnungen von Frau SamSs abgeheftet sind. Insgesamt sechshundert Euro (Erstberatung, Berechnung des Trennungsunterhalts, Folgeberatung) habe ich inzwischen einer Frau bezahlt, die mich nicht unterstützt oder neutral aufklärt, sondern die mich im Gegenteil schwächt. Eine gute Gelegenheit, mein neues Lebensmotto anzuwenden: *Love it or leave it.* Das gilt auch für Frau SamSs. Still danke ich ihr für ihre Rolle in meinem Leben – und die Erkenntnis, dass ich ohne sie besser vorankommen werde. Adios!

Am nächsten Morgen rufe ich in der Villa Vorort an und sage, dass wir gerne zurückwollen. Doch die Leitung dort hat gewechselt und für Frau Kita IV (rechnet man die Hübschviertel-Krippe, die erste Runde Villa Vorort, die Affenbande und sie ein) sind wir neu – tatsächlich aber habe sie aktuell einen einzigen Platz frei! Wenn das kein Zeichen ist!

Herr Machtkontrolle und ich schauen dennoch erst mal mit dem Engelskind am Tag der offenen Tür im Februar dort vorbei und in Vorort ist noch alles beim Alten. Dieselben Gruppen, Kinder, Erzieher und Eltern. Sofort fühlt sich das Engelskind heimisch. Unter dem Dauerbrenner-Aspekt *Stabilität* ist eine Rückkehr also vertretbar. Wir unterzeichnen den Betreuungsvertrag ab dem ersten März.

Frau Kita nimmt es erstaunlich gefasst auf, doch leider muss ich die Affenbande aufgrund der Kündigungsfrist noch zwei weitere Monate doppelt und umsonst bezahlen, was mein Konto endgültig in den Abgrund reißt. Wieder einmal wird mir schlecht vom stupiden Geld-Verbrennen in Teuerstadt, mit dem man woanders Gutes bewegen könnte ...

Nach seiner Rückkehr an den ersten zarten Frühlingstagen dauert es keine zweiundsiebzig Stunden, bis das Engelskind wieder voll integriert ist. Eine längere (Wieder-) Eingewöhnung brauche hingegen ich, denn Frau Kita IV trägt Tracht, freitags gibt es Fisch und morgens kommt der Pfarrer zum gemeinsamen Gebet. Den *Strafen-Stuhl* in der lila Gruppe finde ich auch äußerst fraglich, aber das Engelskind lässt sich gottlob nichts zuschulden kommen. Immerhin zahlt nun Herr Machtkontrolle die ebenfalls städtische Kita mit schlappen sechshundert Euro Gebühr im Monat.

Bei der Ansprache des Bürgermeisters zur Einweihung des Krippen-Anbaus werden Stimmen laut, die die hohen Beiträge thematisieren, doch Herr Bürgermeister beruhigt: Wer in Vorort wohnt, hat nun mal Geld. Mir san rich!

19. DER THERMINATOR

Sieben Monate lang läuft es wohntechnisch super, bis sich zwei Dinge ändern: Das Engelskind ist nun am Wochenende bei mir statt unter der Woche, und ich arbeite wieder fünfzig Prozent pro Monat als Schtuadess.

Das bedeutet, ich habe häufiger auch tagesbegrenzte Einsätze, die ein Aufstehen um drei Uhr morgens erforderlich machen. Diese Umstände prallen unschön auf den Rhythmus der Nachbarn über uns – im wahrsten Sinne des Wortes. Denn während tagsüber Totenstille herrscht, werden überraschend um halb zehn Blues Brothers und Tote Hosen aufgedreht und männliche Familienmitglieder schmettern leidenschaftlich *Und alles nur, weil ich dich liebe!* über meinem Toaster.

Grundsätzlich bin ich mit der Eigenschaft gesegnet, auch um zwanzig Uhr bereits in den Nachtschlaf verfallen zu können (eine tragende Säule meines Berufs), nicht so allerdings mit dem Partygeschehen über mir. Dies findet unregelmäßig unter der Woche und regelmäßig am Wochenende statt, Richtung Sommer nun mit steigender Frequenz, was weniger auffiel, solange ich nicht elementar auf den Schlaf vor Mitternacht angewiesen war, und das Engelskind am Wochenende sein Kinderzimmer nicht bewohnte. Über dem nämlich liegt das Esszimmer von Familie Lärm, und hat sich zu einer Art gesellschaftlichem Epizentrum im Viertel entwickelt.

Da ich dennoch Verständnis für die abweichenden Bedürfnisse und Tagesabläufe anderer Menschen habe (und stets die

Hoffnung auf vorübergehende Phasen hege), ertrage ich das Erstaufkommen spätabendlichen Jungen-Grölens und Mädchen-Kreischens einige Tage, und lausche interessiert den *echt abgefahrenen* Videoempfehlungen für YouTube. Dazu gesellen sich zwei Sturmnächte, in denen Fenster und Balkontür der Familie Lärm über meinem Schlafzimmer auf Kipp belassen werden. Wenn Sie mal ein paar solcher Nächte hinter sich haben, in denen ein Fenster in seinem Rahmen hin- und her schlägt, wünschen Sie sich lieber Drillinge im Säuglingsalter.

Dann zieht das Tief vorüber, aber das Fenster fliegt nun ganz ohne Sturm alle dreißig Minuten in seinen Rahmen. Bevorzugt zwischen zweiundzwanzig und ein Uhr, so dass ich mehrfach senkrecht im Bett sitze. Ein zunächst verblüffendes Phänomen, das sich schnell durch Zigarettenrauch erklärt, der zu mir ins Zimmer dringt. Alle vier, auch minderjährigen, Mitglieder der Familie Lärm rauchen.

Als sich eines samstags *Fensterferno, Despacito* und *Der Angriff der Horrorteenager* einen, und mir noch eine Stunde fünfzig bleibt, bevor ich wieder aufstehen (und aussehen!) muss, wird es unausweichlich: Ich muss mit den Nachbarn reden.

Da es zu viel Zeit kosten würde, meinen Schlafanzug gegen würdevolle Kleidung zu tauschen, tappe ich im glaubwürdigen Out-of-bed-Look die Treppe hinauf und stehe einige Momente unentschlossen vor der Wohnungstür von Familie Lärm. Nichts fällt mir schwerer als mich zu beschweren, mein Credo ist *leben und leben lassen*. Aber als der nächste Schwall Gegröle durch die Tür dringt, und eine neue Runde Bierflaschen ploppt, weiß ich, es gibt nur diesen Weg.

Ein Teenager mit einer modischen Mischung aus Rasur- und Pferdeschwanzfrisur, eindeutig der Besitzer der Springerstiefel auf dem Fußabtreter vor mir, öffnet die Wohnungstür. Im Hintergrund die lautvertrauten Bässe und ein schussintensiver Quentin-Tarantino-Film. Glasig starrt er mich an.

»Hallo, ich bin eure Nachbarin unten und wir würden gerne schlafen.« Dies sage ich in der mir bedauerlicherweise angestammten Art – freundlich, mit einem bittenden Lächeln, irgendwo zwischen Scham und Frage. Einmal mehr wünschte ich, ein adipöser, raubeiniger Managertyp zu sein, oder ein Türsteher-Verschnitt mit Glatze und Tattoos. Dann müsste ich nämlich gar nichts sagen, sondern bloß erscheinen.

Herr Mischfrisur, etwa siebzehn Jahre alt, scannt mich mit stark geröteten Augen.

»Ist ja guuuuuut!«, beruhigt er gekonnt ein für mich nicht sichtbares Pferd. »Wir schauen nur Fernsehen.«

Dem weiß ich nicht viel entgegenzusetzen und bin froh, dass er einfach die Tür schließt.

Ich trotte wieder nach unten und verfalle trotz konstanter Dezibelzahlen bis zum Weckerklingeln mehrfach in Sekundenschlaf. Dann begrüße ich im Spiegel einen Zombie. Da dies sowohl für mich als auch allem Anschein nach für Herrn Schnittrasur eine hoch emotionale Extremsituation war, gehe ich fälschlicherweise davon aus, dass mein Erscheinen a) irgendwie auch der anderen Seite der Tür unangenehm war, b) an Erziehungsberechtigte kommuniziert wird und c) nicht noch einmal nötig werden wird. Zu unserer beider Wohl, versteht sich.

Wenige Tage später gesellen sich neue und ganz andere Probleme hinzu (Unglücke sind Herdentiere). Die Gastherme gibt den Geist auf. Das heißt konkret: Kein Warmwasser und keine Heizung.

Der Thermostat im Wohnzimmer besticht durch minimalistisches Nichts im Display und aus den Hähnen der Wohnung fließt es eiskalt. Das Engelskind und ich aktivieren Decken, Wärmflaschen und Wasserkocher. Ich kontaktiere Herrn HV und erkläre die Situation. Da auf meine Einschätzung (defekt) wenig Verlass ist, beschließt Herr HV, sich selbst ein Bild von der Lage zu machen – übermorgen. In den nächsten achtundvierzig Stunden tut sich also schonmal nichts.

Kritisch schaut Herr HV am Freitag Früh auf den schwarzen Thermostat, tätschelt nachdenklich die kalte Heizung und wirft einen neugierigen Blick auf den Nullstand der Druck- und Temperaturanzeige der Therme.

»Ich schicke dir jemanden«, lautet sein fachmännisches Fazit – und naiv gehe ich vom kommenden Montag aus. Da sich bei Wochenbeginn aber bis nachmittags nichts tut, erlaube ich mir, pro-aktiv nachzufragen, wo ich zur Terminvereinbarung anrufen darf. Sollte es wieder die *Firma Ahnung* sein, die bereits beim neuntägigen Thermenausfall im Monat Februar half, habe ich die Nummer gespeichert! Herr HV verneint, dass diesmal die *Firma Zeitlos* zuständig sei, da die *Firma Ahnung* beim letzten Mal angemerkt habe, bei erneutem Themenausfall sei der Fehler in einem anderen Fachbereich zu vermuten. Herr HV sendet mir die Nummer, und, Sie ahnen es, ich rufe dort schneller an als bei einem Telefon-Gewinnspiel. Nach einigen Versuchen komme ich sogar durch!

Der Herr am anderen Ende ist nett und bietet mir den schnellstmöglichen Termin an – Dienstag in zwei Wochen. Ich gebe entsetzt zu Bedenken, dass es Ende März sei (also noch kalt) und ich ein Kind im Alter von fünf Jahren habe (also noch klein). Herr Zeitlos am anderen Ende verspricht *in dem Fall* gleich mal nach einem Notfalltermin zu sehen, blättert hörbar und findet einen. Dienstag in vierzehn Tagen. Hilflos stimme ich der Monatsmitte des Folgemonats April zu, um nicht mehr frieren und Körperhygiene betreiben zu können, und stelle in den nächsten beiden Wochen auf *Umluft-Betrieb* um. (Auf meinen Einfallsreichtum mit dem geöffneten Backofen wenigstens die Küche zu beheizen, bin ich sehr stolz.) Parallel vereinbare ich Probestunden beim *Aerial-Yoga* und im *Retro-Aerobic II nach Jane Fonda* mit Dusche und gehe am Wochenende mit dem Engelskind schwimmen. Leider findet ausgerechnet jetzt mein Jahresurlaub statt, den ich gemütlich zu Hause hatte verbringen wollen, nun aber lieber gegen ein funktionales Hotelzimmer tauschen würde. Als hätte ich es intuitiv mütterlich erahnt, bin ich ausnahmsweise froh, dass das Engelskind neuerdings weitgehend bei Herrn Machtkontrolle untergebracht ist, wo es ohne vorheriges *Faszientraining Basic* shampooniert werden kann. Fairnesshalber muss man sagen, dass Herr HV mir mehrfach anbietet, bei ihm zu duschen, aber das lehne ich dankend ab ...

Umgehend unterrichte ich Herrn HV von der schwierigen Terminlage der Firma Zeitlos (Notfälle in vierzehn Tagen) und erhalte seine professionelle Reaktion per WhatsApp.

»Sch...!«

Nachdem mich *Ashanti Yoga* und die QuickFitStudios schnell als unsportlich und vertragsungeeignet entlarvt haben, verlagere ich meine Körperhygiene auf die *Freunde Geduldig* und die *Nachbarn Superlieb*. Dennoch gibt es Dinge (hier muss ich leider deutlich werden – Beine rasieren, Menstruation, Erkältungsbad), die ich ungern bis gar nicht in anderer Leute Bäder erledige. Daher erhalte ich auf meinem Duschzug durch die Gemeinde von allen Seiten sofort und empathisch erprobte Kontakte zu seriösen Gasthermenproblembehebungsfirmen, die kurzfristig auch Kapazität hätten. Da ich Herrn HV nicht übergehen möchte und in keiner Rechnung als Auftraggeber erscheinen will, biete ich ihm höflich meine Unterstützung an und schlage ihm die Firmen *Sofort & Gleich Jetzt* der anderen Altbaubewohner von Superviertel vor. Sie seien mir *wärmstens* empfohlen worden ...

In seiner Antwort per *WhatsApp* benennt mich Herr HV nun sehr unfreundlich beim Vornamen, ohne Begrüßung oder Anrede, dafür in ausgewählten GROSSBUCHSTABEN, und ich fühle mich wie beim Bund – oder in der deutschen Nationalelf. *MÜLLER!* In jedem Fall werde ich angepfiffen. Schnörkellos wischt er meine Vorschläge vom Tisch und setzt mich darüber in Kenntnis, dass *wir* eine QUALIFIZIERTE Firma für Wasserhygiene bräuchten und keine schnöden Heizungsfirmen. Dies sei Hintergründen mit Legionellen zuzuschreiben, die sich mir als Mieterin nicht erschlössen. Ich schweige verschreckt und hoffe, dass er wenigstens recht hat.

Tags darauf kommt der Schornsteinfeger, der sich ab acht Uhr angekündigt hatte (wobei nicht klar ist, ob er unten oder oben im Haus anfängt, also um acht oder um elf Uhr vor der Tür steht), und klingelt bereits um sieben Uhr zwanzig bei mir. Was sich mit meiner Aufstehzeit deckt und besonders brutal ist, da ich nachts aus Georgien kam. Dank der Verfrühung bin ich gezwungen, der Welt im Schlafanzug zu begegnen, was den mir völlig fremden Schornsteinfeger dazu verleitet, mir unerwünscht tröstend die Hand auf die Schulter zu legen. Ich weiche deutlich zurück und empfinde *Metoo*, entscheide mich aber, es als Glücksgriff zu sehen.

Nachdem er verstanden hat, dass die Therme defekt ist, moniert er enttäuscht, *so* natürlich keine Werte messen zu können – ich müsse ihn anrufen, sobald die Therme repariert sei, um einen neuen Termin zu vereinbaren. Es ist paradox: Seit das Engelskind den Alltag bei Herrn Machtkontrolle bestreitet, stehe ich öfter und früher auf als für den Kindergarten.

Pünktlich am vierzehnten April steht endlich die *Firma Zeitlos* vor der Tür, allerdings nur, was das Datum angeht. Vom Schornsteinfeger traumatisiert, quäle ich mich diesmal zur Vorsicht so früh wie möglich aus dem Bett, gähne mich durch den Morgen – und werde diesmal mit einstündiger Verspätung belohnt.

Der Facharbeiter für QUALIFIZIERTE Wasserhygiene steht mit einem weißen Schlauch und einem gelben Kanister vor der Tür. Spontan finde ich das nicht allzu vielversprechend, bitte den Herrn aber euphorisch herein und geleite ihn zur »kaputten Therme«. Sofort macht er einen erstaunten Gesichtsausdruck: »Da bin ich aber nicht der Richtige.« Ich hatte es befürchtet ...

Beim Anblick seiner Chemikalien setze ich ihn vorsichtshalber in Kenntnis, dass bereits im Februar, beim erstmaligen Ausfall des Geräts, die Firma Ahnung die Leitungen mit Säure gespült hat (nicht, dass ich dem Engelskind oder mir Rückstände von Chemikalien beim Verzehr von Leitungswasser zuführe). »Was anderes mache ich auch nicht«, kommentiert er die Historie trocken, aber bedankt sich für diese wichtige Information, die seine neuerliche Dosierung tatsächlich erheblich mindert.

Da Herr HV, der den Termin seit zwei Wochen genau kennt, mich dennoch darum gebeten hatte, angerufen zu werden, sobald der QUALIFIZIERTE Fachmann da sei, tue ich es. Kurz darauf erscheint er in der Tür und beide fachsimpeln, dass es alte Leitungen seien und die heutige Spülung daher, und mit der Vorgeschichte, besser auch nur kurz ausfallen sollte. Nach der Maßnahme füllt Herr HV die Therme mit Wasser auf, der Druck steigt und der Boiler springt an. Ein Geräusch, das in meinen Ohren, nach vierzehn Tagen Kaltwasser und achtzehn Grad Raumtemperatur, klingt wie eine Sinfonie.

»Wie schön«, sage ich daher, was Herrn HV veranlasst, selbstzufrieden zu Herrn Wasserhygiene hinüber zu grinsen: »Da werden sie alle wieder ganz demütig!«

Bei tausendfünfhundert Euro Kaltmiete finde ich das nicht allzu lustig, Herr HV dagegen läuft jetzt erst warm.

»Falschen Knopf gedrückt, was?« Mit großer Geste streckt er seinen Arm über meinen Kopf hinweg an die Wand, so dass ich quasi in seiner Achsel stehe, und ich fliehe ruckartig aus der unangenehmen Überdachung. An seiner Mimik sehe ich, dass ihm das so gar nicht passt.

Herr HV und die QUALIFIZIERTE Fachkraft mit Schlauch und Kanister sind zufrieden, doch mein Gefühl meldet augenblicklich, dass die wiederhergestellte Funktionalität nicht von Dauer sein wird. Denn die eigentliche Frage für mich, auch als Laie, lautet doch: Warum verschwindet das Wasser in der Therme, das bei vergleichbaren Modellen mindestens ein halbes Jahr lang hält, immer wieder binnen zwei Tagen? Ich unterbreite Herrn HV meine These, dass beim Beheben der ursprünglich nur verkalkten Leitungen mit Säure im Februar ein Leck im System entstanden sein könnte.

Spöttisch sieht er auf mich herab.

»Lass das bloß nicht die Firma Ahnung wissen, dass du so schlau tust.«

Im Übrigen hätte bei dieser Theorie längst Familie Lärm unter mir Alarm geschlagen. Sich darauf zu stützen, dass ausgerechnet Familie Hochsensibel unten einen Wasserschaden hinter ihrem Geschirrschrank bemerkt und gegebenenfalls meldet, scheint mir riskant, aber natürlich ist Herr HV hier der Profi. Er hat ja ein gutes Gespür für Menschen und ich lerne gerne dazu. So erfreue ich mich an diesem Tag einige wenige Stunden am Warmwasser – bis die Therme erneut den Dienst versagt. Recht haben macht nicht immer Spaß.

Pflichtbewusst weise ich Herrn HV gleich am nächsten Morgen auf das neuerliche Kaltwasser hin sowie darauf, dass die Heizung ihren Dienst zu keinem Zeitpunkt wieder aufgenommen habe. Herr HV bittet mich, das Ganze erstmal zu beobachten (WTF?!) und stellt fest, dass ja nun auch erst mal das Osterfest mit seinen Feiertagen anstehe. Mir erschließt sich der Sinn weiterer Beobachtungen, außer der meiner eigenen Gänsehaut, nicht, aber zwangsweise kapituliere ich bis zum nächsten Werktag. Da ich in diesem Zeitraum leider genau die Dinge in einem intakten Bad erledigen muss, die ich so ungern extern erledige, lande ich dort, wo man mich schon aus Zuständen wie der Geburt eines Kindes kennt: In den Räumlichkeiten von Herrn Machtkontrolle.

Während ich seine Badewanne leere, die ihm als XXL-Wäschekorb dient, hält er nicht damit hinterm Berg, dass er auf meiner Person einen Fluch vermutet. Möglicherweise ein ganzes Energiefeld, das bereits ihn gestört habe und nun elektronische Geräte außer Kraft setze.

Wieder zu Hause, betritt und verlässt Familie Lärm, ebenfalls in den Ferien, nun rund um die Uhr ihre Wohnung mit einem unerträglichen Schmettern der Wohnungstür ins Schloss, so dass jedes Mal ein Erdbeben durch Boden, Wände und mich geht. Dies setzt sich auch nachts mit den Verbindungstüren über uns fort, da viel gestritten wird und wahlweise Sohn oder Mutter aus Leibeskräften schreien: »Ich mach doch hier alles!«

Das geht so weit, dass ich mehrfach nur in der hintersten Ecke an der Außenwand des Wohnzimmers Schlaf finde, wo es mangels Heizung besonders kalt ist. Zumal Frau Lärm nachts – bei der Heimkehr vom Versöhnungsumtrunk – kichernd und hörbar alkoholisiert im Hausflur erst mehrfach den Schlüsselbund zu Boden krachen lässt, bevor dieser das Türschloss findet.

In Art eines Deeskalations-Stufenmodells entscheide ich mich gegen eine weitere Begegnung mit Herrn Mischfrisur und diesmal für die schriftliche Variante. Respckt- und auch ein wenig humorvoll weise ich auf die Auswirkungen des sportlichen Schmetterns und nächtlichen Fensterwerfens in seinen Rahmen auf Geschirr und Gemüt unter ihnen hin und bedanke mich aufrichtig dafür, falls sie Abhilfe schaffen könnten, da wenigstens das Engelskind Schlaf vor drei Uhr nachts benötige. Mit lieben Grüßen, versteht sich.

Zwei Tage später, am Ostermontag, als ich berufsbedingt wieder um drei Uhr früh aus den Federn muss, um die Miete altmodisch durch Arbeit zu bestreiten, bekomme ich Antwort von Familie Lärm – in Form einer nie dagewesenen Party gigantischen Ausmaßes.

Diese startet um zweiundzwanzig Uhr, ungeachtet des kommenden Werktags, als ich gerade zehn Minuten lang schlafe. Alle Versuche, dann eben wieder in anderen Räumen als meinem Schlafzimmer zu nächtigen, schlagen fehl, denn leider werde ich überfeiert. Schätzungen zufolge befinden sich über jedem Winkel unserer Wohnung circa vierzig Menschen. Ich liege inmitten von Stimmen, Gläsern und Gelächter, starre auf den Wecker, auf dem mir die nächtliche Zeit davonläuft, und bin verzweifelt. Nicht auszudenken, wäre auch das Engelskind hier und müsste morgen Früh in die Kita!

Da auch Turbinen-geprüfte Ohrstöpsel wirkungslos sind, schreibe ich Herrn HV, der im Erdgeschoss wohnt, aus purer Not um ein Uhr nachts eine SMS, dass es in Sachen Nachtruhe eine Disharmonie mit Familie Lärm gäbe – dem bereits ein persönliches Gespräch und eine schriftliche Bitte von mir vorausgegangen seien. Ohne Erfolg. Ob nicht er als Vermieter einmal nach dem Rechten sehen könne? Doch mein Handy schweigt – und sonst keiner. Irgendwie bin ich über so viel offensive Rücksichtslosigkeit nach meiner Brief-Bitte noch mehr erschüttert als durch die Party an sich. Dass es Menschen gibt, die schlicht darauf scheißen, wie es anderen unter ihnen ergeht, sogar mit Kind, raubt mir an sich schon den Schlaf.

Tags darauf absolviere ich mit rund fünfzig Minuten desselben einen vierzehnstündigen Arbeitstag und kollabiere fast über Kopenhagen. Ich beschließe, vor Frühdiensten nur noch im Airport-Hotel *Messeteuer* zu übernachten, was natürlich völliger Schwachsinn ist, bei einer Wohnung für eintausendsiebenhundertfünfzig Euro Warmmiete (wenn sie wenigstens warm wäre) in derselben Stadt.

Als ich am Abend gegen einundzwanzig Uhr wieder meine Wohnung erreiche, trudelt eine SMS von Herrn HV ein. Um *die Zeit* gestern habe er *längst* geschlafen. Übrigens sei nun doch die Firma Ahnung wieder in Sachen Therme informiert, habe aber derzeit sehr viel zu tun (warum nicht bei mir?!). Ich überlege, mich der nervenaufreibenden Lage nun schlicht zu entziehen.

Kurzerhand kontaktiere ich *Frau Befreundete Mutter* und schlage eine Landpartie vor. Begeistert stimmt sie zu und wir verkünden den Kindern die frohe Botschaft. Übermorgen geht es los – Österreich, Bergspielplatz und Ponys!

Leider hat mir mein Immunsystem die ganztägige Arbeitsbelastung unter Party-Schlafentzug nicht verziehen – am Tag der Abreise erwache ich mit Knochenschmerzen, Schüttelfrost und Fieber. Diagnose: Influenza. Zähneknirschend bitte ich Herrn Machtkontrolle, den Weg ins Salzkammergut für mich anzutreten, da sich das Engelskind bereits so sehr auf die Aktion freut, dass dieses Highlight der jungen Herzen keinesfalls ausfallen darf!

»Wenn du willst, kannst du in der Zeit meine Wohnung benutzen. Es gibt Fußbodenheizung«, bedankt er sich mitfühlend für den Kurztrip. Nach vier Tagen kehren Vater und Kind in mein Delirium zurück – erholt, erfrischt und bester Laune. Das *Ehepaar Eigentlich mit mir befreundet* sei unglaublich nett! Man habe sich so gut verstanden, dass man gleich den nächsten gemeinsamen Urlaub gebucht habe. Ligurien im Sommer! Ein Ferienhaus, vierzehn Tage. Ich beklagte ja eh wenig Geld zu haben und könne ja derweil prima arbeiten gehen.

Ich freue mich für das Engelskind, kratze meine vorgewärmten Taschentücher vom Boden, nehme ein letztes Erkältungsbad, und kehre in meine nun seit insgesamt vier Wochen kalte Wohnung ohne Warmwasser zurück. Im Briefkasten begrüßt mich ein Zettel der Familie Lärm, der, verglichen mit meinem, klingt wie ein Drohbrief. Falls ich Gesprächsbedarf hätte, solle ich mich persönlich melden.

Ich verzichte dankend, denn ich habe ja keinen, sondern nur eine schlichte Bitte: Nachtruhe.

Mittlerweile ist der Wonnemonat Mai angebrochen (leider kein Wannenmonat) und meine Geduld in Sachen Gastherme am Ende. Sachlich frage ich Herrn HV, wie das weitere Vorgehen in Sachen Warmwasser/Heizung aussehe, da nun bereits ein voller Monat in diesem Zustand vergangen sei. Herr HV stellt sich zwei Tage lang tot. Dann ruft er mich, wieder an einem Freitagnachmittag, zurück und seine Stimme klingt kläglich. Er habe jemanden, der nähme für einen Wochenendeinsatz allerdings dreitausend Euro (höre ich Tränen?) und sei bereits am Telefon sehr schwierig, unangenehm und kompliziert gewesen, macht er mir den *Reparaturdienst Lösung* schmackhaft.

»Und jetzt möchtest du mich fragen, ob du ihn trotzdem kommen lassen sollst?«, rate ich lose (irgendwann musste ich anfangen, ihn zurück zu duzen). Herr HV atmet schwer in den Hörer.

»Ja.« (Ganz sicher, das sind Tränen!)

Reparaturdienst Lösung klingt so unangenehm, dass ich keinem der Mitarbeiter nicht mal bei Tageslicht in einem öffentlichen Café begegnen möchte.

»Gut, dann warte ich bis Montag«, seufze ich und sehe im Kalender, dass bis dahin sogar schon die sechste Woche nach Thermenausfall angebrochen sein wird. Herr HV freut sich hörbar durch die Leitung. Und schon soll ich meine Nachgiebigkeit bitter bereuen. Mit sofort verwandelter Stimmlage sagt er leichthin:

»Ach, rufst du den bitte an und sagst dem, du bist Schtuadess? Und in Brasilien und hast deine Schlüssel dabei und niemand der Ersatzschlüssel, und du seiest erst am Dienstag wieder in der Wohnung?« Wie bitte? Geht's noch? Mein Gehirn zimmert in Windeseile eine Formulierung aus dem VHS-Seminar *Aktives Zuhören* zusammen.

»Verstehe ich das richtig – du sagst der Firma Lösung den angefragten Auftrag jetzt nicht ab, sondern ich soll da anrufen und lügen?«

»Genau!«, freut sich Herr HV ungeniert über meine schnelle Auffassungsgabe. »Das ist am einfachsten, sonst werde ich den nicht wieder los.« Ich weiß, was Sie jetzt sagen: Mietminderung! Polizei! Und Sie haben völlig Recht. Aber verstehen Sie mich: Die Abhängigkeit und Dankbarkeit, endlich eine Wohnung zu haben, in der Nähe der Supergrundschule, des Kindsvaters, der Freunde des Engelskindes, groß genug und für Teuerstadt bezahlbar, unbefristet und unmöbliert, die versenkten Umzugskosten und die liebevoll gestrichenen Wände – all das lähmt mich in meinen natürlichen Reaktionen. Ganz nebenbei die Tatsache, dass Herr HV, vom Typ her, als Harvey Weinstein unter den Großgrundbesitzern durchgeht. Und ich verstehe, falls Sie das Buch jetzt weglegen, ehrlich! Doch selbst wenn ich nur noch die Hälfte der Miete überweise, bringt das die Therme auch nicht wieder in Gang (vermutlich dauert es dann sogar noch länger).

Zwei Stunden später schreibe ich dem Reparaturdienst Lösung eine SMS mit dem gewünschten Inhalt. Allerdings formuliere ich lediglich eine beruflich bedingte Abwesenheit mit Rückkehr kommende Woche (künstlerische Freiheit). Eine Antwort erhalte ich nie.

In Woche sieben kontaktiert mich erneut Herr HV. Er wolle mich zeitnah informieren – es habe sich noch nichts Konkretes in puncto Terminlage Therme ergeben, aber auf der Agenda der vielbeschäftigten Firma Ahnung stehe ich nun ganz oben (ich hoffe, das läuft ebenso seriös ab wie bei Eurotransplant). Dafür habe er inzwischen mit den Nachbarn Lärm gesprochen. Ob ich mal kurz zum Mittagessen in die Gaststätte Nebenan kommen könne? Kann ich nicht. Will ich nicht. Und mache ich trotzdem, während ich mich darüber ärgere, dass nun wieder ich meine kostbare Zeit, nebenbei *Arbeitszeit* als Autorin, opfern muss, obwohl *andere Leute* Krach machen und nicht ich!

»Okay«, willige ich deutlich widerwillig ein. Hätte ich nur Herrn HV erst gar nicht mit ins Boot geholt ...

Gönnerhaft lädt er mich auf eine Cola ein und lässt sich, in bayerisch holzgetäfelter Kulisse und mit kommissarischer Miene, von mir noch einmal chronologisch den Hergang der Dinge schildern. Teenielärm, Gespräch, mehr Lärm, Zettel, Partylärm. Nachdenklich lehnt er sich zurück.

»Du hattest einen schlechten Einstand«, analysiert er. »Das Haus war enttäuscht.« Ich frage mich, was das nun mit der nächtlichen Problematik zu tun hat und stelle mal wieder fest: die unsichtbare Armee! Ich erwähnte sie ja schon öfters, weiß aber nicht, ob Ihnen diese Methode bekannt ist. Menschen, die eigentlich eigene Gefühle zum Ausdruck bringen wollen, bedienen sich einer unsichtbaren Gruppe, um den Druck auf ihr Gegenüber zu erhöhen. *Alle haben sich Sorgen gemacht. Bei den anderen kam das merkwürdig an. Wir fanden es befremdlich von dir.* In der Regel haben Sie es hier mit einem manipulativen Charakter zu tun, der seine eigenen Empfindungen als unzureichend erlebt, mit seiner Selbstwirksamkeit hadert und daher mit Dritten unterfüttert. (Nur so am Rande.)

Dennoch nervt mich der Vorwurf. Denn bei mir besteht erziehungs- und berufsbedingt im Gegenteil fast schon der pathologische Zwang, immer und überall einen guten Eindruck zu machen (sogar beim Busfahrer, den ich stets formell beim Einsteigen grüße). Was mir im Übrigen oft zum Verhängnis wird, da ich dadurch gerne übergriffige Zeitgenossen anziehe. Explizit mit Meldebescheinigung bei allen zehn Parteien im Haus von Herrn HV geklingelt und mich mit Sternzeichen vorgestellt, habe ich nach den letzten drei Umzügen tatsächlich nicht (mehr), aber das war auch gar nicht nötig. Wer mal über Tage ohne Aufzug in den dritten Stock eingezogen ist, und als Mutter mehrfach am Tag den Hausflur durchquert, zwecks Kind in den Kindergarten bringen, holen, Müll runter tragen, Supermarkt- und Spielplatzbesuchen oder schaukeln im Hof, und in leider sehr auffälliger Arbeitskleidung zum Dienst geht, weiß, dass es nahezu unmöglich ist, nicht alle Bewohner des Hauses innerhalb der ersten Woche kennenzulernen. Besonders nicht Frau Giftig, die mich an Tag I des Mietverhältnisses informierte, dass Herr HV *alle Alten hier raus haben wolle* und an Tag II, beim Hinabgehen mit Kind an der Hand, dreist an der Schulter packte, um mich via *Du bist jetzt Zeugin!* in einem Konflikt mit einem Handwerker auf dem Treppenabsatz zu verpflichten, dem ich mich höflich entzog. Des Weiteren band mich *das Haus* (klingt wie ein seitenstarker Psychothriller) zum Start sogar gleich so sehr in seine Gemeinschaft ein, dass ich noch vor Anbringung meines Namensschildes durch Herrn HV an Klingel und Briefkasten Post von Frau Lärm erhalten hatte, die mit Frau Giftig zusammen *die Traditionen des Hauses hochhalte,* und ohne mein Wissen eine Spende für die Grabpflege eines mir unbekannten, da verstorbenen, Bewohners für mich vorgestreckt hatte, die sie nun aber gerne zurück hätte (fünf Euro!). Alleine aus Anstand kam ich nicht umhin, der noch wohnhaften Witwe mein Beileid auszusprechen und eine Karte des Dankes für die ungefragte Integration in Sachen Grabpflege zu kaufen, und den Betrag beizufügen, wobei ich erfahre, dass es sich beim Todesopfer um den abgestürzten Balkonkater im vierten Stock gehandelt hatte. Zunächst versuchte ich natürlich, Geld und Karte der Initiative Lärm-Giftig persönlich zu überreichen, die aber beide mehrfach nicht anwesend waren, so dass ich die Sache eilig erst in einen hochwertigen Schreibwarenladen-Umschlag und dann in den Briefkasten von Frau Giftig steckte. Und da hatte ich noch nicht mal mein eigenes Klopapier aus der Umzugskiste ausgepackt. Da will ich mir echt nix nachsagen lassen! Um in Sachen Wohlwollen der Nachbarn aber auf Nummer sicher zu gehen, nahm ich anfangs auch noch sämtliche Pakete des Hauses an, was der Paketdienst aufgrund meines Standortes im dritten Stock dann aber seinerseits schnell wieder einstellte, und doch lieber wieder Abholzettel hinterließ. Kurz kommt mir in den Sinn, alle diese Hintergrundinformationen Herrn HV um die Ohren zu hauen, inklusive der Vor- und Zunamen aller Bewohner *des Hauses*, und ihrer liebenswerten Spleens, die mein inniges Verhältnis zu ihnen unterstreichen dürften, aber ich finde seinen Vorwurf derart ungerecht und in Sachen Ruhestörung völlig unangebracht, dass ich gar nicht erst darauf eingehe. *Where you place your attention ...*

Stattdessen bleibe ich auf der Sachebene (»Sach nichts!«) und nehme eilig den letzten Schluck Cola. Herr HV macht auf der Beziehungsebene weiter. Bei der Gelegenheit bemängelt er außerdem, dass *man* mich zu selten sehe. Offenbar prallen hier unterschiedliche, und wie ich finde, seinerseits völlig unangemessene Erwartungen aufeinander. Ich nenne Ihnen an der Stelle mal meine: Ich will ein MIETVERHÄLTNIS. Herr HV dasselbe, vermutlich nur ohne Miet.

Wehmütig denke ich daran zurück, dass mein Bauchgefühl mir schon bei der ersten Begegnung sofort *Nein* signalisiert hat und nur die (Wohnungs-)Not wieder *Ja*. Und hier sitze ich nun mit der Quittung. Hier nochmal mein Tipp: Hören Sie auf sich! Und sonst keinen. Nur Sie müssen Ihre Entscheidungen leben.

So unaufgeregt wie möglich lenke ich das Gespräch zurück auf den eigentlichen Anlass (will nachts schlafen) und höre mich selbst das Wort *Hausordnung* sagen. Herr HV erklärt, dass er ganz vergessen habe, dass Frau Lärm neulich Nacht ihren Geburtstag gefeiert habe. Das entschuldigt natürlich alles! Ich werde sofort Superairline anrufen, dass ich unter diesen Umständen nur noch ab elf Uhr vormittags erscheinen kann, sicher hat man dort Verständnis. Da ich post-grippal noch etwas verschleimt bin, krönt Herr HV das Gespräch vor der Bedienung, die abkassiert, mit einem empathischen Abschied: »Tschüss, du kleine Rotzglocke!«

Als ich kopfschüttelnd wieder ins Home-Office gehe, mich frage, was dieses ergebnisoffene Treffen nun sollte, außer, dass Herr HV auch noch meine Gesellschaft beim Lunch genießen konnte, gedankenverloren eine Etage zu hoch laufe und mein Blick auf den Balkon von Familie Lärm fällt, denke ich etwas, das mir selbst zu denken gibt: *Was sind das auch für Leute, die im Frühling noch ihren Tannenbaum auf dem Balkon haben?*

Huah! Ich weiß nicht, ob Sie einen solchen Moment in Ihrem Leben kennen – der, in dem ihre eigene Mutter in Ihnen durchbricht? Und es Ihnen selbst sofort klar wird? Ich muss ganz dringend weg von dieser ganzen miesen Mietshauskiste! Sonst werde ich noch zu jemandem, der ich nicht sein will. *Man ist immer nur der Durchschnitt der fünf Menschen, mit denen man sich am meisten umgibt.* Kennen Sie diese Weisheit? Und es stimmt. Der Grund: Spiegelneuronen. Der Mensch passt sich an – zum Rudel zu gehören war früher physisch überlebenswichtig. In meinem Fall bin ich Schachfigur einer Soap. *Gute Mieter, schlechte Mieter.* Das habe ich schon achtzehn Jahre lang in meiner Kleinstadt ertragen. *Herr Junggeselle hat Kratzspuren am Arm – Katze oder Geliebte?, die Geranien von Frau Achtlos sind eingegangen, das Ehepaar Kleine Rente verreist schon wieder!*

Wehmütig denke ich an mein altes *Mietshaus Anonym der Hausverwaltung Unkompliziert* zurück, in dem ich vor dem Treffen mit Herrn Machtkontrolle wohnte. Spontan wünsche ich mir nicht nur diese Zeit, sondern gleich alle Stunden meines Lebens zurück, die mich dieser ganze Mist hier schon wieder gekostet hat, und die ich doch eigentlich mit dem Engelskind und dem Aufbau unseres neuen Lebens verbringen wollte! Aber sollen wir ernstlich noch einmal umziehen? Das kann ich dem Engelskind einfach nicht zumuten, die Alternative (bleiben) andererseits mir nicht.

Nachdem ich mich halbwegs vom Cola-Treffen erholt habe, bitte ich Herrn HV, den ich eigentlich gerade gar nicht mehr kontaktieren möchte, darum, mir noch einmal zu erklären, warum es inzwischen acht Wochen (!) dauert, in Teuerstadt eine Gastherme ansehen zu lassen und formuliere, dass meine Schmerzgrenze erreicht sei. Kommentarlos schickt er mir einen Artikel aus dem Teuerstadt-Anzeiger, dass man auf Handwerker derzeit zehn Wochen warten müsse.

Als ich zur Abholung des Engelskindes mein Fahrrad aus dem Tor schieben will, geht dies leider nicht. Das Firmenfahrzeug der Firma Ahnung versperrt die Einfahrt. Ich rufe Herrn HV an und sage, dass die ausgebuchte Fima Ahnung zufällig gerade vor mir stehe. Inbrünstig solidarisiert sich Herr HV plötzlich mit mir und sieht sich seinerseits als Opfer. Er selbst sei auch gerade *zufällig* im Hausflur auf Herrn Ahnung getroffen, aus allen Wolken gefallen und habe ihn gefragt, warum dieser heute zu einer Mieterin gehe, die seit gestern ein Problem habe und nicht zu der, die seit nun fast zehn Wochen eins habe. Dies sei unerhört!

Mir schwant, dass Herr HV hier ein ziemlich mieses Spiel spielt, denn ich habe Herrn Ahnung ja schon persönlich kennengelernt, im Februar. Und der scheint mir schwer in Ordnung. Ich bin sogar sicher, dass Herr Ahnung noch gar keine Ahnung hat und nichts von seinem neuerlichen Thermen-Auftrag bei mir weiß, sondern Herr HV es genießt, alle zwei Tage bei mir auf der Matte zu stehen, um die Therme zu überprüfen und Wasser nachzufüllen, was ich durchaus selber beherrsche. Kurz, er missbraucht unsere Lage, nichts weiter.

Entrüstet verspricht Herr HV, sich Chef Ahnung gleich mal *ordentlich* zur Brust zu nehmen und ein *sehr ernstes Gespräch* mit ihm zu führen. Was meine Therme angehe, gehe es dann sicher bald los. Zum Beispiel am kommenden Montag. Da sei ich doch bestimmt da, der Zugang zur Therme *müsse* ermöglicht werden! Ich biete an, wieder hochzugehen und alternativ *gleich jetzt* die Wohnung aufzuschließen, um die Therme ansehen zu lassen, wenn der schwer greifbare Herr Ahnung doch schon im Haus sei. Doch Herr HV winkt ab, dass er ohnehin *einiges* mit der Firma zu besprechen habe. Wobei, Montag sei ja Maibaumabbau. Und dann habe er eine Fortbildung. Warum meine Therme nicht repariert werden kann, während Herr HV sich weiterbildet, erschließt sich mir ebenfalls nicht. Ach, und nächste Woche komme ja nun erstmal die *Firma Sauber*. Zur Rohrreinigung um acht Uhr früh, am Dienstag. Aufgrund meiner *Mitwirkungspflicht* habe ich zu Hause zu sein. Und wenn die Therme wieder gehe, solle ich bitte daran denken, den Schornsteinfeger nochmals einzuladen. Der *müsse* die Werte erheben.

»Rufst du mich an, wenn die Firma Sauber da ist?«
»Komm doch einfach um kurz nach acht rauf?«
»Du rufst mich an.«

Nach weiteren zwei Wochen, in denen die Firma Ahnung – die einzig wirklich qualifiziert sei, andere Beauftragte hätten stets Schäden hinterlassen – Betriebsferien macht, zeichnet sich an der Wand ein deutlicher Wasserschaden ab und die Küchenecke beginnt großflächig zu schimmeln. Auf beides weise ich umgehend Herrn HV hin, der modrige und Übelkeit erzeugende Geruch neben dem Küchentisch ist unbeschreiblich. Herr HV reagiert prompt, indem er den Thermostat meiner Wohnung eigenhändig auf wüstenartige Temperaturen einstellt, um den Schimmel auszutrocknen. Da er mir die Bedienung der Zeitschaltuhr nicht zutraut, grinst er nun unverhohlen sadistisch, dass es dienstags und donnerstags *ein bisschen hotter* würde. Leider hat er wohl vergessen, dass die Heizung nicht geht.

Als am Montag in Woche elf noch einmal die Firma Ahnung sowohl am Vor- als auch am Nachmittag auf Verdacht ein Ventil an der Therme austauscht, was mich erneut einen vollen Autoren-Arbeitstag kostet und ans Haus fesselt, ist der Schaden angeblich behoben und alles wieder in Ordnung.

Dennoch kündigt Herr HV bereits am darauffolgenden Dienstagabend, nach zweiundzwanzig Uhr per *WhatsApp*, spontan an, nochmal raufzukommen, um nach dem Rechten zu sehen. Als ich vom Bett aus erstmals höflich ablehne, dass dies heute leider nicht mehr möglich sei, schweigt er beleidigt. Alternativ biete ich ihm an, die Wohnung gleich wieder während meiner fliegerischen Abwesenheit am Donnerstag und Freitag betreten zu können – sollte dies überhaupt nötig sein. Denn angeblich läuft doch seit dem Ventilwechsel am Montag wieder alles? Nur morgen, *Mittwoch*, gehe eine Begehung der Wohnung ausnahmsweise einmal nicht, da ich wenigstens an diesem einen Tag meinen beruflichen und privaten Verpflichtungen nachkommen müsse. Zwei Häkchen. Schweigen.

Zwölf Stunden später, gleich am Mittwochmorgen (ich war extra lange bis nachts um vier Uhr auf und habe mein Schreibpensum nachgeholt, um dann bis mittags schlafen und abends fit auf meinen Nachtflug nach Singapur gehen zu können), ruft er energisch auf meinem Handy an, was mir entgeht, da ich endlich nach Wochen einmal länger als acht Uhr in der Früh komatös träume, von dem unnachgiebigen Klingeln aber schließlich doch aufwache. (Mit Kind auswärts hat man eben immer das Handy an.) Da ich seinen Anruf jedoch nicht beantworte (hatte ich mich nicht klar und deutlich zum heutigen Tag geäußert? Und ist nicht angeblich die Therme wieder okay?), klingelt es an der Tür. Um acht Uhr fünfzehn. Ein, zwei, drei, vier, fünf und sechs Mal –

Sturm. Da die Klingel sich nicht abstellen oder zumindest leiser stellen lässt als im Modus *Hörst du die Glocken von Stella Maria*, sitze ich desorientiert und alarmiert senkrecht im Bett, als ... aufgeschlossen wird. Eines habe ich gottlob inzwischen gelernt: meiner Intuition zu vertrauen. Nur daher hatte ich am Vorabend zum ersten Mal die Kette vor die Tür gelegt. Was Herrn HV keineswegs zu denken gibt oder aufhält. Immerhin aber gab mir dieser Umstand Gelegenheit (wieder im Schornsteinfeger-Schlafanzug), verstört zur Tür zu hetzen und mir den entschlossenen Eintritt von Herrn Freundlich mit Chef und Sohn Ahnung im Schlepptau (die doch erst am Montag da waren?!) zu verbitten. Entsetzt öffne ich die Tür explizit nur einen Spalt breit und gehe davon aus, dass Herr HV nun peinlich berührt zurückweicht, sich entschuldigt und eine Verwechslung der Wochentage anführt.

Doch nichts dergleichen geschieht. Im Gegenteil. Diabolisch grinsend steht er nicht-terminiert vor der Tür und hält den ewigen Schlauch hoch, um die Therme zu befüllen.

»Oh, haben wir dich etwa geweckt?«

»Ja, natürlich!«

»Tja, lässt du uns rein?«

»Nein.«

Ich kann kaum glauben, wie flüssig dieses Wort aus meinem Mund kommt, aber gleichzeitig weiß ich mit jeder Faser meines Körpers, dass ich mich schützen muss. Jetzt. Ich stelle mir vor, das Engelskind stünde hinter mir und seine Mami würde ihm zeigen, dass es keinerlei Übergriffigkeiten dieser Art in seinem Leben tolerieren muss. Niemals und für keine Wohnung der Welt! Geht's noch?!

Herr HV kneift cholerisch die Augen zusammen und seine Stimme nimmt einen sibirischen Tonfall an:

»Wenn du glaubst, Handwerker in Teuerstadt richten sich nach dir, irrst du dich!« Gefolgt von: »Wenn du mich nicht reinlässt, kann ich dir nicht helfen!« Meine eigene Stimme rutscht zwei Oktaven tiefer.

»Ja, aber bitte mit Termin«, schlucke ich.

»Du lässt mir ja keine andere Wahl, wenn du nicht ans Telefon gehst!«, blafft er weiter.

Dem Chef der Fima Ahnung zumindest wird es nun unangenehm. Er dreht ab und geht die Treppen wieder hinunter.

Mit piepsender Reststimme weise ich Herrn HV darauf hin, dass ich ihm doch nun elf Wochen lang lückenlos zur Verfügung gestanden habe, was Herr HV keineswegs so sieht und ankündigt, dies werde ein Nachspiel für mich haben. Dann donnert er nochmals: »Können die Handwerker jetzt endlich rein?!«

Fassungslos sehe ich ihn an und öffne die Tür nur ein klein wenig mehr, während Sohn Ahnung sich den Schlauch von Herrn HV schnappt und sich flink an mir vorbei durch den Spalt quetscht. Als ich ihm barfuß in meine Küche folge, steht er erstaunt vor der Druckanzeige. Befremdet sieht er mich an.

»Aber in der Therme ist doch genug Wasser!«

Am selben Tag befestigt Herr HV ein nagelneues Schild neben dem Klingeltableau. *Hausverwaltung. Termine nur nach Vereinbarung.*

Wenige Tage später übersendet er mir die Bestätigung meiner fristgerechten Kündigung in drei Monaten und widerspricht *ausdrücklich* einer Anfrage auf Verlängerung des Mietverhältnisses, die ich nicht im Traum stellen würde. Er akzeptiere keinesfalls, dass ich ihn bloßstelle und öffentlich im Hausflur anschreie, und versieht seine Aussage zur Sicherheit mit zahlreichen Rufzeichen. Es sei weiterhin *meine Aufgabe*, die Therme zu beobachten. In Kürze würde sich die Firma Ahnung melden, das Leck müsse gefunden werden, dann die Firma

Durchbruch, um die schimmelnde Wand zu öffnen, dann Herr Maurer, um die Wand wieder zu schließen. Danach der Makler zur Vorbesichtigung. Danach seien Besichtigungstermine mit Nachmietern angesetzt. Die Rückzahlung meiner Kaution würde pauschal frühestens zwei Monate nach Beendigung des Mietverhältnisses erfolgen. Außerdem müsse ich die Decken streichen. Mein *Benehmen* in letzter Zeit sei sehr ungehörig, emotional und vorwurfsvoll und seine Geduld mit mir nun wirklich am Ende.

Vorsichtshalber kontaktiere ich die *Kanzlei Mietrecht*, die jedoch auf ihre Warteliste hinweist, mich bittet, den Fall erst mal schriftlich zu schildern und eigentlich nur noch Räumungsklagen in Teuerstadt macht. Auch hier schlägt die Erstberatung mit einem festen Stundensatz von einhundertneunzig Euro plus MwSt. zu Buche, aber ich denke mir, dass dies vermutlich günstiger kommt, als wenn Herr HV die Kaution einbehält.

Einmal mehr sitze ich da, statt Lebenszeit mit dem Engelskind zu verbringen, und tippe die Ungeheuerlichkeiten von Herrn HV für die Kanzlei Mietrecht zusammen. Und stelle mir einmal mehr die Frage: Wann hört dieser ganze Horror endlich auf? Wenn ich mir überlege, was ein weiterer Umzug emotional und finanziell bedeutet, wird mir schlecht. Wenn ich aber daran denke, in Kontakt mit einem Vermietopathen zu bleiben, übergebe ich mich gleich. Kampf oder Flucht? Vielleicht ist es an der Zeit, die Kriegerin in mir aufleben zu lassen? Und wer weiß, was noch kommt bis zur Wohnungsübergabe?

Schließlich sende ich alle Fakten, kurz und sachlich, inklusive Beweisen an die Kanzlei, die immerhin meint, der Fall sei eindeutig. Der Hausfriedensbruch alleine mit den Zeugen der Firma Ahnung könne mit bis zu zwei Jahren Freiheitsstrafe geahndet werden. Des Weiteren stünden mir Mietminderung und Schadensersatz zu.

»Haben wir jetzt wieder keine Wohnung?«, sieht mich das Engelskind mit großen Augen an, als wir die Geschehnisse der Familie Superlieb über uns schildern, mit deren Nachwuchs sich das Engelskind schon in der Grundschule wähnte.

»Ja, mein Schatz«, nicke ich ehrlich. »Aber keine Sorge, ein Zuhause haben wir immer! Du in mir und ich in dir und wir in uns.«

»Aber wo ziehen wir dann hin?«

»An einen See oder zwei Straßen weiter. Wir haben alle Möglichkeiten! In jedem Fall wird Papi immer in deiner Nähe sein oder uns sehr oft besuchen.«

Das Engelskind lächelt beruhigt. Und ich auch. Wir stehen wieder auf der Straße. Aber in diesem Fall: Gott sei Dank! Und ich weiß auch schon, was wir Schönes mit der Zeit machen – ohne Miete und bis zur Grundschule in einem Jahr ...

Und noch eines weiß ich genau: Zurück ist keine Richtung!

20. INDEPENDENCE DAY

Es ist soweit: Divorce Day. Vermutlich. Ich sage vermutlich, da dies offiziell der zweite Versuch ist. Beim ersten Anlauf fehlten Unterlagen der Versicherung der Gegenpartei. Genauer die von *Sunny Life*. Ich habe mich ein wenig lustig gemacht über den Namen, nicht das Fehlen, und das ist nun die Revanche. Ich muss tatsächlich nochmal hin, obwohl die Richterin trotz der fehlenden Papiere beim letzten Mal meinte, die *Antragsgegnerin* – ich – müsse nicht nochmal kommen. *Sunny Life* jedenfalls klingt für mich wie House-Sharing in Florida. Ein Apartmentkomplex für Rentner mit Pool und Flamingos, den es dann aber leider nur im Katalog gibt.

Natürlich wusste ich nicht mal, dass Herr Machtkontrolle dergleichen besitzt, aber bei so einer Scheidung kommt ja einiges raus. Sie kennen mich – ich bin einfach nicht der Typ für Rente und Schadensformulare, da ich ja gerne mehr lebe und weniger plane. Selten begleiten mich materielle Träume (außer inzwischen freistehende Eigentums-Immobilien oder Maisonette-Grundrisse), nur lässt sich das selbst mit einer Million nicht realisieren, wozu also die Mühe?

Falls bei mir im Alter alle monetären Stricke reißen, tingele ich ab dem betrieblichen Pensionsalter für Schtuadessen (Mitte fuffzich), einfach als Surflehrerin durch Ferienanlagen. Zumindest, solange mein Körper das hergibt, danach verbringe ich den Lebensabend kostengünstig in Paraguay oder Thailand (hoffentlich plant Jürgen nicht dasselbe). Wann immer das Thema *Altersversorgung* auftaucht, gehe ich tagesformabhängig davon aus, dass ich in den nächsten Jahren entweder noch das große Geld verdiene und abonniere optimistisch *Finanziellfrei – dein Podcast, oder Wie du mit Garagen zum Immobilienkönig wirst*, oder dass ich mit wenig Geld auskommen werde. Der Mensch passt sich ja an, ich sowieso. Okay, das ist vielleicht alles ein bisschen zu viel *Wer-weiß-was-morgen-ist-Attitüde*, aber es hält auch ungemein vom Sich-sorgen-machen ab. Aus diesem Grund – und ja, bestimmt ist das total naiv und ich werde es bitter bereuen, aber jetzt eben noch nicht – ist mir die ganze Aktion *Versorgungsausgleich*, um die es heute abschließend bei Gericht geht, suspekt.

Im Großen und Ganzen (Internetrecherche) stehen mir für die Ehe währenddessen erworbene Rentenanteile von Herrn Machtkontrolle zu. Ihm aber auch die Hälfte meiner. Das klassische *teilen* also. Bis zu einer Ehedauer von drei Jahren entfällt dieser gegenseitige Anspruch und in einem Ehevertrag hätte man sogar insgesamt auf den Versorgungsausgleich verzichten können, auf uns aber trifft beides nicht zu. Also teilt das Gericht die Rentenanwartschaften automatisch auf. Mutmaßlich heute.

Zu diesem Zweck saß ich wochenlang mit seitenlangen Fragebögen aus Stralsund da, vom *Bund Deutsche Rentenversicherung*. Mit Fragen, die mich zur Verzweiflung brachten. Da auch Herr Machtkontrolle diese ausfüllen musste, wandte ich mich zwecks Ausfüllhilfe vertrauensvoll an ihn.

»Was schreibst du denn bei Sieben, Unterpunkt b?«

»Ob ich Zeitsoldat war?«

»Nein, ob du jemals krankgeschrieben warst, weswegen und wie lange. Ich kann doch jetzt nicht alle Krankenscheine seit dem Abitur raussuchen?«

Wie immer ist er mir voraus und hat eine Strategie entwickelt, die ihm Zeit, Arbeit und Nerven erspart: »Ich kreuz da einfach überall *Nein* an.«

Letzten Endes war irgendwann alles verschickt – nachdem Herr Machtkontrolle zuletzt noch die Frechheit besessen hatte anzugeben, er habe Elternzeit genommen und das Engelskind in den ersten drei Jahren betreut, ich aber nur durch die bloße Veränderung meiner Gesichtsfarbe erwirkte, dass er doch die wahre Wahrheit ankreuzte.

Das alles liegt jetzt dem Gericht vor. Hoffentlich.

Auf irrationale Weise schmerzt es mich, ihm die Hälfte meiner offenbar doch auch irgendwo vorhandenen betrieblich ersparten *Cloud Insurance* abgeben zu müssen, allerdings ist das mathematisch gesehen natürlich albern, denn schließlich bekomme ich auch seine Anteile (in einem undurchschaubaren Punktesystem) zugeteilt, und habe damit unterm Strich etwas mehr, als ich selber hätte verdienen können. Aber Stolz ist eben Stolz!

Was ich eindeutig verstanden habe ist, dass mein Anspruch erst aktiv wird, wenn Herr Machtkontrolle in Rente geht, und der ist ein echter Workaholic. Also erfolgt die Auszahlung der mir bisher unbekannten Summe voraussichtlich erst 2051. Und wer weiß, was bis dahin ist.

Termine bei Gericht, das muss man wissen, sind kein Wunschkonzert, sondern werden gesetzlich angeordnet. Man kriegt ungefragt einen Brief und muss kommen, zum Beispiel am Mittwoch, dem dreiundzwanzigsten April in der Amtsstraße 5, am Amtsgericht von Teuerstadt, 3. Stock, Raum Nummer 25 B, Wartezone Grün, neun Uhr zehn. Und vorher noch durch eine Sicherheitskontrolle, denn so ein Gericht ist wie ein Terminal in Richtung USA. In der Hinsicht geübt bin ich also pünktlich, mit der ursprünglichen Einladung, der nachgewährten Einladung, der Eheurkunde und nichts als einem Ausweis bewaffnet vor Ort,

denn sonst hat man ein echtes Problem. Und während ich mich per Aufzug in den 3. Stock kutschieren lasse, nagt der Schrei der Ungerechtigkeit an mir: *Wieso muss wieder ich es mit wiederholter Präsenz bezahlen, dass seine Unterlagen fehlten?!*
Nachdem ich schon den ersten Temin, zu dem wir noch gemeinsam erschienen waren, unter großen Widrigkeiten (zum Flughafen fahren, mit Arbeitgeber sprechen, Sonderurlaub nehmen, ganzen Dienstplan verschieben, Kind umorganisieren) realisiert hatte, war der zweite Termin für mich beruflich nicht mehr darstellbar gewesen. Nachdem ich bei Zustellung des zweiten Termins lediglich meine Sorge zur Machbarkeit des Datums zum Ausdruck gebracht hatte, fragte Herr Machtkontrolle sofort hinter meinen Rücken ungefragt Frau Gegenpartei, ob diese ihn für mich verschieben könne (das alte Übergriffigkeits-Prinzip). Und noch bevor ich ihm entgegen konnte, dass ich das gerne selbst lösen würde, ließ sie mich durch ihn natürlich wissen: *Meine Güte, das muss Ihre Frau schon selbst lösen!*
Also kontaktiere ich doch nochmals Frau SamSs und erkläre die Problematik. Sie empfiehlt mir, ein Schreiben aufzusetzen (wofür habe ich Frau SamSs?!), in dem steht, dass ich nicht könne, dies müsse aber triftig begründet werden. Also erkläre ich schriftlich (Lebenszeit!), dass mich die letzten sechs Jahre Heimarbeit daran gehindert haben, der jährlichen Gehaltsstufensteigerung von Superairline beizuwohnen, ich aber jetzt, ohnehin schon in meinem Jahresurlaub, die Gelegenheit bekommen habe, die versäumten Fortbildungskurse (u.a. *Flechtfrisuren im Dienst, Französische Redewendungen, Meditation an Bord*) kurzfristig nachzuholen, um noch in diesem Jahr wenigstens eine Gehaltsstufe mehr zu erlangen. Wenn ich jetzt aber dort doch nicht mitmache, weil ich vor Gericht muss (da Unterlagen der Gegenpartei fehlten!), entstehen mir noch mehr finanzielle Nachteile als sowieso schon – untragbar mit Engelskind. Herzlich, Annette Hätte.

Und tatsächlich, der Termin wird verschoben, hurra! Und an diesem Tag kann ich.

Während ich nun, an einem grau-deutschen Mittwoch, in Wartezone Grün auf Frau Gegenpartei hoffe (ganz alleine mit der Richterin ist ja auch blöd), verfolgen mich auch hier wieder meine logischen, aber negativen Gedanken: *Warum muss der Gutverdiener nicht auftauchen, während der Geringverdiener, der umso dringender arbeiten müsste, einen weiteren Vormittag opfert?!*

Ich überlege, was es über mich aussagt, dass ich diese Dinge denke – und sie mich stressen. Dann ziehe ich folgende Schlüsse: 1.) Ich habe Existenzangst. 2.) Vermutlich ist genau dieses Verhalten der Grund dafür, warum Herr Machtkontrolle so viel Geld besitzt und ich nicht. Er lagert einfach alles aus, was ihm nicht in den Kram passt. Und arbeitet in der Zeit. Selbst Frau Gegenpartei, die nun in letzter Minute in elegantem Lodengrün geschäftig um die Ecke biegt, ist letztlich nichts anders als eine seiner vierzehn Helferinnen. Lächelnd erledigt sie für ihn seine letzte Begegnung mit mir, in meiner Eigenschaft als Ehefrau. Das erhält ihm, ganz nebenbei, auch seine Konzentration auf andere Dinge. Mit unserem ehelichen Ende hat er so wenig zu tun wie mit unserer Hochzeit oder der Ehe. Er *lässt* scheiden. Und das trifft mich.

»Ich finde ihn konsequent«, versucht mir Elena, den rechtlichen Ausgang noch am selben Abend schmackhaft zu machen. Aber es hilft nicht. Wie soll ich vergessen, dass ich noch Stunden zuvor alleine auf meiner eigenen Scheidung war? Auch, wenn sie nicht schlimm war …

Richterin Hübsch bittet Frau Gegenpartei und mich herein. Im Laufschritt sehe ich gerade noch die Robe von Frau Gegenpartei von hinten, dramatisch umgeworfen wie eine Magierin. Demütig frage ich ins Amtszimmer hinein, ob ich die Tür schließen soll. Ich soll. Während Frau Gegenpartei umständlich ihre Berufskleidung zuknöpft, zwinkert sie mir aufmunternd zu. Seit unserer desaströsen ersten Begegnung fühle ich mich in ihrer Gegenwart wie eine Steuerhinterzieherin. Jedenfalls so, dass keine falsche Silbe mehr über meine Lippen kommen darf.

Drinnen entschuldigt sich Richterin Hübsch als Erstes bei mir, dass ich nochmals herkommen musste, und klingt wirklich aufrichtig. Brav lächle ich und sage nur: »Kein Problem.« Immerhin herrscht hier oberste Staatsgewalt.

Die Frau, die mich scheiden wird, ist jung, blond und sympathisch, zweifellos jemand, der der gesamten wahren Wahrheit gegenüber vermutlich sehr aufgeschlossen gewesen wäre. Kurz entspinnt sich in mir ein Film, wie die Realität aussähe, säßen wir jetzt hier und besprächen die tatsächlichen Verfehlungen von Herrn Machtkontrolle. Aber diese Realität habe ich nicht herbeigeführt, und vielleicht ist genau das nun das Kindeswohl? Also sitze ich unaufgeregt da und habe doch das Gefühl, alles ist gut so.

Richterin Hübsch und Frau Gegenpartei plaudern kurz im Fachjargon und ich sehe mich um. Ich hatte etwas Altehrwürdiges Holzgetäfeltes erwartet wie in *Die Jury*, aber stattdessen: PVC, graue Tische, graue Regale, diverse Stapel mit Unterlagen-Chaos, vier Stühle und anonyme Neonröhren.

Dann müssen alle aufstehen und Richterin Hübsch flitzt merkwürdig zur Tür.

»Wundern Sie sich nicht«, fängt sie meinen Blick auf. »Die Verhandlung muss öffentlich sein.«

Ich muss ein Lachen unterdrücken, als sie demonstrativ die Tür einen Spalt breit öffnet. Auch Frau Gegenpartei findet es amüsant.

»Wenn Sie berühmt wären, kämen jetzt die Fotografen rein«, erklärt sie mir freundlich.

Und dann kommt der *Richter-Alexander-Hold-Teil*, wie man – also ich – sich das vorstellt.

»... wird die am ... um ... vor dem Standesamt xy ... geschlossene Ehe rechtskräftig geschieden«, verkündet Richterin Hübsch. »Die Kosten des Verfahrens werden gegeneinander aufgehoben.« Drei Sekunden später bin ich entlassen und mit einer Rechnung von einhundertvierzig Euro dabei. Ein Schnäppchen! Auch darüber bin ich erleichtert.

Während Frau Gegenpartei ihre Robe wieder Mini-Knopf um Mini-Knopf aufknöpft, erscheint es mir ein Gebot des Anstands, beim Verlassen des Zimmers auf sie zu warten. Trotz der strengen Rollen im Raum herrschte unterschwellig die Atmosphäre *Mädelsabend*, und unter anderen Umständen hätten wir drei Frauen uns sicher viel zu erzählen gehabt. Die Chemie stimmte. So aber schreiten Frau Gegenpartei und ich nach einem simplen wie ehrfurchtsvollen »Tschüss« (Richterin Hübsch »Ciao!«) hoheitsvoll über die Flure zurück zum Aufzug.

»Wie geht es denn Ihrem Kind?«, will Frau Gegenpartei wissen.

»Tja, ich stecke nicht in ihrem Körper oder ihrer Seele, aber soweit ich es von außen beurteilen kann, geht es ihr wirklich gut.« Meine Antwort scheint zu komplex und Frau Gegenpartei kommt vom Ice-Breaker weg hin zu ihrem Lieblingsthema: Herrn Machtkontrolle. Schnell gerät sie ins Schwärmen, lobt seinen Charme, liebt seinen Humor und ahmt seine sonore Telefonstimme nach. Herr Machtkontrolle ist ein Schwiegermuttertraum, das hatte ich ganz vergessen. Und tatsächlich erwähnt Frau Gegenpartei, dass ihr Sohn ganz ähnlich aussähe. (Irgendwas Karmisches haben die auch am Laufen.) Jedenfalls bewundert sie die Art, wie er mit alledem umgeht. *Meine Güte, so sachlich!* Bevor die wahre Wahrheit doch noch aus mir heraus explodiert, wechselt sie gottlob das Thema. Oder leider.

»Haben Sie keine Probleme mit Jetlag?«, kommt sie wieder aufs Fliegen.

»Wenig.«

»Aber wie machen Sie das?«

»Wenn ich müde bin, schlafe ich und wenn nicht, bin ich wach.« Und in ihren Augen sehe ich mit einem Mal, was sich hinter ihren Fragen verbirgt: Neugier! Ganz sicher hätte sie, wenigstens in den Sechzigerjahren, meinen Beruf auch gerne ausgeübt. Ich behaupte: Wir werden einander vermissen!

Dann ist es endgültig vorbei und ändert doch nichts. Das Engelskind wird *die Parteien* auf ewig verbinden. Und irgendwann stehen wir gemeinsam auf seiner Hochzeit. (Mit Ehevertrag zu ihren Gunsten, dafür werde ich sorgen!)

Zur Feier des Tages gehe ich ins Café Literat und trinke alleine auf mein Wohl, ganz dekadent mit meinen Rentenanteilen und einem Mineralwasser mit Zitrone. Während ich auf mein Handy starre, auf dem rein gar nichts passiert und niemand mir gratuliert, öffnet sich eine E-Mail. Irgendwie hat sich mein Handy mal wieder mit dem MacBook von Herrn Machtkontrolle synchronisiert, wir haben achthundertmal versucht, das zu trennen. Bis dass die Cloud uns scheidet ...

Gerade will ich das Fensterchen schließen, da sehe ich, dass die Nachricht zwei Wochen alt ist und von Frau Gegenpartei stammt, zu Händen Herrn Machtkontrolle. Zufälle gibt es ja keine.

Sehr geehrter Mandant Dr. Machtkontrolle,

die Anwesenheit Ihrer Frau wurde beim letzten Mal versehentlich nicht protokolliert, deshalb muss sie nochmal kommen. Ich hoffe, dass es Ihnen und Ihrer Tochter gut geht. Das wird alles wieder und Sie finden hoffentlich bald eine neue Partnerin!

Ihre Frau Gegenpartei

Im ersten Moment weiß ich nicht, was ich schlimmer finde. Das Vorenthalten der Fehlerkette oder die Tatsache, dass Herr Machtkontrolle von seiner Advokatin mütterlichen Beistand erhält. Dann entscheide ich mich fürs Erste. Der heutige Tag endet also nicht nur alleine, sondern auch mit einer Lüge. Warum hat er mir nicht einfach gesagt, warum ich noch mal kommen musste? Ein Justizirrtum! Ich entscheide umgehend, ihn nicht damit zu konfrontieren, denn so viel habe ich gelernt: Regt der eine sich auf, freut sich der andere. Darauf noch ein paar Eier Benedict.

Wenige Tage später treffe ich engelskindbedingt auf Herrn Machtkontrolle.

»Ach, wie war's eigentlich am Mittwoch?«
»Unsere Scheidung?«
»Das war doch diese Woche, oder?«
»Ich habe mich nett mit deiner Anwältin unterhalten.« Der Blick von Herrn Machtkontrolle wird weich.
»Frau Gegenpartei ist wirklich toll!«
»Von dir schwärmt sie auch.«
»Sie findet das übrigens gut, wie du das mit dem Muttersein jetzt machst.«
»Wie denn?« Neugierig horche ich auf.
»Na, dass das Engelskind bei mir ist und du rein und raus helikopterst, wie du es brauchst.«

Es freut mich zu hören, dass wenigstens Frau Gegenpartei zufrieden ist mit meinem Leben.

»Aber sie sagt, aus deiner Sicht ist das Konzept Unsinn, denn erstens musst du mir jetzt Unterhalt zahlen, zweitens bekomme ich nun das Kindergeld vom Staat und drittens vergibst du dir damit Steuerklasse II – Single mit Kind. Sie meint, damit hast du viel weniger Geld, als wenn du einfach nur ab und zu Teilzeit fliegst und daheim bist.«

Tja, so eine Frau Gegenpartei müsste man haben. Aber ich habe ja mich. Jack Canfield, der Autor von *Hühnersuppe für die Seele,* sagt: »Nothing in your life changes for the better until you do.«

In diesem Sinne ist meine erste Amtshandlung mir zu verzeihen. Dass ich Entscheidungen getroffen habe aus dem emotionalen Maßstab heraus, den ich damals hatte. Und jetzt habe ich einen neuen. *Ab sofort bin ich der wichtigste Mensch in meinem Leben,* spreche ich laut eine Affirmation. Der mich zu anderen Entscheidungen führt, und die zu anderen Erfahrungen. Und das Beste: Sie können das auch! Denn ändern Sie ein Rad (sich), ändert sich das ganze System. Zwangsläufig. Immer.

Heute bin ich nicht mehr die, die ich vor fast neun Jahren war. Oder vor dem Standesamt. Oder auch nur die, die letzte Woche noch vor Richterin Hübsch stand. *Weil* ich vor ihr stand. Wir alle sind in der nächsten Minute stets schon nicht mehr, wer wir gerade noch waren. Ihr zwanzigjähriges Ich lässt sich nicht mehr mit Ihrem vierzigjährigen vergleichen. Wir Menschen lernen stetig dazu, am schnellsten allerdings durch Krisen.

Ich beschließe, Herrn Machtkontrolle ab sofort jedes einzelne Mal nur noch als die Version zu sehen, die er in dem Augenblick ist, wenn er vor mir steht. Schließlich gibt es immer nur eine Zeit: die Gegenwart. Das unendliche *Jetzt*. Keine Vergangenheit und keine Zukunft – außer in unseren Köpfen. Wie Eckart Tolle es formuliert: *The never ending present moment*. Der niemals endende gegenwärtige Moment, in dem wir leben. Er ist das einzige Tor in die Zukunft. Machen Sie ihn sich bewusst! Genießen Sie ihn, genießen Sie Ihr Leben, sich, Ihre Kinder. Egal, was bisher war!

Dazu wünsche ich Ihnen von Herzen alles Gute und den Mut und die Kraft, Ihre negativen Gefühle, Gedanken und Handlungen selbst zu kontrollieren, zu überwinden und nicht mehr auf Ihre eigenen Trigger und die roten Knöpfe und Knopfdrücker hereinzufallen. Sondern frei zu sein. Gewissermaßen von sich selbst und Ihrem wütenden, enttäuschten und traurigen, aber auch schon wieder vergangenen innerlichen Kind und Trennungs-Ich. Von dem, das den Schlamassel eingegangen ist. Und es heute nicht mehr würde.

Betrachten Sie Ihre eigene Lebensgeschichte immer als Heldenreise! In der Sie letztlich nur gewinnen können. Denn jedes Abenteuer ist ein Teil von Ihnen auf dem Weg zu Ihrem wahren Ich, und etwas in Ihnen hat zu dieser notwendigen Erfahrung geführt. Und wenn Sie sich mit dem Erlernten *sofort* besser fühlen möchten, stellen Sie sich doch gleich mal vor den Spiegel und sprechen Sie auch eine Affirmation: *Das Leben ist immer für mich.*

Namaste!

192 Seiten
16,99 € (D) | 17,50 € (A)
ISBN 978-3-86882-666-1

Alexandra Reinwarth
Am Arsch vorbei geht auch ein Weg
Wie sich dein Leben verbessert, wenn du dich endlich locker machst

Es gibt Momente im Leben, in denen einem klar wird, dass man etwas ändern muss. Der Moment, als Alexandra Reinwarth ihre nervige Freundin Kathrin mit einem herzlichen „Fick Dich" zum Teufel schickte, war so einer. Das Leben war schöner ohne sie – und wie viel schöner konnte es erst sein, wenn man generell damit aufhörte, Dinge zu tun, die man nicht will, mit Leuten die man nicht mag, um zu bekommen, was man nicht braucht! Wer noch der Meinung ist, das Leben könnte etwas mehr Freiheit, Muße, Eigenbestimmung und Schokolade vertragen und dafür weniger Kathrins, WhatsApp-Gruppen und Weihnachtsfeiern, der ist hier goldrichtig. Lassen Sie sich von Alexandra Reinwarth inspirieren, wie man sich Leute, Dinge und Umstände am Arsch vorbei gehen lässt, aber trotzdem nicht zum Arschloch mutiert. Und lernen Sie von ihr, wie kleine Entscheidungen einen großen Effekt auf die Lebensqualität haben können.

240 Seiten
16,99 € (D) | 17,50 € (A)
ISBN 978-3-86882-916-7

Alexandra Reinwarth
Das Leben ist zu kurz für später
Stell dir vor, du hast nur noch ein Jahr - ein Selbstversuch, der dein Leben verbessern wird

Einen Tag nach ihrem Todestag wacht Alexandra Reinwarth morgens auf – und ist glücklicher als je zuvor. Und nichts ist mehr so, wie es einmal war.

Aber von vorne: Es gibt Momente, in denen einem klar wird, dass es so nicht weitergehen kann, dass sich das Leben ändern muss. In einem genau solchen Moment entschließt sich Alexandra Reinwarth zu einem spannenden Selbstversuch: Sie wird so leben, als wäre es ihr letztes Jahr. Und dieses Experiment ändert alles: Wie aus Sorgen, Stress und Anspannung ein Leben ohne Wenn und Aber mit völlig neuen Prioritäten und überraschenden Zielen wurde, erzählt sie in ihrer unnachahmlich humorvollen Art und zeigt, was passiert, wenn man wirklich im Jetzt lebt!

200 Seiten
16,99 € (D) | 17,50 € (A)
ISBN 978-3-86882-786-6

Alexandra Reinwarth
Ich bin nicht alt, nur schon sehr lange jung
Warum dein Leben mit jedem Jahr besser wird

Eigentlich werden ja nur die anderen immer älter – an einem selbst geht die Zeit vollkommen spurlos vorrüber. Zumindest so lange, bis plötzlich diese Falten auftauchen und man die Speisekarte im Restaurant in den Nebenraum stellen muss, um sie ohne Brille lesen zu können. Auch als Alexandra Reinwarth die 40 überschritt, waren das die ersten Anzeichen dafür, dass sich etwas veränderte und wie sich im Laufe der Zeit herausstellte, war es nur der Anfang.

In ihrer unnachahmlich humorvollen Art widmet sich Bestsellerautorin Alexandra Reinwarth in ihrem neuen Buch dem großen Thema Älterwerden. Und weil es eben Alexandra Reinwarth ist, bleibt auch dieses Mal kein Auge trocken, es darf wie immer gelacht und auch sonst jedes Gefühl gezeigt werden.

192 Seiten
16,99 € (D) | 17,50 € (A)
ISBN 978-3-86882-844-3

Simona Meyer
Früher war alles leichter. Ich zum Beispiel.
Ohne Botox und Baucheinziehen entspannt in die zweite Lebenshälfte

Als Simona Meyer versehentlich auf die Selfie-Funktion ihrer Handy-Kamera kommt, meint sie erst, dem Grüffelo in die Augen zu blicken, bis sie bemerkt, »Oh Gott, das bin ja ich.« In der zweiten Lebenshälfte angekommen, stellt sie fest, dass dieses »später« ganz anders ist, als sie es sich immer vorgestellt hat, und beginnt mit den großen Illusionen des Älterseins aufzuräumen. Denn natürlich hadert man immer noch mit der Größe seiner Oberschenkel und kriegt erst einmal einen Herzinfarkt, wenn man trotz jahrelangen Eincremens die Längsfalten auf dem Dekolleté entdeckt. Doch gibt es viele Dinge, die so viel besser sind und das betrifft nicht nur innere Werte.